叢書・ウニベルシタス　743

宗教の社会学

東洋と西洋を比較して

ブライアン・ウィルソン
中野　毅／栗原淑江 訳

法政大学出版局

Bryan R. Wilson
RELIGION IN SOCIOLOGICAL
PERSPECTIVE

First published in 1982
by Oxford University Press

目次

凡　例

一　本書は、Bryan Wilson, *Religion in Sociological Perspective*, Oxford University Press, 1982. の全訳である。

二　原文でイタリック体の語句には、邦訳では傍点を付した。

三　原文中の ‘ ’ は「　」をもって示し、原文が必要と思われる語句には、後の（　）内に原語句を記した。

四　本文中、〔　〕内に挿入した部分は、論旨の通りをよくするために訳者が記したものである。これに対し（　）は原著者自身が挿入しているものである。

五　原注は行間に章ごとの（1）（2）…で示し巻末に一括した。訳注は多少の説明が必要と思われる事項を訳者の判断で取り上げ、行間に〔訳注1〕〔訳注2〕…の通し番号をつけて示した。

日本語版への序文

いくつかの論文からなるこの小著が英語版で出版されて以来、二十年ほどが過ぎた。この間、宗教社会学においても、宗教社会学が研究対象とする領域においても、多くのことが起こった。これらの論文で示された主要なテーマの多くは、今なお学問的な論争の課題である。とはいえ、さまざまな特殊な事件やいくつかの発展動向が学問的視座のいくつかに挑戦し、一般的な概念を変化させてきた。宗教という主題にとって、二十年はそう長い期間ではない。しかし、発展しつつある活発な学問にとっては、関心の焦点や解釈上の強調点が多くの変化をこうむるには十分な期間である。

ここで、そうした挑戦や変化を包括的に概観することは、私の意図を超えている。しかし、宗教への加入の市場選択モデルと呼ばれるものの展開についてはふれておきたい。このモデルは、ある種の経費－利益分析の応用であり、現在の状況のもとで不利な立場にあるか恵まれていない人々、あるいはそう感じる人々が手に入れられる超越的な「代償」を強調するものである。ある意味で、こうしたアプローチの幾分かはウェーバーの神義論の展開である。ただ、このモデルには、少なくともアメリカ合衆国のようなより自意識が強く「抜け目のない」社会で、人々は(あるいは少なくともある人々は)、より直接的で計算可能な形での「超越的な補償」を求めるものだという暗黙の前提がある。このモデルは、ヨーロッパにおいてはそれほど説得力をもっていない。ヨーロッパでは、かつて偏在した宗教的な強制は遠い昔に消え去ったが、それが完全に排除されていないところでは、宗教の自由な選択を抑制する漠然とした影を、それは依然として投げかけている。

さまざまな国で宗教の選択は抑制されており、それは市場モデルの仮説と鋭く対立している。とりわけ新宗教に影響を与えたそうした抑制は、どちらかといえば本書の諸論文が最初に書かれた後に展開してきたものである。執筆当時ですら、社会学者や一般の人々たちもガイアナのジョーンズタウンでの悲劇を十分に念頭においていたし、そうした事件によって、さまざまな新宗教を無差別に偏見をもって見る一般的な態度が生まれる徴候がすでに存在していた。それ以来、新宗教運動を含んだ暴力事件(テキサス州ウェコのブランチ・ダビデアン教団事件、スイス、フランス、カナダでの太陽寺院事件、日本におけるオウム真理教の罪なき犠牲者に対する事件、サンディエゴでの「天国の門」運動の信者たちの事件)が、いくつかの政府の新宗教に対する態度を硬化させてきた。それはあたかも、これらの異様な事件が、ある意味では現代世界に発展しつつある新たな形態のスピリチュアリティのすべてを汚したかのようであった。これらのできごとは、さまざまな国に現われたいわゆる「反カルト」運動を勢いづけた。この運動は、子供たちが二、三の活発に布教する新宗教の信者にされるのではないかという親たちの心配に応えるものでもあった。ヨーロッパのいくつかの国における正統派諸教会は、新宗教に対して政府が対策を講じるよう要求したが、それらの教会は、新宗教によって会員を失ったことや、いくつかの国(ドイツが好例である)では教会税からの収入が減ったことで、新宗教を非難する傾向があった。

とりわけフランス、ドイツ、ベルギー、ロシアの各政府の反応は、新宗教がそれらの国家の平和と安全に与えたとされた実際の脅威とはまったく不釣り合いに大げさなものであり、しかもきわめて無差別的なものであった。市民的規律、慈善への努力、公共への関心などによって良い評価をえていた歴史の長い教団も、(たとえばフランスやベルギーにおいて)「危険なカルト」の公的リストに含まれたことで名誉を傷つけられた。その結果、いくつかの問題がふたたび論議の的となったが、その一つは宗教を実際上いかに定義するかという問題であり、さらに、自らを「宗教」と称するすべての集団にどの程度寛容であるべきかという問題であった。〔宗教社会学者のような〕専門家が新しい運動、その信仰と実践に関する事項を検証する専門の証言者として法廷に呼ばれる機会が増えてきたが、彼ら自身の学問に関しても、利害関心を超えた学問のあり方の規準となっていた倫理的中立性という規範を再検討すべきであるという圧力がかかった。しかし、多くの国でそうであるように、法廷が政治的現体制のもつ先入観や、正統と異端のような神学的カテゴリーに基づく仮説を体現している時には、社会学者は、その学問の規準が要求するままに、国連やヨーロッパ評議会、ヘルシンキ協定のようなさまざまな国際機関による解決策に体現化されている、より抽象的な原理に訴えかけようとする。暗に示されている課題は明らかであり、社会学者は彼が用いる方法論の基本原則を再検討しなければならないのである。

本書が特に考察しているもう一つの問題は、世俗化テーゼである。本書が最初に出版されてからしばらくの間、多くの立場からの議論が社会学者や歴史学者の間で続いた。たとえそれらの議論が、どの学者が世俗化という用語をいかなる意味で用いたかという概念レベルでの論議の進展であったとしても、世俗化に関する研究が進展してきたと報告できるのは喜ばしいことである。しかしながら、この現象が概念化される方式についても、また世俗化に関する仮説を検証するために用いられる経験的指標の適切な範囲についても、何らかの広範な合意が存在するとはいいがたい。本書の最後の論文で述べたことは、現在までにこの問題についてのおびただしい文献が現われたにもかかわらず、執筆当時と同じく適切なものであり続けていると確信している。私の主張を幾分なりとも進展させた研究者の名前をあげるとすれば、カレル・ドベラーレ、スティーブ・ブルース、マーチン・シェイブスがきわだっているといえよう。しかし、宗教社会学者の間で世俗化テーゼが議論の的であり続けているとしても、この分野以外の人々の間では社会の機能がしだいに世俗的になりつつあるという命題は容易に受け入れられているように思われる。多くの人々は、何についての「大論争」が社会学の中で起こっているのか、まったく理解できない所にいるのである。

すでに英語版への序文で示したように、これらの論文を一書にまとめた私の意図は、本来の講演の目的を補強することであった。すなわち、宗教についての基本的に西洋的な概念による視座を、東洋の宗教と文化に試験的に適用することであり、さらに、そうした洞察を日本の聴衆の考察に役立てるために提供することであった。講演のタイトルの大部分は、東京の東洋哲学研究所によって提案された。私は、同研究所の方々が私の仕事に関心をもち、本書収録の諸論文のもととなった一連の講演の中で私のアイデアを表現する機会を与えてくれたことに、いまも感謝している。私の友人であり、研究者仲間である創価大学の中野毅氏が、正確な日本語訳の完成に長年にわたって尽力してくれたことに、特に感謝したい。日本の読者層に訴えたいという私の努力が成功するとすれば、それは彼の尽力によるところが大きいことはいうまでもない。

二〇〇二年三月二十日

オックスフォード・オール・ソウルズ・カレッジにて

序文

社会学は、他の社会科学や自然科学と同じく、西洋文明が生み出したものである。しかし自然科学は、また経済学もかなりの程度、規範的な合理性に厳密に関わるために、その誕生当時や発展初期における文化的抑制や偏向を克服しやすいのに対して、社会学は自らが展開してきた社会的文脈を超克することはかなり困難であった。社会学は対象とする主題に、またいわゆる「社会の科学」が創案され発展してきた当の社会の諸仮説やパースペクティブに、いわば「感染」しているのである。通常、社会学の一般化は西洋社会に関連して行われたし、社会学の世界観は社会学者自身が生きた文化を敏感に反映するものであった。人類学から社会学に新たな主題が注ぎ込まれた時ですら、部族社会の研究で定式化された理論的命題が、先進西洋社会のシステムに、その規模と複雑性の相違に適合させるために遅ればせながらの修正がなされただけで、適用されるのがしばしばであった。それ以外の大規模な社会組織のパターンについては、それにふさわしい社会学的な注意が向けられるのを待たなければならなかった。社会学が抽象的で普遍的な問題に関わったため、「社会の物理学」を自認する社会学は、高度の決定的な理論体系を体現できるだろうとの早計で安易な楽観主義を生み出した。しかしながら、そうした立場自体が、社会学的諸概念が明確に負っている西洋文化に深く影響されていたのである。そして、社会学はこの負債を——初期の理想に固執するかぎり——まったく克服してこなかったのである。

とはいえ、こうした明らかな限定性があるにもかかわらず、非西洋諸国への西洋の科学技術の影響は増大し、しだいに社会学者の文化的拘束性はあまり重要でなくなった。西洋以外の社会は、技術的・経済的・組織的領域で次第に西洋化している。このことがただちに西洋的な社会関係や社会構造のパターンに一致するそれらを生み出すわけではないが、西洋の影響力は、上記の諸学問や技術、その応用などを媒介として世界中の人々の社会生活や生活方式に強く及んでいる。社会学者は、西洋化の中でも存続している相違点に気づくべきであり、それに関心を抱くべきである。しかし社会学者の傾向として、人間社会は最終的には何らかの同じ方式で同じような要請に応じるだろうという期待を、つねに確信をもってではないにしても暗黙のうちにもちがちである。社会学者たちがしだいにその傾向に気づき、それを自覚するにつれて、社会学の文化による束縛は少なくとも表面的には重要性を失っていくと思われる。

しかしながら宗教社会学者は、西洋キリスト教世界の境界を超えた宗教現象に深い関心をもったならば、世界の諸社会の間に根底的な相違があることにもっと鋭く気づくべきであった。宗教は、長く存続してきた文化的命題や深い心情的委託の刻印を保っているが、このことは、過去三十年間に世界中で注目をあびてきた、一般に「新宗教」と呼ばれる宗教にさえ当てはまる。宗教社会学の基本的な諸概念は、この学問が創始されたまさに当初から、キリスト教神学の影響を大きく被っており、キリスト教世界以外の諸宗教への応用可能性はつねに疑わしいものであった。宗教社会学の唱道者が、キリスト教以外の宗教に適用するためにその概念的枠組みを再構成するという問題を認識し、それと取り組むようになるには、かなり時間がかかったし、その歩みも一様ではなかった。普遍的な一般化を求める理論家たちの典型的な研究は、いうまでもなく、社会学の一般的なパースペクティブによって与えられた有望な見解を過度の情熱によって進展させた未熟な研究であった。その見込みは善良な信念においてなされ、それを補完するために多くのことが語られたと、私は確信している。しかしそれは、世界を包含するような抽象的メタ理論のレベルでのものではないであろう。

輪郭を記してきた以上のような問題を私が思いついたのは、かなり以前のことである。しかし、こうした考察をきわめて強く意識するようになったのは、一九七九年に東京で特定の諸テーマについて講演をするために招待された時であった。本書はそこでの講演をまとめたものである。いうまでもなく、そのときの聴衆は、西洋で宗教社会学の講演を聞きに集まる聴衆とはまったく異なった文化的・宗教的背景を持つ人々であった。それで私は、基本的な諸概念を再考察する必要性や、まったく異なった宗教的な状況にこの学問を関連づける必要性を悟ったのである。私は、その時の聴衆が辛抱強かったこと、論点を深く理解してくれたこと、私が述べたことに対してつねに穏やかではあるがなるほどと思わせるような適切な批評をしてくれたことに感謝している。

私の講演は、東洋哲学研究所と創価大学の後援によって行われた(最後の章は除く。この章は、さまざまな場所で幾分異なった状況のもとで講演したものである)。私は、この機会を借りて、この講演を企画し、かつ価値あるコメントをしてくれた東洋哲学研究所の後藤隆一所長(当時)、および創価大学で講演する機会を与えてくださった創価大学の高松和男学長(当時)に謝意を表したい。また、これらの講演を日本語に訳し、その中でテキストの矛盾や曖昧さに注意を向けさせてくれた中野毅氏に深く感謝するしだいである。それ以外の一切の責任が私にあることはいうまでもない。

一九八二年

第一章　科学としての宗教社会学

一　社会学に対する宗教の意義

社会学の発展のまさに当初から、宗教は最も重要な社会現象と認められていた。社会学の創始者たち、すなわちオーギュスト・コント（Auguste Comte）や、ある意味で彼の直接の先達にあたるアンリ・サン＝シモン（Henri Saint-Simon）は、コントが「社会学」（sociology）と呼んだ新しい科学を、社会現象の神学的解釈に代わるものと考えたといってもおそらく過言ではないだろう。その新しい科学が生まれる以前は、神学が、あるいは世間一般のレベルでは宗教が、たとえ誤謬であったにせよ人間の社会理解の、ひいては自然理解のための当然の基礎であった。

コントにとって、宗教の最も完全な表現はもちろんキリスト教であり、なかんずくローマ・カトリシズムであった。その伝統においては、環境全体が宗教的にとらえられただけでなく（未開宗教においてもそうであった）、神を中心とする観点から念入りに説明されたのである。宇宙も自然秩序も、そして社会秩序や道徳規律も、すべて神に由来した。キリスト教は、神を中心とした世界の創造と理解を説き広めた。神は地上を創造し、地上は宇宙という舞台の中心であった。その中心舞台のために、そしてとりわけ人類のために、太陽や月や星が創造されたのである。人間は創造の頂点であった。そして、人間のできごと、人間の歴史、人間の堕落と救いは、宗教的信仰における主たる関心事であった。すなわち、人間の歴史は神の摂理の成就だったのである。神の意志や人間の義務、社会組織、社会的諸関係のあり方等のすべてが、神学体系の枠組みの中に包摂された。その当時、キリスト教神学は社会システムを初歩的に説明し、正当化するものであった。それがまさに現実であると称された文脈の中に、〔キリスト教という〕価値判断の基本的体系に基づく諸規定や命令が包摂され、その価値判断の体系の中心はすべて神であった。

初期の社会学者たちは、社会秩序についての神学的概念に代わるものを提唱し、それによって過去において人間はある宗教的世界観（Weltanschauung）に身を委ねざるをえなかった事実を示そうと努力した。これらの試みを可能にしたのは、自然の秩序についての古い宗教的概念の衰退であった。今や神は、社会的・道徳的関心事における中心の座を奪われ、人間に関する諸事はもはや神の満足のためではなく、ただ人間の福利のためにのみ整えられるべきものとなった。科学が人間の知識の体系として認められることになり、しかもその知識は、経験的で実証的でなければならなかった。コントの公式では、人間が世界を知覚する方法が、社会組織を成立させる基盤であった。人間の世界を知覚する方法が、神学的パースペクティブから実証主義的[訳注1]なパースペクティブへと変化するにつれて、社会秩序もまた変化したのである[1]。

自然科学が神学からますます独立していくにもかかわらず、社会的領域においては、神学は根本的原理であり、学問の女王であるという主張を奪い去ることは容易ではなかった。サン－シモンは、道徳および政治に関する新しい科学について述べるに当たり、諸前提が異なってはいるが、彼の関心事は社会と道徳についての宗教的理念に根ざした関心事と同様であるという考えを伝えるために、それを「新しいキリスト教」（the new Christianity）と呼ばざるをえなかった。従来は宗教的用語でのみ考えられた論点や主題についての基本的関心を保持しながら、解釈の背後に暗黙のうちに深く潜む宗教的要素を駆逐するには、どうすべきであったろうか。社会についての新しい科学は宗教と人間についての主題に関心を置いたが、その新しい科学は、明らかに、それ以前に発達した科学、すなわち自然科学をモデルに構築されるべきであった。コントが歴史の中に識別した過程、つまり、人間意識の変化過程は、いまや自覚的な過程とならなければならなかった。すなわち、人々は世界像がいかに変化したかを知るようになるべきであり、この知識それ自体がこの変化過程をさらに加速し、人々をある意識的な実証主義に導くであろう。コントが明らかにしようとしたものは、未開のフェティシズム（呪物崇拝）から近代科学へと至る過程であった。自然科学の分野では、それはすでに達成されており、いまや社会科学はそれに続くはずであった。社会の新しい科学、すなわち社会学においては、事実に基づく観察、公平無私で客観的な経験主義が形而上学的推論に取って代わると考えられた。社会学は、物理学同様、中立的であるべきであった。究極的問題への疑問は無意味なものとして捨て去られ、知識こそが人類の最終的関心である幸福をもたらすと考えられた。人間性こそが神性であり、愛他主義が生活規範となるべきであった。

宗教に対してコントがとった立場は、もちろん、その後の社会学の唯一の関心方向であったわけではない。しかし、コントのパースペクティブを思い起こすことはつねに必要である。というのは、明らかに規範的・独断的で形而上学的な、かつまた神話的・儀礼的・情緒的な要素を利用しているある世界観に社会学が立ち向かう時、社会学は、またそれゆえに宗教社会学は科学的であるという主張との間に見られる対立の原因を、それは明らかにしてくれるからである。この両者のまったく対照的な関心方向の間に、宗教社会学がいまだに有するいくつかの困難さが横たわっているのである。しかし、まさに宗教が、前科学的な段階において社会組織と人間意識の両者にとって中心的な存在であったために、また、宗教がいまや強烈な挑戦の焦点になった――第一に、他の原理によって社会は組織されうるし、人間意識は淘汰されるという仮説において、第二に、社会学が宗教に対して提示する方法論が対照的であるという点で——ために、社会の他のいかなる制度的領域よりも、宗教は、社会学的探求にとってははるかに重要な領域であり続けているのである。

後続の社会学者たちも、宗教を実証主義的社会学によって置き換えるという、コントのプログラムが提起した諸問題への取り組みを忘れなかった。彼の直接の後継者たちはコントより穏やかな実証主義の立場をとったが、社会の自己管理という目標は、それを促進する主要な力としての産業の発展という考えとともに、ハーバート・スペンサー(Herbert Spencer)やL・T・ホブハウス(L. T. Hobhouse)の著作の中で生き続けた。(2)新しく作り上げられた社会であるアメリカにおいては、進歩する社会秩序への信仰と楽天主義が順調な社会の発展によって培われたが、そこでは、宗教に対する社会学のイデオロギー攻勢は弱められた。アメリカでは実に、社会学が社会的福音の支持者として利用され、また、自発的意志に基づく信仰はそれ自体が、社会学的意味における社会的善の遂行の証となった。コントの実践的実証主義はアメリカのプラグマティズムと調和するものではあったが、彼の宗教否定のイデオロギーは通常無視されてしまった。アメリカのいくつかの大学では、コントの思想を教えており、また社会学はヨーロッパでの発達よりはるかに早くアメリカで制度的に確立したのであるが、コント社会学の宗教に対する理論的含意がまともに問題になることはなかった。

しかしながらヨーロッパにおいては、大学外で社会学的批判がしだいに発展し、しかも、ヨーロッパ諸国では宗教は公認されていたために、教会に対する批判的・反国教派的態度が知識人の間で隆盛をきわめた。科学的態度は、アメリカのように実践面においてばかりでなく、理論的にも容認しうるものであり、ピーター・バーガー(Peter Berger)が「方法論的無神論」と呼んだものが、宗教に対する社会学者の適切な態度として信奉されたのである。カール・マルクス（Karl Marx）やジークムント・フロイト（Sigmund Freud）の著作の中に、そのような立場は明らかである。両者は、宗教を単に説明するだけでなく、「説明し去る」（explain away）べきであると考えた。マルクスにとっては、宗教は現実の神秘化であり虚偽意識の表象であった。宗教は人間がその不幸の代償として追求するものであり、また、階級闘争の中で支配階級が展開する社会統制の機関として説明されるべきものであった。フロイトにとっては、宗教は集団神経症の制度化されたものであった。彼は宗教をそのようなものと指摘しても、人間の不合理な心理的傾向を軽減するには何の役にも立たないことを認めてはいたが、精神療法によって、人間が自己保存のために構成した宗教的虚構の幻想性に依存する本性を有することがわかると主張した。独自の社会科学に関心をもっていたマルクスは、マルクス主義に期待された神秘化の消滅についてはほとんど語っていないが、フロイトは、臨床的事例から社会分析へと論が戻るたびに、宗教に関する論議を何度も展開した。宗教は社会意識や人間の意識、また、それらの病理を理解する上での主要問題だったのである。[3]

コント、マルクス、フロイト流の宗教への接近法には、しかし、未解決の課題が含まれていた。この三人の著者は、後に同じ知的立場をとったと主張する人々とともに、社会の分析において科学的であろうとした。社会の科学（the science of society）が、コントとマルクスの標語であった。科学とは〔対象に束縛されず距離を置いて自由な立場に立つ〕デタッチメント、客観性および倫理的中立性を含意とするものであった。コントおよび彼の後継者にとっては、これこそが社会学のきわめて重要な特徴であった。しかし、こうした伝統のすべてにおいて、社会の科学は、人類がそれ以前に社会的事象を統治するのに用いてきた人間と世界についての宗教的諸概念を駆逐するために出現したものと見なされていた。したがって、そこには宗教に対するある種の敵意が主張されていたのであるが、同時にその一方で、社会学者は社会を冷静かつ客観的に、価値自由という基準に従って眺めるのだという主張がなされたのである。

かくして、社会学はその性格において、宗教的世界観に対抗するものであった。宗教的世界観においては、認知的、評価的および情緒的諸要素が当然のこととして織り合わされていた。社会学は、世界の諸事実と秩序を記述すると称するだけでなく、「事実」とされたものを見る人間の態度や感情や評価をも同時に規定しようとする〔宗教的世界観の〕志向性の欠点を鋭く指摘した。社会学は、まさにデタッチメントと客観性によって、宗教的世界観に代わる科学的視野を提供したのである。しかしながら、われわれは次にこう問うであろう。すなわち、そのような科学的立場はいかにして支持されたのか、また、社会学が宗教を疑いながら、同時に、宗教に対して中立的な態度を保持することはいかにして可能なのか、と。

社会学者は、自分の主張にいっそう慎重になってきてはいるものの、また、純粋に社会学的な過程として（社会学的な宣言としてではなく）宗教の衰退をしだいに立証しつつあるものの、宗教社会学におけるこの緊張をはらんだ課題はまだ完全に解消されたわけではない。したがって、社会学者は、社会学それ自体を宗教的世界観に代わって社会秩序を規定するものとして提示するのを止めてしまった。とはいっても、この立場はコントの著述においてかなり強調されていたために、社会学はその当初から宗教の問題に取り組むことになったのである。その後も、社会についての応用科学というコントの夢想から完全に解放されたにもかかわらず、社会学者は社会における宗教の役割や、その役割の変化を引き起こした原因や環境について説明する必要にせまられた。社会の発展の性格を理解するために、社会学者は過去の諸社会における宗教の機能を解明する必要があったのである。

こうして、二十世紀初頭の古典的社会学者たちは、コント同様、宗教社会学に携わるのに余念がなかった。マックス・ウェーバー（Max Weber）は西洋的合理性と形式合理性の諸原理を完全に包含する経済システムである資本主義の発展の理由を説明するにあたり、社会組織を決定づける価値システムの源泉として宗教を見直したのである。彼は、宗教がもはや西洋の経済的社会的秩序を支える力ではないと信じていたが、社会を発展させる強力な役割を宗教に認めた。もし、ウェーバーが社会学者の中で最も優れた人物であるとすれば、それは多分に彼の宗教に関する分析の精妙さの故である。[4] 同様の多くの点が、エミール・デュルケム (Emile Durkheim) についてもいえる。彼の社会学者としての卓越性は、ウェーバーに次ぐものである。宗教が社会に対して担った潜在的機能 (latent function) を最初に分析した点で、われわれは彼に多くを負っている。[5] しかしデュルケムは、オーストラリア原住民の未開社会において宗教が果たした諸機能を、宗教が将来においても果たすとは信じていなかった。近代社会において宗教は事実上消滅し、宗教が担っていた重要な諸機能が充たされなければならないとすれば、他の機関がそれらを担うよう要請されるだろうと信じていた。彼はさまざまな社会制度を次々に検討し、中世のギルド組織に似たものの復興である職業組合と学校のみが、労働の細かな分業を伴った近代の複合的産業社会における規範上の合意を形成しうると考えるに至った。

デュルケムの終生の仕事は、多くの点で、無文字社会において宗教が充たしていた潜在的機能を代わりに担う合理的な構造物を探し求めることであった。彼は、非合理的なものが以前は意図せずもたらしていたすべての結果、すなわち潜在的な諸機能を、意識的に供給する代替物を合理的な方法によって明らかにしようとした。彼のこのような分析のうちには、発展した社会における諸制度はしだいに合理的なものになるだろうという仮定が暗黙の前提になっており、そこから宗教の影響力の減少という考えが導かれたに違いない。同時に、デュルケムは、社会的合意の形成を促す機関が社会には必要であり、昔日の社会においては宗教によってその同意が形成されていたと信じた。宗教は社会に凝集力を与える支配的な諸価値と規範的秩序を供給した。デュルケムが必要不可欠と考えた機能を充たすために発見されるはずの新しい機関は、当然のことながら、この目的のために自覚的に設立されるはずであった。かくして、社会の発展経過は潜在的機能が顕在的機能となる過程であり、したがってそれが顕在化するということは、それらが自覚的に熟慮された計画の対象となることであった。デュルケムの思想は、コントの思想よりもはるかに進んだものであったが、たとえ幾分異なった方法によって表現されていたとしても、コントの古い仮説、すなわち、社会学はそれ自体が社会組織や社会計画を指示する知識の母体となるであろうというあの仮説が、ここにも生き続けていた。社会学は、自覚的になされる社会生活についての合理的解釈の見本であるといまだに見なされていたのであり、社会進化の一部として、しかも社会組織についてのより発達した意識によって、価値の源泉として宗教に取って代わることを運命づけられていたのである。社会は合理的な倫理を発見、もしくはむしろ創造するはずであった。

一部の機能主義者[訳注2]は、宗教が社会に対してもつ積極的な価値を明らかにしようとしたが、彼らの間でさえ、社会学が主張する倫理的中立性という厳密な科学的立場と、宗教のかつての機能を実質的に「受け継ごう」とする努力との間に、前述の緊張は存在し続けた。キングズレイ・デーヴィス (Kingsley Davis) などのデュルケム機能主義の継承者の間でも、宗教はなるほど社会にとって有用な虚構であったし、またある程度は有用な虚構であり続けるかもしれないが、そこには善なるものと真実なるものとの分裂が明らかにあったという見解が一般的となっていた。彼にとって、宗教は明らかに誤謬であったのであり、それが存続したのは社会的に価値があったからであった(6)。

機能主義は、いまだに社会学における一つの有力な立場であるが、社会生活の非合理的側面の存続を説明する一つの基礎を、潜在的機能を解明することによって提供した。そのため、宗教社会学者は機能主義にある特別な関心を寄せるようになった。[7] 機能主義は、経験的には検証できない独断的な教説と見なされていた神話や、同じく任意に定められた行為と見なされていた儀礼が存続する「意味を了解」する。すべての機能主義者が、宗教は社会に有用な虚構であるというデーヴィスの見解を是認するわけではなく、社会に対する宗教の有用性は社会秩序の正当化にあると主張する者もいる。しかしながら多くの者は、個別の宗教的伝統において真理であり、ときにはそれが唯一無二の真理であると主張する宗教的理論、信念、実践の諸体系が、まったく任意的で多様なものであることを機能主義は説明すると考えている。しかし、宗教を社会的由来や社会的分布との関連で説明する他の学派の社会学者も、宗教現象は「説明しつくすことができる」という暗黙の前提を同じくする理論を奉じていることも認めなければならない。かくして、相対的剝奪論を発展させたグロック（Charles Y. Glock）は、宗教を実質的には剝奪された人々の代償反応であると見る。その反応は、相対的な母集団内において特定の集団が感じる剝奪の種類や基準に応じてさまざまに表出される。（他人が享受している能力や便宜と相対して、または、以前に思い描いた自分自身の将来の展望への期待に相対して）最も強い剝奪感を抱いている人々は、この理論によれば、宗教を信奉する（または、より熱心に信奉する）度合いが最も高い。しかも、彼らが被っている（または、そう信じている）特定の種類の剝奪を代償してくれそうなタイプの宗教を信奉するというのである。[8]

デュルケムが、神概念は社会それ自体を表現し、象徴的言語において客観化しようとする無意識の試みであると考えたように、古典的社会学者たちも、人々はものごとを自分自身に向かって説明する手段として宗教を発展させたと、あと一歩でいうところであった。彼らは、事実の価値からの分離、および経験科学とその客観的技法の発達とともに、宗教はもはや以前の社会的諸機能を充たすことはできなくなるだろうと信じたのである。知的レベルにおいては、人間や人間の世界、人間の将来に関する宗教的説明は、より優れた科学の技法によって欠陥のあるものであることが明らかにされた。評価的レベルにおいては、初期の社会学者の何人かは将来の社会的価値の源泉に関する彼ら自身の仮説を立てた。彼らは、独自の暗号〔諸概念〕を精密化しながら、将来の社会的秩序(および社会学的秩序)の投影図の中に合理的倫理を、ホブハウスのように公然と混入させるか、またはデュルケムのようにひそかに持ち込んだのである。

情緒的レベルにも強い関心が向けられたが、そこにおいてもまた、理性が激情を屈服させるであろうとか、宗教システムによって吹き込まれた社会化の技術(それは効果的ではあったが、誤った仮定に基づいていたと考えられた)に代わって、理性または精神療法に依拠した社会化のパターンが生み出されるであろうと考えられたのである。頼りにされた「理性」とは、マルクスにとっては歴史の論理であったし、デュルケムにおいては、自覚した責務への愛着感の増大であった。また精神療法は、もちろんフロイト理論によって考察された袋小路から脱出する一つの可能性であった。ウェーバーのみが、これらの問題を彼自身の鋭敏な両義的感情の刃先の上にのせたのである。彼は、近代人はもはや(知的には)宗教とともには生きられないと考えた。しかしその一方で、彼は、近代人が形式合理性のもつ不合理性の問題にひとたび捕らわれてしまった以上、宗教を欠いて生きられるとは必ずしも明確にいえない、ということも認めたのである。

以上のような問題があったにせよ、宗教が古典的社会理論の中心的な主題であったことは明らかであり、そしてまた今日においても、宗教が社会学の中核的問題であり続けているのも事実である。社会学者たちは宗教を「前社会学的」社会理論と見なしていたので、必然的に宗教社会学はそれ自体が認識論上の主要な問題点の論争の的とならざるをえない。これらの認識論的問題への関心は、今日もときおり見かける経験主義的宗教社会学者の、極度に実証的な技法の場合などには必ずしも顕著であるとはいえない。しかし、それらが文化や知識、社会化、意味、秩序に関するあらゆる解釈的言明等の、社会学それ自身が抱いているすべての中心的問題の背後にある哲学的問題であることに変わりはないのである。

宗教は単に（そして必ずしも第一義的に）、社会秩序の必要条件を知的に言明するものではない。宗教は評価的および情緒的気分を喚起させ、適切な動機づけを普及させることで社会に有効に機能し、きわめて幅広い人間の経験を包み込んだ。宗教は美術や詩作、および人間存在の想像的で創造的なすべての領域と類似性をもっていた。宗教は人間の基礎的な諸感情を刺激し、表現通路を定め、規制した。また宗教は、人間らしい振る舞いに欠けてはならない、繊細で、しばしばいい表しがたいものを暗に示しながら、思いやりや愛他精神、愛情を引き出した。社会学者は、社会統制や社会的合意、人間関係における善意の喚起、そして人間の感情表現における適切なバランスの維持等の事項に必然的に関心を抱いているが、これらの事項はすべて多かれ少なかれ宗教活動における焦点となっている。そして宗教は、一般に人間的経験のさまざまな側面に対してなされる評価を定めるのである。最も高尚で哲学的な地平に立っている高等宗教は、「究極的問題」に解答を与える一組の知的な命題を、その宗教自身の用語で（部外者を納得させるのに十分な用語ではないが）提供するが、日常生活の地平に立つ実践的宗教は他の問題に専念している。実際、多くの社会において宗教が果たしている役割の中で、究極的問題への解答は重要なものではないであろう。たとえそれが重要な部分を占めている社会であっても、一つの高等宗教の教説を名目上奉じているだけの人々の日常生活環境においては、これらの究極的な関心の重要性は限られたものでしかあるまい。

宗教のもつ社会的意義は、むしろ、人々に自己を取り巻く状況の理解を促すと同時に、その状況を評価し、かつその状況に情緒的にも対処する能力を高める諸々のカテゴリーやシンボルを提供するところにある。したがって、宗教的言語は科学的言語と異なってしばしば極度に両義的である。すなわち、宗教的言語は、あるものを表示すると同時に喚起しようとし、叙述のみならず評価をも行い、そして特定のタイプの情緒的反応を引き起こすとともに維持するのである。宗教的言語は、客観的と考えられた諸カテゴリーの目録であると同時に、価値の宝庫であり、また巧みに働く諸シンボルの貯蔵庫なのである。

社会学は宗教を説明しようとした。しかも本質的に科学的な用語で説明しようとした。そして、いまもなおその努力を続けている。社会学者の価値への関心は、それをデータと見なすことである。つまり、社会学者以外の人々にとっての価値は、社会学者にとっては観察上の事実となる。コントやホブハウス、さらにデュルケムでさえもが、社会学は将来厳密な価値の合理的基盤を提供することによって、それまで不可能と思われていた企てを可能にするだろうと考えたが、それ以後の社会学者たちはそれほど楽観的ではなかった。しかしそれでもなお、超自然的なものの告知、形而上学的思索や観念、情緒的志向、信念、儀礼、そして宗教的社会化や組織化の諸パターン等を含む価値は、科学的な社会学的探求の主題であり続けたのである。

二　科学としての社会学

私は、これまで述べた所見によって、宗教に対する関心は社会学の関心としてふさわしいものであること、むしろまさに避けて通ることのできない関心であることを幾分なりとも明らかにしようとした。社会学は、科学的な学問として妥当な理論体系の維持に献身しなければならないが、しかし明らかに、社会学者たちはしだいにそうした理論を構成する諸要素を検証したり、その理論の確認または修正に導く証拠を用意しようとしている。調査技術が発達し、社会学者が研究する場としての大学における位置が確立するに伴って社会調査は容易になり、宗教についての社会学的な関心は、しだいに経験的なデータによる表現法を見出すようになった。今日では、もちろん理論上の論争が宗教社会学者にとって重要であることに変わりはないが、この学問の検証は広く理論的に（そしてそれがしばしば推論的であることを認めてもらえると思うが）一般化する中でなされるのではなく、実地調査によってなされるようになってきている。

その実地調査において、宗教社会学者は、社会学者があらゆる領域で採用しているのと同じタイプの科学的手順に必然的に依拠している。もしわれわれが、科学という概念によって次のことを意味しているのなら――すなわち、経験的現象を客観的な調査方法によって研究する学問分野であって、研究者が自覚的で明確な倫理的中立性を保とうとし、データからデタッチメントが維持され、そして標準的な測定方法が用いられているならば、その場合、社会学は科学的であるといえるであろう。さらに、次のようにも考えられるであろう。つまり、科学は一つの合理的な理論体系を発展させようとする試みと特徴づけられる。その理論体系の中で、個々の現象は抽象的な概念用語によって記述される、より高い一般性をもった諸命題と関係づけられる。諸概念それ自体は、原理的には虚構である仮説的諸命題の表現と統合を促進する諸公式である。そのような命題は、しかるのちに経験的データによって検証されよう。

社会学は、多少なりともこれらの要求に応えており、またこれらの規定が社会学という学問分野の発達のモデルであったことは確かである。それらは、宗教社会学にも同様に当てはまる。もちろん、科学というものが制御された実験による一つの方法を意味するならば、社会学において自然科学の技術を利用しうる程度が限られているのは明らかである。実験は実際上困難であり、それについてはここで論ずる必要はあるまい。むしろ、ここで取り上げた学問分野全体が直面するある倫理的障壁こそ、ここでの議論にとって単なる付随的な問題以上のものなのである。倫理的障壁の存在は、人間の高潔さの意識や、個人の意志の自由、そして、社会科学者の操作から不当な干渉を受けずに社会を運営する権利等への固執を示している。まさにこの点で、社会学は少なくとも自然科学とは性質上異なった位置にあり、また（性質上の相異でないとしても）かなりの程度、生物学とは異なった位置にあるという事実を、この倫理的障壁という問題はわれわれに告げているはずである。社会学における厳密な科学的手順の展開に対する倫理的障壁は、データが研究者に課す限界を暗示している。いなむしろ、世界がデータの収集に課す限界を暗示しているといったほうが適切であろうか。それはおそらく、科学的探求がそれ以上は進めない境界を――科学的手順自身がそれを越えるのが不可能なのではなく、そうした手続きの使用に対してわれわれが強い倫理的拒絶感を抱いているからである――本質的に示唆する限界である。この事実はそれのみで、おそらく削減できない、ある重大な価値への委託が存続していることを示唆している。それは、科学的には価値を完全に説明しきることはできないということを示唆しており、それはほかでもなくわれわれが、価値を科学的に説明することを許さないからである。科学の発展は、この点で人間の抵抗に遭遇しているのであり、他の領域における科学的方法の限界をも、われわれはまたこの点において類推しうるのである。

この論議はさておき、宗教社会学は、どの分野の社会学でもそうであるように、科学であろうとしている。この点に関して、宗教社会学はいったい何を探求しようとしているのか、そして宗教社会学で探求可能なことがらの背後には何があるのか、ということを認識することが重要になる。

第一の点についていえば、宗教社会学はその出発点として、ある宗教運動、または、ある人々の宗教的性質を系統的に記述する。信条に関する陳述、儀礼に関する諸規則、そしてそれらを正当化する根拠等はすべて基礎的なデータとして、すなわち、現前の現象として扱われる。宗教社会学は、この現前の現象として観察されたレベルから出発しなければならない。社会学者は、その信条の「真偽」の検証にはかかわらない。また、諸儀礼の効果にも関心を抱かない。また、ある伝統についての多様な解釈について判定を下そうともしない。社会学者はまた、宗教者が認める実践や理念を正当化する主張に挑戦することはしない。これらのことがらすべてを、社会学者はデータの一部として受け入れなければならないのである。社会学者は、現れてくる社会的レベルから、たとえばまずはじめに、その宗教を信じる人々自身からもたらされる一群の情報に基づいて作業を始める。社会学者の関心が、宗教的信念の性質、または宗教的な教説や儀礼の影響力、回心の過程、組織の特性、宗教的実践の規則性、入信によって生ずる諸結果、聖職者と俗信徒との関係、宗教的正当化の様式と機能等々、その他何であれ、社会学者は、個々の宗教者や宗教集団自身の解釈を研究の出発点としてまず採用しなければならない。しかしながら、もちろん社会学者は、ある宗教の教義を信徒と同様に学習しようとはしないし、また、門弟になろうともしない。もしもそのようにしたならば、彼は必然的に社会学者であることをやめることになろう。しかしそれでも、少なくとも社会学者は、信徒たちが学んでいるものは何であるかを正確に理解しようとすべきであるし、可能な限り彼らが理解していることがらを彼ら自身の術語で理解しようとすべきである。

今や明らかなように、社会学者は距離を置いた客観的な立場に留まり続けようとするのであるから、ある宗教の同じ公式が社会学者に対して有する究極的な意味と、信徒に対する意味との間にギャップが生ずるのは避けられないであろう。しかしそれでも、社会学者は彼らの信条、彼らの献身について感情移入的理解をすることは可能であり、また実際にそうしなければならない。社会学者が、自分の研究している宗教運動について何らかの有益なことをいいうるのは、それを信じる者にとっての意味を彼が何ほどか把握しえた場合のみなのである。とはいっても、そうした理解に達する際に、社会学者が実際に信徒になってはならないのである。[9]

筆者の主張する「共感的デタッチメント」(sympathetic detachment) の展開には、つねに困難な問題がつきまとうことは明らかであり、共感とデタッチメントの間には新たな（未解決の）緊張領域があることも明らかである。ある宗教集団と親しく交わるうちに、社会学者は彼らと彼らの活動に深く引きつけられることもあろう。そして、このことは彼らを十全に理解するためには必要なことであろう。しかし、社会学者は、また彼の責務が宗教を社会学的に解釈することであることを、すなわち、社会学者の抱く価値は科学的分野にあることを、そしてその帰結として彼は常に適切な距離を維持しなければならないことを忘れてはならないのである。しばしば宗教者たちは、ある宗教を正しく理解するにはその宗教に帰依しなければならないと主張して、社会学者のそうした態度を否定する。宗教を研究の対象とするいかなる学問分野の学徒も、そのような主張を受け入れることはできない。中世社会を研究するために中世の人間になる必要はないし、ある部族集団を研究するために部族民になる必要もない。宗教の社会学的研究に対する否定は、実のところ、すべての学問分野における距離をおいた自由で客観的なアプローチを否定することである。もちろんわれわれは、ある面で社会学者は、同等の知性と洞察力をもった信徒と同じように理解することはけっしてできないという明白な事実を容認する。しかしながら、もう一面では、社会学者は外側から観察するがゆえに、彼は宗教およびその信奉者の実践について、その宗教に身を委ねている者や内側からしか観察できない者よりも、はるかに鋭いパースペクティブを得られるであろう。よくいえば、社会学者は信徒自身の有する視野からは見えない全体的な次元を宗教運動の理解に付け加えることができるはずである。社会学者は、ある点では信徒ほどには精通しないだろうが、反面、他の点ではより多く知るであろう。

社会学者が「より多く」知る方法は、もちろん客観性およびデタッチメントによってもたらされるが、それのみではなく、彼が他の比較可能な宗教運動についてのより広範な情報群に接しうる、もしくは接すべきであるという事実から生まれる。比較は、社会学的方法の基本的な要求である。比較によってより広い一般性をもった仮説と公式が生まれ、その抽象化の中で、それらは所与の事例を取り巻く状況を超え出ることができる。社会学者は、所与の運動や文化的文脈のいかなる特性や特殊性をも裏切らずに、他の事例との比較による検討や、それらの事例に関して同僚の研究者や先達がすでに確立した一般概念から有益な解釈上の洞察をなしうるはずなのである。

宗教社会学者が採用する特有の立場から、必ずしもそのすべてがたやすく解決はしないいくつかの問題が生じてくる。研究者にとっての基本的な問題は、彼の役割のうちに内在している。すなわち、共感とデタッチメントとは容易に両立しないということである。そうした両立への要求は、極東の国々より西洋における方が文化的にいっそう切実な問題であるかもしれない。西洋においては、宗教的不寛容がより強く叫ばれていたし、西洋の歴史の長い期間にわたって、異端者も不可知論者もともに宗教的迫害から逃れることはできなかった。そのような時代は過ぎ去ったが、それでも、宗教的係争に関しては極度に敏感であることはいまでも変わらない。おそらく、もっと拡散的な宗教的態度が一般的で、異なった宗教的伝統が共存し、融和し、「共棲関係」(symbiotic relationship) において存続するような東洋の国々においては、共感的デタッチメントをなしうる見込み、およびその方法態度が信仰者や他の人々に信頼される見込みははるかに大きい。

その他の問題は、実際にはしばしば相互にきわめて密接に連関しているが、ここでは分析上の目的のために分けて扱うことにしよう。まず第一に、人間をめぐる諸現象への科学的手法の適用には、困難な問題が伴うという点である。宗教に参与する人々は、彼らの信仰について深遠な感情を抱くものである。ある面では、彼らにとって信仰は生活についての真の解釈であるだけでなく、切り離せない生活そのものでもある。彼らは、自らが真理と見なすものの命令に従って生きるのであり、その結果、信仰に真剣に励む人々にとって彼らの宗教は生活そのものとなる。宗教社会学者にとっては、宗教運動とその会員たちは明らかに社会学的現象を構成する一つの素材である。しかし、いかなる社会学者であろうと、宗教がその信奉者たちにとってきわめて真剣なことがらであることを正しく認識しないならば、彼の宗教研究は成功しないであろう。それゆえに社会学者は、たとえば医者がときおり患者についてでたらめな臨床判断を下していると思われるようなやり方で、不用意に臨床的であることはできない。その上、社会学者がどの程度まじめであるかという点、またある意味では彼の献身の程度（もっとも、この献身とは彼の学問分野、すなわち宗教社会学に対する献身であって、宗教自体に対するものではないが）は、彼が求める資料提供者や回答者たちから、ただちに値踏みされるのである。

この問題から次のようなことが起こる。それは、宗教の文脈においては、科学的手法は宗教の神聖さを汚すものと思われやすいということである。ふつう人々は、宗教的命題や信仰について論議する場合に比べて、余暇の過ごし方や、仕事と労使関係、生態学の発達や都市の発達から生ずる諸問題、政治についての意見、そしてさらに家族や親族および男女間の関係や行動等についてさえも、はるかに躊躇なく論議するであろう。宗教の領域におけるこの敏感さは、おそらくいくつかの点で西洋においていっそう顕著なのであろうが、この敏感さがまさに宗教社会学者に研究遂行上の微妙な問題を投げかけるのである。それは、宗教社会学者の態度が他の社会学的研究の場合以上に、調査における回答者たちの抱く期待とうまく調子が合っていなければならないという問題にとどまらない。さらに、他の領域で社会学者たちが用いる調査方法の多くが、宗教社会学者にとっては利用できない、または利用できるとしても十分に慎重でなければならないということである。なかんずく、宗教社会学者は彼の回答者たちの活動を矮小化したり、さげすんだり、または相対化するような方法を用いているという印象を与えないようにしなければならない。もし宗教社会学者が宗教を信じている人たちについて何かを発見するために面接調査の手法を用いるとすれば、彼は彼の使用する言語、質問の適切さ、および彼の研究目的に不案内な人々や、またはその目的を容認しない人々に彼の質問がどのように伝わるかという暗黙の意味などと関連させて、彼の調査用具を点検しなくてはならない。ある面からいえば、面接調査は利用可能な社会学独自の調査方法のうちで最良の方法である。この方法は社会学者と回答者との「差し向かいの触れ合い」(face to face contact) をもたらし、その上、社会学者が回答者との個人的な人間関係を結ぶ術にたけていれば、その機会自体が回答者が十分抱く可能性のある疑問を拭い去る助けとなるはずである。

しかしながら、面接調査は、それ自体がきわめて多くの時間を食う作業であり、長い期間にわたる作業から得る収穫はいつも小さい。社会学は一般に、「蒸留方式の学問」(distilling principle) といわれるが、それは多数の個々の事実を必要とし、そしてそれらの事実から必ず要約的様式で表現される一般化を導き出すからである。大量のデータが、統計学か理論的公式化によって比較的簡潔な諸命題へと凝縮される。面接調査の場合も、同様の蒸留過程であることは明らかである。多くの面接調査からある特定の印象が形成されるが、これらの印象はその情報を引き出すのに必要であった時間と空間とに比べてはるかに簡潔に、そしておそらくは成文形式で表現されるであろう。しかしながら、そこにはそれ以上の問題が含まれている。すなわち、面接調査からの収穫は、費やされた時間の割りには意気消沈するほど小さく、また、調整できることではあるが面接調査数が通常は少ないために、面接調査の結果を要約した陳述は資料による裏づけが不十分であるとか、はなはだしく主観的であると思われがちなことである。宗教社会学者がもっているデータが不足がちであることはしばしばあり、また、その解釈にもたやすく異議を申し立てられるために、宗教社会学者は、客観性という基準を維持する必要を彼の意識の中心で異常なほどに意識していなければならないのである。

この問題は、最終的な分析においても解決できるわけではないが、それに代わる宗教社会学的な手法にはもっと大きな欠陥がある。質問票による調査も、限定された価値しかもたない。この方法は年代、性別、社会的位置、職業、教育、その他の粗データを収集するには有益である。しかし、宗教はきわめて個人的なことがらであり、つねにきわめて真剣な問題であるために、個々人の問題に関係しない方法で情報を収録することは、調査が一種の冒瀆であると解釈される危険がある。そのような結末は、一対一の面接調査によって情報を収録する時の方がはるかに避けやすいといえる。いかなる事例でも、多数のデータはそれ自体が質問票によっては収録できないほど複雑であるし、事実と意図の両面で誤った理解をなす余地ははなはだしいのである。ある特定の集団の宗教的信念や傾向を計量することは、単純にそしてときにはありのままに述べる場合以外は、容易なことではない。このような方法のみで、宗教的信念や実践のいずれをも、その文化的社会的意味において理解することはまったく不可能である。かくして、他の生活領域や社会組織における社会学的調査では標準的な方法も、宗教社会学においてはより限定的にしか用いることはできないのである。

三　宗教社会学の限界

以上のような、社会学的方法に特に関連した問題の背後には、宗教現象の解釈と関係する諸問題が横たわっている。信仰者にとって、いかなる科学的な説明も彼らの宗教に対しては妥当しえないと思える場合もある。社会学者は、この主張を一部分は認める。そして、社会学的言語は官僚制や制度、親族関係のパターン、役割体系、権威構造等々のような非個人的な表現が可能な体系を取り扱う場合の方が、宗教運動や宗教集会の独特の性質を伝達しようとする場合よりも、はるかに正確であることは明らかである。もちろん、宗教社会学者もまた宗教的な役割や権威、制度等々にも関心を抱く。しかし、これらの要素がすべて探求され説明された時にも、社会学的言語によっては容易に記述しえないさまざまな要素が残る。そしておそらく、それらは共同体と感情の問題に関係している点で、宗教の中心的な特徴なのである。

現代世界における宗教集団の真価を正しく認識するためには、雰囲気やエートス、集合感情、精神的高揚や霊感等に精通しているだけでなく、それらのことがらを理解する感受性が必要である。「雰囲気」「エートス」「集合反応」等は必ずしも特に社会学的な用語ではないし、また社会学者がある宗教集会の雰囲気や、ある特定の集団の表現豊かな文化の何ほどかを伝えようとする時に、文学的技法といわれるような方法、すなわち、対象についての厳密に中性的な専門用語や臨床的言語によるよりも、情緒的術語や印象を利用して伝達する描き方に頼ることは、よくあることである。しかし最終的には、宗教に帰依する人はこれらの文学的方法さえも、彼がその宗教文化の表現不可能な要素と見なしている何ものかを伝えうるものとは認めないであろう。帰依者が「理解するためには、入会しなければならない」とか、「実際にどのようなものであるかを知るためには、それに直接触れてみなければならない」と言う時、誠実な宗教社会学者ならば、少なくともあるレベルではこうした意見が真実であることを知っている。

宗教運動とその信徒たちの独特な性質を伝えようという試みを別にしても、社会学者が宗教現象を説明しようとして行う分析においても、社会学者と信徒との間に生ずる問題がある。重要な例を一つだけあげれば、社会学者が何らかの宗教運動の発展、総体的な信念体系、社会的構成、社会的活動等を考察する際には、必ず比較のための諸事例を思い描くという点である。彼はある運動を検討するのに各々の所与の事例に関する知識を内在的に理解しようと望むが、そうした理解は他の運動や文化への理解からもたらされるのである。このことは社会学的手法に内在する要素であり、そして比較はそれにとって決定的に重要である。しかし、比較はどんな宗教の帰依者にとっても、うさん臭いことがらに違いないという意見もある。それぞれの宗教は、正当化された必要な実践と完全な合法性を伴った最も完全な体系であり、究極的真理の表現であると主張する。西洋においてはこの傾向がより強調されており、宗教は相互の敵意の中で発生し、排他性こそがその規範であった。もちろん、信奉者たちは彼ら自身の信仰だけが唯一普遍的真理を有すると主張しているわけではないこと、または少なくとも、彼らの信仰だけが、他の宗教ではせいぜい部分的にしか把握されていない真理を完全に表現していると主張しているわけではないことを知っている。にもかかわらず、種々の運動は公平な比較において検討されるという考えは、宗教の信奉者に好い印象を与えるものではない。この点において、信奉者と社会学者との異なった価値志向が明らかになるとともに、信奉者が彼自身の宗教的帰依を困難にするかもしれない社会学的調査に関して寛容な態度をとることが求められるのである。したがって、実際には必ずしもこの点が強調されるわけではないが、排他的な宗教にあっては、この問題への最終的な解決策は存在しないことになる。

社会学者はある宗教に固有の主張を、宗教者が語るままに彼の研究仲間に向かって述べるわけにはいかない。彼は、X宗教の信徒は何々と主張しているというべきであるが、その場合、彼が彼らの自己主張をもし不注意に公式化したなら、彼は難しい立場に立たされることもあろうし、ある意味で彼が研究している運動に敵対していると見なされることもあろう。数年前、私は、モルモン教〔訳注3〕についての短文をエンサイクロペディアに書かなければならなかった(10)。そこで筆者は、その運動は一八三〇年頃にアメリカ合衆国において始まったと述べた。この記述をモルモン教徒でない人々はすべて容認したし、モルモン教徒でさえ大部分は許容してくれた。しかし、何人かのきわめて熱心なモルモン教徒にとっては、それは誤った言明であった。すなわち彼らは、彼らの宗教はその時点では数世紀間の消滅の後に単に「再興」されたにすぎないと主張したのである。もし、信奉者たちがその運動の自己主張は絶対的真理であると堅固に主張し、そのような教えを受けていない世間の人々の利害とさえも妥協を拒否するならば、明らかに宗教社会学者は克服しようのない困難な立場に置かれることがわかるであろう。

　社会学者の任務は、宗教をより広い社会的文脈の中に位置づけることである。彼の説明枠組みは社会的な媒介変数や、特定の宗教的理念や実践の出現と関連する社会的事実、および信奉者たちの社会構成によって制限される。社会学者の仕事の一部は、明らかに歴史的とならざるをえず、次のような通常の歴史的論点のいずれにも社会学者は関心をもつ。それは、特定の理念の由来であり、宗教的実践における連続と不連続、宗教組織の独特な様式の発展、宗教の発展に刻まれた世俗社会の痕跡および世俗社会の発展に対する宗教の影響、ある宗教倫理の起源と普及、宗教的帰依が世代ごとに継承されていく度合い、回心と説得の過程、呪術的戒めの倫理的戒めに対する関係、宗教運動相互の関係、宇宙秩序や人為的秩序に関する宗教概念の地域性の度合い、宗教の統一と分裂の過程、等々である。たとえ、宗教の社会的次元に関するこれらの問題のすべてに十分な解答が得られたとしても、宗教現象の豊饒さが枯渇するわけではないという点は明らかにしておかなければならない。宗教的な情報を把握する他のレベルが存在するからである。コミットメントの主要動機や、その信徒にとっての意味の問題である。

　宗教社会学において生起する係争点のいくつかは心理学の領域と境を接するが、外観上は別として、そこには明確なアプローチの相違がある。[11] つねにそうであるとは限らないが、宗教社会学は方法論的個人主義の基準に従って進められる。しかしながらその場合でも、心理学における作業とはならない。宗教社会学において動機づけが問題とされる場合は、社会階級や教育、性別等の社会学的に重要な諸変数との関連の中で、動機づけの「典型的な」パターンに関心が向けられるのである。それは諸動機の原因論を提供しようとするものではない。かくして、マックス・ウェーバーがかの比類なき巧みさでもってしたように、宗教運動の社会倫理についての議論から、信奉者たちの動機づけのパターンの再構成へと進むことができる。特定の社会的圧力に対する各個人の応答を説明するある心理形態を見ることはできるが、しかし、それは社会的なものを明らかに特殊心理学的な事実へ還元することではない。たとえ、論述が個人的な動機についての仮説を必然的に伴う場合でも、問題となるのは、そうした結合の社会的蓋然性であって心理的決定因それ自体ではない。

宗教社会学が心理学に還元できないとすれば、同様にそれは、比較を方法の一つとして重視はするが、比較宗教学とか宗教学（Religionswissenschaft）と呼ばれる学問の単なる一分岐と見なされるべきではない。社会学者は、社会についての一般的な理論的諸命題との関連による宗教の説明に究極的には関わるので、社会学者のアプローチは筆者が理解している比較宗教学者のアプローチとは異なってくる(12)。宗教は一つの社会的事実として取り上げられるものであり、社会学者は宗教の信条や実践、儀礼用具、教義、そして組織などを単に記述したり、明細に説くことには関心を抱かない。すなわち、それらのあるがままの姿には本来的に興味をもたないのである。彼は特定の文化様式や文化内容という表層の裏にある社会構造の原理を発見しようとする。社会学が蒸留科学であると前に述べたが、このことは詳細な諸事実の大群を分析的手法によって凝縮還元していく手順との関連でいわれるだけでなく、さらに多様な文化内容を抽象的な用語で語り、基本的諸関係を明らかにする理論的言明へと還元するという点においてもいえるのである。明らかに、こうした手法に要する時間的な長さは、何を説明しようとしているかという説明目的によって異なるに違いない。しかも筆者としては、抽象的理論を単にそれだけのために擁護しようとは思わない。それでもなお、この学問が追求しようとしている点は明らかである。すなわち、比較は一つの手段であって、宗教社会学の目的ではないということである。

同様の相違は、社会学者と現象学者の間にも指摘できるであろう。現象学者は事実をそれ独自の権利をもつものと見なし、特定の宗教現象の細目を忠実に、そしてまた社会学者があこがれる客観性を保持しながら叙述しようとする。それらの細目の多くは必然的に社会的な性格をもち、したがってその部分では、これら二つのタイプの研究者の仕事は重なり合う。しかし社会学者の目から見れば、現象学者はときおり「事実自身が語る」と仮定する危険をおかしているように思われる。現象学者は、実践や信念は文化に特有な意味を内包しているということを忘却しているのであり、これらの意味こそが社会学者が探求しようとするデータの配列なのである。現象学者がデータを組織化し、資料を選択するのを好まないのと対照的に、社会学者はすべての学問的で科学的な研究においては何らかの基準に基づく選択が行われることを強調する。選択しなければならないがゆえに、それはより慎重で自覚的な意図をもって、またそれ自体が批判的評価や再評価を自由に受けられる原理に従って遂行されるのである。社会学者は事実の各項目の連関や、事実に関する情報の全体的秩序について自覚的に決定する。すなわち、彼は価値連関についての判断を下さなければならないことを知っているのである。彼は情報を組織化するが、同時にそれが、用心深く保持しようとしている客観性の諸基準を危うくすることを知っている。

社会学者がこうした操作をする上での安全装置は、彼が従事する作業過程についての自覚や、彼が用いる仮説や方法についての自己批判、および、分析というものは彼がその研究について予め抱いている理念に従って変化するものだという点についての自覚などの中に本質的に存在している。こうして社会学者は、ときにはそれに囚われ過ぎるくらいにまで、自分の方法論的手続きを練りあげるのに膨大な時間を費やすのである。しかしながら、要点は明らかである。すなわち、事実を選択しなければならないのなら、その選択は自覚的で慎重になされ、かつ批判を受け入れやすい方がより良いということである。

最後に、社会学者はまた次の点をも認めなければならない。社会学的分析における作業は、いかなる意味においても決定的なものと見なされるべきではないという点である。すなわち、当面の研究において採用された仮説や手順、方法等は、すべて後続の調査研究においてより良いものに修正されたり、もしくは放棄されてもよいということである。この点においては、科学的客観性へのコミットメントと粗雑な実証主義を回避する必要性との間の均衡が揺らぐかもしれない。社会学者の用いるデータは現象学的事実ばかりではなく、最重要な経験としてそれらの事実に関係する人々の価値をも含むため、社会学者は自分が担っている役割は暗黙のうちに、しかも不可避的に解釈的なものとならざるをえないことを知る必要がある。彼自身の役割が解釈にあることを認めた上で、社会学者はまた、すべての社会生活および宗教生活の参与者によってなされる解釈について語ろうとするのである。

社会学としばしば称される学問が、キリスト教の聖職者の間で発展したこともあったが、明らかに、社会学は神学的弁証学の一形態ではない。社会学が当初はキリスト教文化の文脈の中で発達したとすれば、弁証学にならなかったことの方がむしろ驚くべきことであろう。初期の社会学の急進的な反神学的立場が社会学の発展に携わった聖職者たちに無視されたのはもちろんであるが、教派的宗教社会学または宗教的社会学 (sociologie religieuse) の呼称のもとに、司牧神学上の特殊な問題の追求を念頭に置いた一種の社会誌が、特にフランスやベルギーにおいて展開された[13]。宗教に帰依したこれらの社会学者たちは主に社会におけるキリスト教の影響のパターンを、たとえば産業化との関連で追跡しようとしたり、宗教的な実践パターンの地理的変化と特定地域の歴史的伝統との間の結びつきを解明しようとした。しかし、これらの研究は十分に成熟した宗教社会学へとは到らない。その理由は、彼らのパースペクティブが、通常は一つの宗教的信条に限定されているからであり、さらに彼らには理論的解釈の社会学的基礎が欠けており、また、彼らは規範的諸命題に依拠しながら歴史的事実を論じ、同様に教会の政策や計画を弁護することがよくあるからである。

　この宗教的社会学においては、キリスト教が議論の余地のない正常な信仰であるという点から、一切の分析が始まる。社会学的諸変数が展開され、統計学的調査結果も産み出されてはいるが、この伝統においては、宗教社会学者が問うにふさわしい種類の理論的問題——すなわち、宗教的帰依の潜在的機能についての疑問や、特定の階級や社会集団の特性に応じて異なる宗教の影響力、また、一組の宗教的信念は他の信念で置換可能かどうか、もしくは世俗的な信念や活動は宗教的な理念や実践に取って代わることができるかなどについての疑問——は好まれなかった。この宗教的社会学の担い手の大半は、ローマ教会の聖職者たちであったが、この数十年間に起こったローマ教会の態度の変化に応じて、彼らのアプローチのもつ特殊性は減少してきた。したがって、宗教的社会学という呼称は、今日消滅しつつある。

　この問題に関する時代の徴候を二つ述べることができよう。第一には、一九五〇年代後期と六〇年代にヨーロッパのカトリック、プロテスタント両教会が援助していた宗教‐社会研究所のいくつかが、今日では機能を停止したことがあげられる。第二には、宗教社会学者の主要な国際組織であった「国際宗教的社会学会」(Conference internationale de sociologie religieuse) はその名称の示す通り、カトリック信仰に及ぼす社会の影響やカトリックが社会において行使する影響力についてより深い理解を得たいと望むカトリック司祭たちによって創設されたが、近年、その名称を「国際宗教社会学会」(Conference internationale de sociologie des religion）と変更することに決定したという事実である。この変更は、一九六〇年代後期以来、ＣＩＳＲが高度に中立的客観的な方法的関心という基準を採用し、まったく科学的で学問的なアプローチに依拠するようになったという事実とまさに関連している。その組織を初期の特殊カトリック的な集合体から脱皮させたいという指導的会員たちの願望は、一九七一年に新会長の選出にあたって、カトリックでもキリスト教徒でさえもない人物を選出することで顕在化した。

宗教社会学の科学的志向は慎重に考慮されている。宗教を社会との関連において研究する人々の間で着実に行われてきた科学的立場の強化は、明らかな専門家による仕事と、宗教に帰依し、学問的には素人と見なさざるをえない解説者の仕事とを区別する意識を生み出した。このことは、宗教社会学者が個人として宗教に帰依する者であってはならないということではない。明らかにそれは可能である。しかし、彼の社会学的作業においては、彼は研究対象に拘束されない自由で中立的な、また客観的な研究者という職業上の立場をとらなければならない。われわれはこの点を宗教社会学者に必要な資格の一つと考える。

それでもまだ、社会学という学問はいまだ完全には除去しえていない文化的偏向という遺産と格闘しており、その最後の痕跡はことがらの性質上根絶しえないままになっている。まさに専門的立場が今やきわめて明白になっているという理由のために、これらの文化的および宗教的に触発された諸傾向の存在を社会学者が認知することが、ますます重要になっている。社会学がキリスト教文化の脈絡における一学問分野として発達した点に、われわれは注目した。したがって、社会学が好んで使った初期の宗教についての概念にはキリスト教の理念やエートス、雰囲気がはなはだしく横溢していた。これは単に外的表相的な崇拝形態や象徴だけの問題ではなかった。社会学者が発達させた、宗教の社会的機能、宗教意識の社会生活への浸透度、および宗教と道徳との関係等に関する理念にきわめて深い影響を及ぼしたのである。聖と俗、此岸的と彼岸的、聖職者と俗人、および正統と異端等の区分のようないくつかの基礎的な分析カテゴリーも、またすべてキリスト教の神学概念から明らかに導き出された。特殊主義と普遍主義のような他のカテゴリーは、由来からいってキリスト教にそれほど汚染されてはいないかもしれないが、しかし、それらを宗教的領域へ適用する際に、社会学者が西洋の事例すなわちキリスト教的事例が他のすべての事例を分析するパラダイムを提供していると考えるのは、おそらくきわめて容易であった。

宗教社会学も、まだある程度、キリスト教に由来する諸概念に捕縛されてはいる。しかしながら、外部のいかなる批判者も、次の二点だけは認めるべきである。それは捕縛されているのであって自発的に関与しているのではないという点と、少なくともそれに気づいている社会学者がいるという点である。むろん、その捕縛から完全に脱出するのは不可能であろう。というのも、なじみのない新しい事例を「有意味な」ものとする諸概念を社会学者は必要とするからであり、その上、これらの概念が、彼の同業者の間で理解されうる概念である必要があり、そうした同業者が論議する用語を学んだ文化的基盤から生まれた概念であるからである。社会学者は、彼が研究する文化または宗教の諸概念に精通する必要があるとしても、それらの明示的または暗示的な概念に束縛されているわけにはいかない。彼の仕事は、たとえその言語もまた文化的に条件づけられているにせよ、結局はそれらの概念を彼の学問分野の言語に「翻訳する」ことである。もちろん彼は、既述のように、まず彼が研究する諸活動を担う人々が抱く意味や目的、意識と雰囲気、象徴体系や組織について合理的かつ感情移入的に理解しなければならない。しかし、社会学者はその仕事をそこで放置することはできない。彼は習得したことがらを、彼の仕事を後援する、または少なくともそれを「受け入れる」公衆に理解される言語で伝達しなければならない。そして、その公衆とは、第一に何といっても、彼自身の職業の内部における学者仲間である。もし、その公衆の言語が閉鎖的でないならば（そのような言語の性質からいってそうであるのだが）、社会学者は研究を進める中で、できる限り彼の用語の貧弱さを見抜き、それによって、彼の資料が文化的に影響を受ける可能性を減少させなければならない。もちろん、われわれは、純粋概念の世界に生きているわけではないし、熱力学における摩擦のないピストンや完全潤滑油は、まさに都合のよいフィクションにすぎない。理念型的構成[訳注4]を使用する点で、（宗教社会学者を含む）社会学者は同じような道具を採用している。もっとも、社会学的概念の貧困化はより難解でデリケートな問題ではあるが、この問題を防ぐには、社会学者は彼自身の行動や分析に固有な諸困難について自覚し続けることである。それは社会学者が従事する作業で用いる概念に基本的に触れる、他の多くの問題においても同様である。この点は社会学者の専門家としての立場の中に暗示されている。社会学者は自分のもつ資料を彼の職業仲間に向かって解釈しなければならないが、他方では、彼が研究対象とするある宗教的関心をもった人々との信頼を維持しなければならない。何よりも大切なこれら二つの任務のバランスは論文によっても変化するし、また、現地調査に従事している時には、特定の同じ調査領域内においても、明らかに変化する。現地調査の問題に関して最後に一言付け加えるならば、それはおそらく私自身の現在の関心事とのバランスを反映することになろう。

宗教社会学を職業とする者は、彼の研究対象である宗教的大衆にとって奇妙な存在である。宗教に深く関心を抱き、宗教について広く知っている（ことを望んでいる）ように見える一人の人物がここにいる。しかし、彼はきわめて慎重に、宗教へ帰依しようとはせず、その一方、社会学を実践している。彼が仕事をともにする宗教者たちは、彼の価値が彼らの価値と同じではないことを知っている。それでもなお、彼は研究している宗教について明らかにきわめてよく知っているのである。ときとして、調査の回答者たちは、実際に筆者に問うたように、次のようにいう。「あなたはわれわれのことを多く知っているし、信仰の真理についても知っている。なのに、なぜわれわれの信仰に参加しないのか」と。これは難しい、根本的な問いだが、理解可能な問いであり、しかもまったく適切な問いである。社会学者は「私はあなたが真理と考えるものを知っているが、しかし、それを容認はしない」ということはできない。実際、どれを「真理」として容認するか、または否定するかを論議することは職業上間違っているであろう。回答者たちは、その人物が彼らのパースペクティブに関与していないことを知っている。彼らは、他の人間に心からの関心を抱くがゆえに尋ねるのである。そして、もし彼らがそのような関心を抱いているとすれば、この問いは、宗教社会学者が回答者たちに対して感じなくてはならない共感を、彼らが看取している。尋ねられるということは敬意を表されていることでもある。しかし、それもまたディレンマである。筆者が折にふれて語った、そのような問いに対して応えうる最良の返答は、「あなたがたは私を写真家と見なすべきである。私は見るものを写真に撮っているのだから、私自身が写真の中に写ることはできない」というものである。完璧な返答ではないし、あの問いに含まれている重大な問題に解答を与えるものでもない。しかしそれは、研究者のデタッチメントと、対象に関わる際の職業上の誠実さを保たせる。そして研究者と回答者との間に必要な共感的関係を持続させるとともに、両者の異なった価値観の交わりを正当化する弁明に似たものを提供するであろう。

第二章　現代社会における宗教の機能

一　救済——顕在的関心

宗教の明白で顕在的な機能は、人間に救済への期待を与え、その救済を達成するための適切な指針を提供することである。もちろん、救済の内容を構成するものは、文化や宗教によってさまざまである。人間は、救済についてかなり多様な考えを抱いていた。ある文化では、救済はしばしば死の克服であるといわれてきた。人間の霊魂または霊が、より高い段階に転生することによって、あるいは、将来いつか肉体が奇跡的に復活することによって、死は克服されるのである。このような考え方は、キリスト教がそれ以前のギリシアやヘブライの思想から受け継いだ要素である。他の文化においては、死はそれほど深刻なできごととは見なされず、救済はむしろ、地上の生活に影響力をもつ邪悪からの救いが求められている。ヒンドゥー教〔訳注5〕では、人々は、カースト法に定められた義務を履行することによって、何度も再生しながら、より高い生活状態へと進み、最後は至高神との合一を経験するようになると信じられている(1)。上座部仏教では、救済の究極的な経験は、涅槃の成就およびあらゆる煩悩の消滅にあると考えられている。一方、北伝仏教では、この世での救済を願う他の人々を援助し、手を差しのべることのできる高い慈悲の境地に到達することが強調されている(2)。それほど発達していない宗教においては、救済というものは、実際にはきわめて狭く考えられている。おそらくは、単純に、病気の治療や妖術の除去が救済と考えられているようであり、あるいは、特定の魔術師の呪いを克服することが救済であるとさえ考えられているようである。

救済が及ぶ範囲についても、文化の違いによって、特定の個人であったり、共同体や地域であったり、国家や社会全体であったりと異なっており、ときには、一つの文化の内部でも異なっている。キリスト教における死後の生命という観念や、大乗仏教における菩薩道の教えといった、より高尚な救済観念が、身近で個人的な、またはローカルな救済観念のすべてをすぐさま根絶したわけではない。事実、地方的な独特の救済観念の除去は、必ずしも、より包括的で普遍的、かつ合理化された救済論の宣布にとって不可欠であると見なされたわけではなかったのである[3]。一般に、高等宗教が地域的な呪術行為を減少させ、救済をもっと幅広く、かつ象徴的に解釈しようとしたのは事実である。しかし、キリスト教のようなきわめて排他的で反呪術的な宗教でさえも、あまり発達していない救済概念を吸収し、それらを信仰から生じる補完的な利益として扱ったのである。こうしてキリスト教の場合は、病気治しは教会当局から葬り去られたり黙殺されたりもしたが、帰依者からはそれを期待する声が繰り返し起こった。キリスト教の教えは、そのような癒しの信仰によって初めて強い影響力をもてたということもできるのである。一般にキリスト教徒たちは、祈りが直接かなえられることを期待したり、神との関係においてきわめて特殊な利益を求めたりすることのないよう教えられていた。しかし、キリスト教の初期から、人々は信仰によって病いが癒されたと主張したし、正統な信仰と実践の境界内ではあるが、キリスト教信仰による肉体の治療のための特別の施設や場所、巡礼、またそれに専念する人が今なお多く存在するのである[4]。

そのような功績への要求も、宗教が約束する救済の一側面と見なすことができよう。しかも、霊的な救いといった高尚な救済概念を含む、発達し知性化された宗教体系においてさえ、こうした病気治しへの関心はなくなることはない。より高尚で神学的にいっそう合理化された救済論体系の特徴の一つは、救済の検証を経験的領域から外している点である。再生、涅槃、霊の生命、神の王国等が、救済の霊的概念と呼ばれているものである。それらは、経験的な証拠が適用できない点で共通している。目標それ自体が形而上的であり、それを成就する手段は合理的弁明や実際的な検証を受けつけないのである。この点で、これらの救済概念は、われわれが特殊主義的な救済概念と呼ぶものとは異なっている。そこでは、病気治しや庇護、現世安穏などの特定の助けが求められる。高等宗教は、経験的証明に向かない霊的救済概念を発展させることによって、また、物的な利益が求められる場合においてさえも経験的証明は究極的には正当な根拠にはならないと否定することによって、純粋に呪術的で地方的な宗教との差異を主張するのである。

すべての高等宗教において、救済は倫理的行為によって達成される（あるいは確認される）とされる。そして、倫理的関心の性質上、努力と報酬との間の帳尻は明確に算定されず、しばしば、算定されるべきではないと強調される（「何を食べようか、何を飲もうかと、自分のからだのことで思いわずらうな」とは、イエス・キリストが示した道である）。細かな算定は、高尚な救済概念の精神に違背するものである。すなわち、「救済されている」ことは、賞罰や報酬などへのけちくさい卑小なすべての関心や、「精神の卑しさ」と呼ばれるようなすべてのものを超越することで表明されるのである。特定の「インプット」とそれに見合った返報という規則に従って作用するのは、疑似呪術的な宗教のみである。われわれは高尚な救済概念とローカルなそれとの間に明確な一線を画すが、実際にはすべての宗教は両者を包含している。しばしば、実際上の経験的利益によって漠然とした報酬が付け加えられるが、高等宗教は救済の問題を報酬だけに頼ることはない。また高等宗教は、たとえ物質的な幸福を信仰を助けるものとして認めたとしても、それらが救済を最終的に証拠づけるものとは見なさない。しかし、大宗教の創始者たちや他の諸伝統の預言者や聖者たちは、彼らの主張の真実を証すものとして奇跡を現じている。彼らは大きな救済を証明するような小さな証拠を否定しなかった。救済を全体として証明するのは不可能なのである。人々にその信仰を完全に信じるようにさせるものは、その治癒行為であり、それはいつかは成就されるであろうことがらの前触れなのである。それでもなお、第一の関心が霊的救済であることに違いはなかった。したがってキリスト教においては、人間はまずもって「神の王国」を探求することになり、それ以降は、「これら他のすべてのものは、あなたがたに付け加えられるであろう」と約束されることになったのである。またゴータマ・ブッダは、篤信の結果として生じる直接的かつ現世的功徳に言及しながら教えを説き広めたが、涅槃で得られるとされた苦からの解放がそれを防げることはなかった。ブッダは家長たちに、いかにすれば功徳によって富や名望、信頼、沈着な態度を得られるか、不安なく死を迎え、幸福な状態で天国に再生する見通しを得られるかを説いたが、これらのことすべては、明らかに涅槃の成就という理想と抵触するものではなかった。いかなる場における篤信者たちの祈りや瞑想も、来世の功徳と同時に現世の安穏を求めるものでもあるのである。きわめて多様なこれらの項目は、すべて社会的実践における、また社会的希求としての、いわゆる救済を構成する内容に包含されるのである。

高等宗教は、すべての人類を救済される権利をもつ者として包み込もうとする。〔しかし〕この普遍主義は、救済は特に各個人に与えられるという事実をあいまいにするものではない。高等宗教は救済を得ようと努める個人自身の責任を強調する。ユダヤ教―キリスト教―イスラムの諸伝統や、仏教の伝統において、特に呼びかけられるのは個人である。救済にはすべての人があずかりうるが、各個人は、何らかの個人的努力や個人的選択をしなければならないのである。しかしまた、個人は、自分の救済を孤立した状況において考えるわけではないことも明らかにされなければならない。個人が救済と考える内容は、必然的に、幸福の条件とは何かをめぐる彼の社会的経験に左右される。一人の人間の幸福観は、それ自体が社会的に条件づけられているのである。つまり幸福とは、個人が直接属する地域共同体の中で学習してきたものなのである。大宗教では、救済を求める人々は、しだいに一つの道を歩み続けることを選んだ信仰者の一団として、また、自らの眼や他人の眼で認識できる救済を求める篤信者たちの同信共同体をつくる信仰者の一団と見なされるようになる。しかし、おおかたの個々人がより大きく祝福された状態を考えるのは、彼らが生活する実際の共同体での生活の中なのである。生活共同体は精神的救済が体験される一つの脈絡のモデルとなる。たとえ、そのような信念が教義上最終的に正当化されなくても、また、たとえば天の王国や涅槃について語られたすべてのことがらが、これら共同体から派生した諸観念と一致しえないとしても、われわれが操作的救済概念(operative conceptions of salvation)と呼ぶものには明らかに共同体的性格が付与されているのである。現代の都市社会においては、地域共同体はもはや親族や近隣、および過去の経験の共有などの絆によって結ばれた自然な「生活集団」ではない。西洋では、そうしたいわゆる「共同体」(より適切な言葉としては「隣人たち」)の宗教的表現はしばしば消えてしまうか、ただ機械的に使われるだけである。宗教仲間(religious fellowships)はもちろん存続しているが、それらはもはや地域共同体と境界を共通にするものではない。むしろ、広い地域出身の信仰帰依者たちが、文字通り(しかも、その用語の特殊プロテスタント的意味においてではなく)「集まった」共同体、すなわち教会の会員やセクトの会衆を形成しているのである。しかし、こうした環境においてさえも、救済の条件に関して人々が想いをはせ、仮説を立てる際にモデルとして役立つのは、しばしば「自然」共同体という不変の伝統的理念である。人々は社会的諸関係のネットワークの中で目的を発見し、義務を遂行する。そして必然的に、彼らが思い描く救済された状態は、理想的な共同体生活によって得られるもの、またはそこに含まれるものなのである。ごく最近まで、人々は目的や義務のほとんどを地域共同体の中で経験してきた。大宗教は救済の範囲を全人類にまで広げたが、大多数の人々はその救済が直接及ぶ範囲の外に取り残されている。全人類の救済という理念は即事的な期待としてではなく、宗教的イデオロギーとして存続しているのである。なぜなら、いかなる宗教も救済されるべき全人類の一部分しか包摂できないからである。

社会学的観点からいえば、これらさまざまな救済観念のすべてに共通する点は、現在を再保証（re-assurance）するということである。人々の不安や悩みが文化的な形態をとろうと、地域的あるいは個人的形態をとろうとも、宗教は安心を与える信念や儀礼、または宗教施設によって、これらの不安を静めようとするのである。大宗教の聖典は人間の不安や苦悩に関するエピソードを列挙し、そうした体験を和らげる方法を詳しく説いている。すべての宗教は苦難について語る。その苦難は個人的な苦難であったり、共同体的な苦難や全社会的な苦難であったり、ときには普遍的な苦難でさえあったりするが、すべての宗教はその解決法についても語っている。しかし、大多数の人々が救済の確証を求めるのは、ローカルなレベルにおいてなのである。宗教が人間の諸問題の解決に有効であると思われた限りにおいて――しかも、（大衆社会の非人格的な状況下で生きるのとは対照的な）地域共同体に生きてきた人間の長い歴史を通して実際有効であったのだが――、宗教は個人的あるいはローカルな問題に直接的な安心を与えた。人間を悩ませる問題が多様であるにもかかわらず、心理的再保証（psychological reassurance）、すなわち安心感を与えるという要素は、すべての宗教に共通するものである。こうした安心の提供は、ときには希望として表現される。個々の宗教が他のどんな関心を強調しようと、以上論じてきたいくつかの形態における安心の提供こそ、諸宗教が共通にもつ顕在的機能なのである。

二　宗教の潜在的機能

私が、こうした宗教の顕在的な機能について最初に述べた理由は、科学が前提とする実証主義的・合理主義的観点から社会組織を研究する際に、一般に社会学者は宗教をその潜在的機能――宗教の実践においては見えず、意図されていない機能――との関連で論じようとする傾向が強いからである。[5]社会学者たちは、次のように問う。人々はなぜ、明確な経験的証拠のない特定の神話を信じるのか、なぜ明確な根拠なしに儀礼行為を行うのか、なぜ実証的に明確に検証できない超経験的諸目標をめざすのかと。社会学者たちは、これらの疑問に、信仰者と同じようには答えず、宗教が役に立つ理由と信じられるようになったいわゆる潜在的機能と関連させて答えたのである。こうした機能は、信仰者自身はそれを知らないという意味で、潜在的であった。というのも、彼らにとって宗教とは義務であり、必然であり、この世に対処する「所与の」手段であったからである。彼らが宗教を実践する理由は、価値や感情に深く基づいており、そうした価値や感情は容易に分析できるものではなく、しかも多くの場合、彼ら自身がそれらについて自覚もしていなければ、知的に探求しようともしなかったのである。しかしながら社会学者たちは、信仰者たちの社会やその社会の働きについての理解を超える関係を明らかにした。彼らは、人間が宗教に参与することによって社会組織に与える重要な支持とは何であるかを明らかにしたのである。

宗教についての機能主義理論は、オーストラリアの原住民部族の社会組織を研究したエミール・デュルケムによって初めて提唱された。[6]宗教的活動は、これらの部族に集合体としての自己認識を与えるものであり、彼らの社会秩序を象徴し、そして、トーテム動物の表象の中で、彼らの社会の客観的意味を理解させるものであると、デュルケムは主張した。そのような人々にとっての宗教の機能の一つは、神話や儀礼を通して彼らに集合的感情をもたらし、社会的一体感を表現させることであった。いい換えれば、宗教は、社会的団結を維持する機能を果たしたのである。人々が厳粛な宗教的行為――それは、全体的な共同体の存在以外のどの脈絡でも凝視することができないほど、きわめて畏敬に満ちた行為である――のために集まる時、彼らは無意識のうちに自分自身と彼らの社会組織の正当性についての、新たなかつ重大な意味を再確認する。彼らは、幸福の意味と本質はともに彼らの神に由来すると考えたのである。

デュルケムがオーストラリアの部族について主張したことは、やがて機能主義学派の人類学上の一般原理となった。その結果、社会学者たちは、同じタイプの機能主義的分析を先進社会にまで適用した。機能主義者が自明の前提と考えていたのは、社会構造と機能との密接な関係であった。彼らは宗教は社会においてさまざまな機能を果たしているが、これらの諸機能は明示的なものではなく、むしろ潜在的であると主張したのである。宗教は、人々がふたたび結合し、社会的連帯を再主張する機会を提供し、それによって、社会的結合を維持する役割を果たした。宗教は社会秩序を厳粛なものとなし、社会学者が社会統制と呼ぶものの基盤を提供したのである。すなわち、社会学者たちは宗教を道徳的規範を定めるものと考えたが、その規範は、より高遠な超自然的秩序の要請として人々に命じられた。ときには、人間の行動を宗教的に明記された基準によって裁くこともあった。ユダヤ・キリスト教の伝統がその好例である。善行は神の摂理の中で報いを得る道であり、一方、悪行は現世または来世に、行為者に罰を招くものとされた。ヒンドゥー教におけるカースト法の遵守と不履行も、明らかに、将来ふたたび生まれ変わる時に、それに相当する結果をもたらすと考えられたのである。

ふつう宗教は、物質的宇宙について説明する(または、上座部仏教のように、物理的宇宙の意義をさほど高く考える必要はないことを人間に教える)。ともかく宗教は、(ユダヤ・キリスト教にきわめて強く見られるような）創造神話をもたないとしても、物理的現象についての説明は提供するのである。より重要な点は、宗教がもっと直接的に社会に関わる次元で、社会自体の目的と働きを正当化する機能を果たしたという点である。宗教は信仰に身を委ねる人々を勇気づけ、闘争の決意を強化し、戦争を正当化した。また、不運の意味を説明し、論争に最後の裁きを下し、ある特定の関係や行為の経過を聖化し、安心を与えるさまざまな技法を定めた。この技法によって、人間は、日々の仕事に携わる際に必要な、または人生に一度の事業に乗り出す際に必要な心構えを身につけることができたのである。

最近では、個人や集団にアイデンティティを付与したり、連合もしくは帰属によって生ずるアイデンティティ意識を強化する宗教の機能が注目されている。[7]宗教は、「自分は何ものであるか」という個人の問いや、「われわれは何ものであるか」という集団の問いに解答を与える。これらの問いに対する宗教的な解答は、最高の、そして最も普遍的な次元に達するものである。なぜなら、それは個人や集団を宇宙空間や永遠の秩序の中に位置づけるものだからである。これらの問いに対して、宗教は最終的で全体的な解答を与える。したがって、少なくともより高等な宗教においては、その解答を受け入れることは、そこにおいて特定の解答が初めて意味をもつような、事物に関する形而上学的解釈図式を受け入れることになる。

最後に、宗教は、感情を表現し統御する力として機能する。この機能は、分析的には社会統制の機能と区別することができるが、実際には、感情の統制は社会統制の重要な一部分である。というのも、特に大衆の感情は、安定した社会秩序を急激に破壊する力をもっているからである。感情表現の機会は宗教的な行為や場面において与えられるが、感情表現を促す特定の文脈と機会を提供するということは、同時にその表現を暗黙のうちに統制する方法でもある。特に儀礼は、感情の表現を促すとともに、それを規制する働きをする。イギリスの詩人の言葉を少し変えていえば、儀礼とは、静寂の中で追想された感情であるといい表すことができよう。宗教儀礼は、しばしば比較的穏やかな方法で、ある種の感情表現を鼓舞する。応答を誘発して表現を促し、次に感情を鎮静する手段を提供する。儀礼は感情を統御するといえよう。すなわち、儀礼は上品で統制された感情表現の機会と手段を提供するのである。人間の感情表現の欲求は個人の日常生活における行動の中で、好ましくないことがらを処理する際や、困難や苦悩に満ちた不慮のできごとに対処する際に明らかに起こるであろう。そして、それらの感情は宗教における象徴的行為の中で高揚させられ、荘厳なものになり、再燃し、そして鎮静化する。宗教集団はそれ自体がそこに参加する人々から感情的コミットメントを生み出すであろうし、しかも宗教集団自身の成功も一部はそのような反応を引き起こす能力に依存しているのである。もちろん、そのような集団それ自身も、その成員の強い感情的関心の焦点となることもあるし、また、宗教的儀礼は必然的にその集団の存在そのものを祝う機会を含んでおり、その集団の存続と目的への人間の献身を強化するのである。

以上が、社会学者が宗教の潜在的機能と考えているものであり、しかも彼らは、この概念をきわめて魅力的なものと考えた。多くの社会学者は合理主義的な仮説を考えたのであるが、その結果、その合理主義的仮説は社会学者たちが非合理なものと見なす事象、すなわち宗教の永続性を説明するために用いられたのである(8)。宗教的行為は、合理的な観点から見れば、経験的には証明できず明らかに誤りであるような神話や理念に基づいて行われ、無意味で気まぐれなものであるが、それをいかに合理的に説明すればよいのだろうか。潜在的機能の分析が、その説明を可能にした。すなわち、宗教が存続しているのは、その明白な志向性が説得力をもっているからではなく、必ずしも十分に顕在的ではないさまざまな形で社会の存立に役立っているからだと説明したのである。

この種の理論の魅力は明らかである。すなわち、この機能理論は、社会学者が非合理的なものの持続性を説明するのを可能にしたのである。合理的な認識方法を身につけた人々にとって、非合理的なものは理解困難な謎であった。そしてもちろんのこと、この種の説明は、宗教の正体を暴露したという満足をも社会学者一般に与えたのである。宗教は他のすべての社会制度にもまして、このように説明されやすかった。宗教以外の人間の探求行動のほとんどは、直接的に、かつ自分たちの行動についての彼ら自身の理解に従って説明することができた。経済的諸関係は、一般に、合理的で経験的な原則に従った分析に圧倒的に依拠しており、政治的行動や社会行動も次第にそうなりつつある。科学とテクノロジーはもちろん合理的組織の権化であり、これらの社会学的分析にとっては、明らかに顕在的な諸機能や明示された諸目的が分析の出発点であった。また、法律や教育にとっても、このことは当てはまるようになってきた。家族とそれに付随する制度は、それが社会的な機能と生物学的所与との一つの調和点であるため、より難しい事例であった。しかしこの家族制度の場合においても、少なくとも、合理的な諸前提によって十分に説明できなかったものは、より深層に潜む生物学的要求に原因を帰することができた。いずれにせよ、家族は、その本来の性格のために中央組織から逃れた一つの制度であった。それは、住民の集合的必要性よりも、むしろ拡散する必要性に応じたのであり、したがって、合理的な原則に影響されにくかったのである。しかし、一見きわめて無意味なものに考えられた宗教は、潜在的機能分析のための実際的な機会を提供し、社会学者は、その分析によって宗教的活力の隠された主要動因が働くいっそう深いレベルを明らかにしようと努めた。なぜ宗教は存続するのかという問題に対して、宗教実践者たち自身は、宗教が掲げる明示的で顕在的な目的の発動——救済の提供——で説明したが、社会学者たちは一般に、それよりも潜在的機能の分析の方が有効な説明を提供すると考えたのである。

しかし、もしわれわれが、現代社会において宗教が占める位置を検討すれば、そうした潜在的機能がいまだにそのような重要性を保ち続けているかどうかについては疑問を禁じえないであろう。おそらく、潜在的機能のある面は、あまりにも多く部族民の研究やキリスト教の歴史から引き出された証拠をもとに発見され、主張されたのであろう。宗教の潜在的機能の多くは、他の諸機関によって担われているように思われるし、また、たとえ宗教が今日でも信徒や社会全体に何らかの貢献をしているとしても、一般的には、宗教は過去の社会学理論が総体として宗教に帰属させた潜在的機能をもはや果たしていないのである。その証拠を少々検討してみよう。

三　発達した社会における潜在的機能

現代社会において、その文化的表現はますます多元化しつつある。それは宗教についても例外ではない。西洋では、このことは、ある程度までさまざまな移民の波によって生じる。実際、そうした移民が北アメリカ諸国を形成し、それだけでなく、イギリスや中央ヨーロッパ諸国、またラテンアメリカの一部にも移民はしだいに影響を及ぼしてきている。移民は、国民国家的社会の境界内に、新しい民族的・宗教的多様性を生み出している。移民が起こらなかった場所においても、宗教の拡散は生じており、そのため多くのアジア諸国にはキリスト教徒やイスラム教徒の少数派が存在し、また、これら少数派のうちにも多くの相異なった集団が存在している。優勢な宗教的伝統の内部においても、例外なく、デノミネーションやセクトが存在する傾向がある。キリスト教や仏教、またヒンドゥー教のさまざまな学派にそれは見られる。これらの運動は、互いに無視し合うだけでなく、しばしば相互不信に陥り、対抗的になったり競合したり、または隠れた敵意を相互に抱くことがある。しばしば目にすることであるが、これらの宗教集団は多様な倫理規範を信奉しており、彼らが信じている究極的価値が、たとえ類似の公式で抽象的に述べられていても、その倫理規範を効果あらしめる体系は大きく異なっている。したがって、それらの諸宗教集団の間で競合と対立が生まれる可能性が十分にあるのである。そのような多様性が存在するならば、宗教は社会的結合を維持する機能をもつと、なおも主張することができるであろうか。

宗教が、法律的・道徳的規範または慣習的規範の覆いによって、社会秩序を正当化する度合いはさまざまであった。しかし、道徳的秩序が宗教的禁止や規制によって厳格に定められていたユダヤ・キリスト教的伝統においてさえ、西洋の世俗社会では、行動の統制が現在も宗教的裁可によってなされているとはいいがたいのである。善い行いをした者には天国での来世が約束され、道徳法を破った者には地獄での処罰と拷問が待ち受けているという宗教的規制は、かつては望ましい社会的態度を身につけさせる強力な心理的強制力であった(9)。そうした宗教的規制は、法律だけでは必ずしも包摂しきれない問題や態度を扱っていた。キリスト教の聖職者たちは、人間は罪を犯してはならず、社会の分裂を引き起こす行為をしてはならないということを、できるだけ確実に人々に教えることが、少なくとも使命の一部であると解釈していたのである。キリスト教の教説が展開した相対的自然法では、人間は堕落した罪深い被造物であるので、この世においては完全な正義は存在しないと説いた。そのような状況下で、教会は富豪や権力者に、貧者に対する義務を力説し、貧者に慈悲深くあることが神の意志にかなった態度であり、死後の生命のより良い保証を得る原因となると勧告した。一方、貧者に対しては、教会の教えに従ったこの世での善行は死後の生命を保証するという強い信仰のもとで、自分たちの運命に満足し、社会の優越者には尊敬と服従をもって対応するように勧めたのである。しかし今日では、法律は社会的諸関係を公然と乱すすべての行為を取り締まるほどに発展したが、一方、純粋に個人的な道徳上の問題は考慮の対象から外される傾向にある。法律は、道徳を国民に強制するというかつての主要な役割を果たさなくなった。かつて法的規制の対象となっていた多くの行為、特に性的な行為は、現在は当局の関心事ではなくなった。この変化は西洋の数カ国で起こっている。他方、しばしば単に技術上の問題にすぎないきわめて多くの事項が、法律によって統制されるようになった。こうして、宗教が社会統制を補強する役割は小さくなり、宗教的な教えがかつて言明していた多くの問題は、社会的規制に必要な事項とは見なされなくなったのである。

法律が主に対象とする事項が、道徳的なものから技術的なものへと変化したことは、子どもの社会化の過程を伝統的な考え方とはまったく異なったものと見なすという結果を生み出した。今日ではもはや、親は子どもにその後の人生における道徳的問題を判断するための態度やオリエンテーションの宗教的に裏づけられた枠組みを教えようとはしない。宗教は、道徳的態度を教え込む際に、さほど頼られなくなったのである。したがって、次のように仮定できるだろう。すなわち、法律がしだいに技術的問題に関心を抱くようになるにつれて、かなり特殊な善悪の計算法が「道徳」教育の基礎となったが、その結果、かつては宗教によって啓発された広い善意や私心のない献身は、しだいに蝕まれていったのであると。

今日の発達した社会においては、宗教は物理的宇宙についての解釈を提供することができない。多くの宗教が事物を解釈する図式の一部として含んでいる創造神話は、至るところで信じられなくなっている(10)。人々は、これらの神話を象徴的な意味をもつ譬喩として、また詩的、審美的な魅力をもったものとして受け入れ続けてはいても、宗教を自然的物理的秩序に関する知識を与えてくれるものとはもはや見なさない。現在では一般に、自然科学は自然の秩序に関する発見については確かなものと認められており、科学が提供する説明は最良のものとして多くの人々に受け入れられている。確かに、社会システムそのものは、前述したように、自然の力についての宗教的解釈に依存してはいない。同様に、先進諸国においては、戦争や政党、争議行動、企業活動などが、今日では宗教的正当化に支えられて行われることはほとんどない。

また、北アイルランドのように、宗教が「部族の」あるいは民族の象徴的アイデンティティに等しいようなところでも、そうしたことは通常、宗教的権威者たちの裁可なしに行われている。政府の政策決定もまったく異なった観点によってなされている。すなわち、政治家が予測を立てる時には、宗教家の予言や神の意志の解釈にではなく、世論調査に注目する。また、自分の事業を成功させたいという願いを、祈りに委ねる実業家はほんのわずかであり、大部分は市場調査と広告に頼るのである。実業家の中には、事業の成功を祈りに委ねる者もいるかもしれないが、それができるのは、今日では少なくなりつつある個人経営の小規模な事業の場合のみであろう。大規模に組織された会社の取締役会は、市場調査に関する審議事項を見つけることはできようが、どの取締役会も事業の宗教的意味についての議論に費やす時間はないということは、容易に推測できるであろう。

アイデンティティの問題に目を向けた場合にも、次のことがわかる。個人や集団は、宗教によって自己認識を強化しようとするかもしれないが、近代的国民国家は、たとえ憲法にその国家の宗教的正当化が明記されていたとしても、それに依存して成立しているわけではない。実際、大部分の近代的国家社会は、概念的には本質的に世俗的である。旧来の国家の多くも、ある特定の宗教に特権的な地位を与えていた法律を廃止した。その一方、きわめて多数の新興国家が、世俗的原理のみならず、無神論的原理にさえ基づいているのも事実である。しかし、現代の専門的技術社会へと急速に発展した諸国だけには、伝統的な宗教的秩序が存続し続けた。これら二つの相異なった、かつしばしば真っ向から対立する現世に対する志向性は、社会的政治的緊張を引き起こし、反近代革命運動の可能性を生み出している。技術的進歩が、経済や社会のごく限られた領域で生じたり、プラグマティックで道具主義的な新しい思潮や価値志向性が広く普及せずに生じたところでは、いずこもそのような緊張が生起するに違いない。専門的な産業経済秩序を支える価値体系が発達したきわめて近代的な社会においては、価値についてのコンセンサスの基盤としてわれわれが指摘できるものは、宗教ではない。事実、そのような諸国では、しばしばはなはだしい宗教的多様性が見られ、たとえ宗教が人々の間の諸問題を秩序づける価値の源であり続けていたとしても、これら宗教的多元社会もまた激しい宗教的対立によって特色づけられる点に注目せざるをえない。なぜなら、そこでも宗教は、対立を生まない〔普遍的な〕価値の源泉としてはまったく期待されていないからである。したがって明らかに、もはや宗教は、これらの社会において価値の一致を生み出す源泉ではないのである。

感情の統制と表現という点に関しても、今日では、人間の感情生活を操作しようとする機関が数多くあり、宗教と激しく競合している。テレビや映画、ポップ・ミュージックといった機関の多くは、最も有力な宗教集団が利用できるコミュニケーションの手段よりも、技術的により進歩し、より効果的なコミュニケーションの手段を思いのままに活用している。彼らの影響力はますます大きくなっていく。なぜなら、おそらく、そのような媒体を通しての感情的体験は、道徳的な戒めや市民的または社会的責任からさえも、まったく絶縁されているからである。それはまた、宗教によって感情が呼び起こされた時にはしばしばそうであったように、正当なもの、または正しいものとして提示される必要もない。これらの現代のメディアによって、感情が道徳の原因として動員されることは、まれである(例外があるとすれば、おそらくそれは、道徳が政治化され、いわゆる自然的正義の何らかの侵害に対する国民一般の道徳的憤激の問題へと変化した時であろう)。通常、感情は快楽主義にふけることもありうる。すなわち、感情が最も刺激されるのは個人的満足を求める場合である。それに対して、宗教に支えられた満足というものは、たとえそれが得られた場合でも、厳しい義務の命令によって覆われている。感情的統制は今や、そうした問題についての明白な文化的合意もなく、また感情の訓育についての直接的な努力が減少していく中で、各々の個人が社会的に容認されるバランスを何ほどか崩してしまうような自由放任主義的な考えに立って勝手に行動している各個人にまかされているのである（もちろん、社会的に容認されているものそれ自体が、変動する基準となるのであるが）。ますます大っぴらに行われるギャンブルや、努力せずに利益を上げようという方向への人々の意志の操作、ますます開放的になるポルノグラフィーの需要と供給。これらはすべて人間の感情を効果的に開発するものである。これらの機関は、感情生活の新しい開放的なスタイルに迎合しているだけであり、人生に消しがたい傷を受けた人々が最も深い感情的な救いを必要とする時には何も語りかけない。にもかかわらず、それらは大規模な感情操作を企て、現代社会の多くの分野を制御し、しばしば感情的経験をつまらないものにしてしまう。それらは、感情が道徳の助けをかりて人を動かす力となっていた時に宗教によって誘発されていたかつての情緒的雰囲気を再燃させるのを不可能にする風潮さえ生み出しかねない。このような激しい競合的状況を考える時、はたして、感情の統制は今日においても社会的に重要な宗教の潜在的機能であると主張し続けることができるであろうか。

もし、以上の分析が正しいならば、もはや現代社会においては、社会学者たちが宗教に見出していた潜在的機能は、過去の部族社会や中世社会のように働いていないのは明らかであろう。単純な社会に存在した構造と機能の緊密な連関は、発達した社会においては同じではない。構造分化の過程で個別の制度領域が分離発展してきたが、この過程は、労働規律、地位体系、政治領域、法の運用、教育組織、娯楽の提供等の他の諸領域に宗教が関与するのを拒絶したばかりでなく、かつては人間のすべての活動に事実上及んでいた宗教の支配権を奪ってしまった。社会学者たちは、この展開にかなり以前から気づいており、この過程についてさまざまな説明をした。特に、宗教は社会の存立に必要な機能を果たすという当初の見解を維持するために、さまざまな工夫がこらされたのである。もし宗教が、ある社会学者たちが主張してきたように、社会全体を覆う価値を規定し、社会的団結と感情表現を与えるものであったならば、現代では宗教が明らかに衰退している事実はどのように説明できるのだろうか[11]。

その解答はさまざまであった。ある解答は、宗教の機能主義的定義を採用して、そうした機能をなすものはどんなものであれ、その事実によってすべて宗教であると述べる。したがって、宗教は市民社会の祭典である、または国家の祭典ですらあるという考えが吹聴されたのである[12]。また、人間の生物学的性質を超越するあらゆる深い関心を、それ自体で宗教と見なすべきだという解釈もある[13]。さらに、人々に厳粛なアイデンティティの意識を与えるものは、すべて宗教であるという考え方もある[14]。しかし、この問題に対する私の解答は幾分異なっている。すなわち、私は、機能的定義ではなく、実体的な宗教の定義を採用する。その定義は、宗教という語の通常の用法に一致するという利点を伴うものである。

四　潜在的機能と合理化

社会の発展過程は、潜在的機能が顕在化する過程である。近代社会が発達していくにつれて、多種多様なすべての活動がしだいに科学的手順に従属するようになっていった。現在われわれは、生活上の大部分の領域をテクノロジーに依存しているが、テクノロジーはそれ自体が合理的原理の集合体である。テクノロジーは、ある特定の目標を達成するための最も効果的な手段を提供する試みであり、われわれは多くの社会的目的を達成するために新しい科学技術を受容するうちに、日常生活をきわめて合理主義的に組織するようになってしまったのである。この展開が意味するものの一つは、われわれは問題の解決を特定のタイプの道徳的態度を維持することによってなそうとするよりも、むしろしだいに技術的な解決に期待するようになっているということである。社会統制の領域においても、われわれは人間の社会に対する所定の感受性と、社会的に有用なパーソナリティに依存することは少なくなり、その代わりに、機械的統御の操作に頼っている。西洋においては、美徳は宗教的信仰に必然的に附随するものであり、神から与えられるものといわれていた。しかし今日では、美徳はそれほど必要とされなくなってしまった。なぜなら、かつては私的な徳行によってもたらされたのと同様の効果が、今日では公的な統制の行使によって、より効果的に保証されると考えられているからである。人間同士の相互的関心や、人間が豊かに育んできた正直、勤勉、好意、責任感等の美徳は、エレクトロニック・アイ（電子眼）とデータ修復システムに大幅に取って代わられた。もちろんエレクトロニック・アイは高価である。しかし、われわれは、長い間行われてきた過去の道徳教育へ戻るよりも、新しい技術を発達させた方がつねに容易であると考えがちな、技術依存の状態に進んでしまったのである。

テクノロジーは、はるかに合理的な思考様式の発達を要求する。[15] 現代に生きる個人が、過去の人間より知的であるとか、より合理的に思考すると考える必要はないが、しかし、現代人は高度に合理的な支配にしだいに従属しつつある世界に生きている。現代人は技術的装置を操作しなければならず、技術的命令に従わなければならない。また、それに適切な応答をするには、合理的でなければならない。このようにして、人間は「合理的」に行動し思考するよう誘導されるのである。もし車を運転するとすれば、彼は合理的になることを学ぶし、また、どんな急用があっても、交通信号が停止を命じた時は停車しなければならないことを学ぶ。このような合理的な応答を学ぶという事実が意味するものは、「自分のことよりも、他人のことを考えよ」とか、「他人には礼儀正しく、親切に振る舞え」というようなタイプの社会的作法や宗教的命令に従った訓練が不要になったということである。もし実際に、今述べたように行動したらどうなるであろうか。つまり、交通信号が彼に対して「青」になっている時、赤信号の前で停止している車に、

「どうぞ、お先に」といったらどうなるだろうか。彼はただ不合理であっただけなのだが、実際は交通全体の流れを妨害し、おそらく事故を引き起こすであろう。彼は礼儀正しく振る舞った結果、逮捕されてしまうかもしれない。彼の誤りとは、礼儀正しく、道徳的にさえ行動したのだが、合理的には行動しなかったということなのである。

テクノロジーの支配を受け入れることによって、諸個人は現代社会システムの厳密な意味でのメカニックな側面に対処するだけでなく、社会的諸問題を区分けして処理するために築かれた官僚機構に対処するためにも、厳密な因果論的思考の利用を学ぶ。また彼は、同様の思考様式を、個人的な生活にも、さらにこの種の思考を直接必要としない領域にも、しだいに適用しようとする。その結果、感情の制御や内的な自我の発達に重要な働きをする、本質的に詩的で象徴的な、もしくは審美的な思考様式は、現代社会にしだいにそぐわないものになりつつある。少なくともこうした非合理的な思考様式は、優勢なテクノロジーに対処するために合理的な意識が必要とされる日々の仕事や公的領域から切り離し、区分しておく必要がある。個人の私的なことがらにおいてさえ、各人はより現実主義的な態度で望むようになっており、社会生活における判断の仕方と同じように判断しがちなのである。

そのほかにもさまざまな結果が生じているが、それらすべての帰結として、人々はまったく異なる二つの社会解釈の形式、つまり一方の近代的テクノロジーによって提供されるものと、他方の伝統的宗教によって提供される解釈形式との二つに適応することがきわめて困難になった。現代社会が近代化を意識的に進めていく中で、旧来の宗教解釈形式はしだいに不適当なものになりつつある。国際的な組織や課題の発展、および普遍的な概念の発達に伴い、ローカルな伝統は明らかに限定されたもの、非近代的なものを意味するようになった。宗教的関心の威信が下落しただけでなく、そのような関心自体がまた相対化されてしまった。それは、宗教運動の多様性が広く認識されたためであり、また、宗教の有効性についての評価が現代では否定的になったからである。宗教と他の社会制度を比較すると、他の社会制度がどの程度まで内部の合理化を進めることができたかが明らかになる。一方、宗教の場合は、合理的な手順の導入が明らかに限定されている。したがって、宗教以外のすべての社会制度は分業の利点を生かして位階制や組織を構成することができるのである。分業によって、専門家の技能は特定の経験的な目的の達成に向けて、効率的に結合され、用いることができる。しかし宗教においては、手段と目的をこのように分けることは不可能である。宗教的な目的はしばしば超経験的であり、また、手段の有効性は信仰行為の一つとして認められてしまうからである。法律や教育の分野では、能力に応じた位階制度を定めることが可能であり、そのため訴訟当事者や生徒は状況が要求するレベルに応じて適切に対処することができる。つまり、比較的単純な要求に対してはローカルな段階で、また、より強力な法の規制や、高等教育が必要な時はより高い段階で処理すればよいのである。それに対して、宗教が提供する究極的な「商品」の場合には、そのような分割は不可能である。

それでは、宗教がもたらす究極的な「商品」とは何であろうか。それはけっして、社会学者が強い関心をもっていた潜在的機能ではない。それはまさに、宗教の顕在的な機能である。すなわち、救済に必要な手段についての助言であり、訓練である。救済は究極的な関心であり、各個人の関心であるとともに、各個人が属する、または属していると見なしている集団の関心でもある。救済は分割不能なものであり、また、可能性としては万人を救済できなければならないので、必然的に、宗教的機関は助言や訓練を各地域ごとに何度も繰り返し与えることになる[16]。位階制的な機能分化は宗教体系の中の組織的・政治的側面においてのみ可能であり、救済という中心的な関心には手を触れることはできない。宗教は、目的を達成するための「任意的」手段とでもいうものを提供する。またその目的も、厳密に特定できない(そして、しばしば超経験的な)ものである。それゆえに、中心的な宗教的関心に対して合理的な手順を適用するには、明らかに限界がある。必然的に宗教は、現代社会のテクノロジカルな世界とは異なった言語を語り、異なった言葉で自分を表現しなければならないのである。

現代社会は、社会制度の一つでもある宗教にはいささかも依存することなく機能している。もし、近代国家の働きがほとんど世俗的であるとすれば、それは人間の社会的な配列が今日ではもはや宗教の潜在的機能には依拠していないからである。社会生活が基本的に地域共同体のレベルで組織されている限り、宗教はその集団の理念的正当化や、感情的・社会的安定性を維持する機能を果たしてきた。しかし、地球共同体から大規模な社会へという社会組織の変化は、個人や集団間の相互依存関係、さまざまに配列された制度や機能の間の相互依存関係がより明確になる過程であり、したがって、これらの関係を合理的に表現することもさらに可能となった。もし、大規模な社会システムが制度としての宗教を何ら顧慮することなく動いているならば、それはまた個々人の宗教的関心を無視することでもある。宗教が個人の選択の問題になっているという事実、また、信教の自由、信仰選択の自由、寛容が存在するという事実が、まさに、社会秩序は宗教の直接的な影響をほとんど受けずに機能していること、少なくとも、社会秩序を確立し、修正し、維持するのに貢献している人々が理解している秩序としてはそうであることを示している。多くの西洋諸国では、宗教的儀礼に参加する人はごく少数である。アメリカ合衆国のように、教会出席者がまだ多い国においてさえも、キリスト教内部での世俗化過程が進行していることが認められている。内的世俗化とは、宗教のさまざまな働きのうちの、特に宗教的な内容が弱まっているということである。社会システムは、宗教的な正当化なしに機能しており、住民の大半はごくたまにしか宗教を必要とせず、まったく必要としない者もいる。

しかしながら、現代社会の働きが、うまくいっているといえる状態からほど遠いのも明らかである。近代的官僚制の無情さや非人間的な諸関係によって、また、娯楽産業や余暇産業が巧みに発展しているにもかかわらず、合理的技術的な社会システムの中で感じる倦怠感等によって、不安を感じる人々の割合が増えているのは確かなのである。社会問題の各々の特定のできごとは社会によって異なってはいるものの、現代社会の社会問題は恐ろしい速度で増加している。犯罪、破壊行為、神経衰弱や精神分裂の増大、増加する結婚生活の破綻、麻薬やアルコール、ギャンブル等へのさまざまな耽溺、人間的孤立や孤独等々のすべてが、合理的な社会組織がさまざまな点において明らかに失敗していることを物語っている。実際には、合理的な社会システムがこれらの崩壊現象にうまく対処できないだけでなく、それらの崩壊現象は、ある程度、合理的な社会システムの正常な作用の結果として生じているように思われるのである。

五　宗教と現代社会

全体的社会システム——すなわち大規模に発達した社会組織——は、複合的に相互連結された役割遂行を明確にすることによって機能する。そのそれぞれの役割遂行の意義や効果は、合理的に計算されている。人々はこれらの役割を遂行しなければならず、また、その要求は過酷なものである。しかしながら、そのような役割の遂行に対する文化的規範づけは、必ずしも強いものではない。現代社会における仕事と生活とが互いに分離しつつあるために、多くの労働者の心の中では、役割演出の要求に対する不満が表面化している。もし、仕事がおもしろくない骨折り仕事であったり、また、人々が余暇をどのように利用するかという点について十分に訓練されていなかったなら、不満の表出はますます頻繁になるであろう。もし、レクリエーション用品として商業的に供給されるものが、俗悪なものや、ただの興をそそるもの、目新しいもの、非啓発的なものばかりがしだいに増えてくるならば、余暇は人々を効果的に元気づけたり、気分を更新するものではなくなってしまう。もし、管轄当局の新設や、調査と社会計画の発達、歳入とその再配分の国家による統制と操作によって、問題はすべて解決できるという考え方に基づいて社会システムが機能するならば、フラストレーションと倦怠は増大するであろう。われわれの技術的能力や技術的な解決策を考案する能力は、それ自体がまさにわれわれが直面している問題の一原因であるかもしれない。というのは、テクノロジーでは解決できない人生の課題が種々存在するにもかかわらず、われわれは新しい技術をあまりにも過信してしまうからである(17)。

発達した諸社会の社会システムは、合理的な諸前提に基づいて機能している。内部の構造分化が進んでいる大規模な体系である現代社会は、設備や資源の合理的な配分によって成立しており、そのような社会内部には、さらなる合理化を推進する圧力が絶えず働いている。変則的なもの、時代錯誤的なもの、そして、地域主義や個性というようなものは、現代の社会システムやその支配者から暗黙のうちに嫌悪される対象となっている。均一化と慣習化は、現代社会システムの円滑な機能を促進するものであり、そのため、それ自体が価値あるものとなる。もし、個々人を「労働単位」や「消費者」、もしくは「選挙人」などのような共通のレベルにある程度還元できるなら、標準的な計算に従って最大限に正確な計画立案を目指すその体系は、人間をよりたやすく扱うことができる。その体系は、すべてではないにしろ、きわめて手段的な諸価値に従って動いているのである。というのは、その体系の関心は何をすべきかではなく、物事をどのように行うかということであり、究極的価値とか、本質的な好みなどという観念はその体系下で日常生活を組み立てる前提となる考え方にとっては障害に近いものになるからである。政治において、少なくとも選挙時には、投票者には何をなすべきかという選択の機会が与えられるはずである。しかし問われる問題が、ますます技術的なものになっているため、実際の選択は厳しく束縛されている。さらに、何をすべきかという選択は、いずれかの政党、またはいずれかの指導者になすべきことのすべてを委ねてしまう、という単純な選択にしばしば解消されてしまうのである。

伝統社会における価値体系は、多くの場合、あまり明確に表現されてはいない。実際、その明確な表現はしばしば不可能であった。しかし、民衆の宗教的表現の場においては、こうした伝統的志向は、高尚で説得的な表現形式をしばしば獲得していたのである。そのため、人間は神の意志に従って生きるようにとか、法を遵守し、完全さを目指し、邪悪な欲望を克服し、他人の生活の向上をめざすように等々、強く勧告されたのである。これらはすべて本質的な価値であり、また、それらをさまざまな人間の美徳と関連させて洗練された形で表現することは可能である。しかし、近代的社会システムは、美徳とは関係なく動くものとしだいに考えられるようになっている。すなわち、社会システムは、中立的で超然とした、また客観的で合理的な役割遂行の共働作用の体系となっているのである。この体系は役割を実際に演じている者たち、すなわち人間に対して、あたかも彼らが美徳も悪徳ももっていないかのように振る舞えと説く。役割はより大きな計測可能性を伴って遂行されることが好ましいために、体系は人間の人格を中性化するように働くのである。もちろん、合理的構造がもたらすこの圧力は、必ずしもすべて成功しているわけではない。というより、それは不可能である。なぜなら、その体系は、人間による役割遂行に依存しているからであり、人間はそうした役割遂行に適した精神的傾向に社会化されなければならないからである。しかしながら、人間をそのように教化するための社会化の技術はいまだに不確かなものであり、また態度、志向性、パーソナリティの面において各個人は独自性を保っている。それにもかかわらず、その体系は疑いもなく、効率と合理的な共働作用のための分節化された役割遂行の中で、人間の個性を弱め、人間をできるだけ画一的に、また機械的に組織しようとしているのである。

現代人は、効率的な社会での生活からさまざまな恩恵を受けているにもかかわらず、また、その体系が失敗をおかす時には異義を申し立てることができるにもかかわらず、合理的な社会組織に完全に満足しているわけではない。われわれは、正義や公正という普遍的抽象的な原則が適用されるのを経験したり、互いに知らない者同士としてこの世界で行動しているにもかかわらず、基本的な一定の尊重をもって対応されていることを知っている。このように、非個人的に、また公平に扱われることの恩恵をわれわれすべてが受けているのである。しかし、このような手段的価値は最終的には人間を満足させることはなく、また、人間の幸福を保証することもできない。物事をいかに行うかという点に関する規則は、賛同すべき本質的な価値は何か、という究極的な疑問を未解答のままに放置する。人間はあることを成就するために、すでに成就したことがらを手段として利用する。さらに、そうして成就されたことがらは、次に他のものを成就するための手段となる。このようにして、合理的手続きと効率的な技術との無限の連鎖の中で、人間は手段的な法則を適用することに忙殺されているのである。しかし、合理性のみでは、社会に対しても個人に対しても、何らの特定の本質的価値を提供することはできず、ただ生き残ることができるだけである。そして、生き残ることだけでは十分ではない。

社会システムは、超自然的なものとの関連なしに働くが、そうした体系内部で生きている個人は、体系が提供しない人生の諸問題に対する解答や保証を必要としていることに、ときおり気づく。人々は、人生の不確実性に遭遇して、意味や目的についての根源的な問いを発せざるをえないことがしばしばあり、またさらに、彼らの善意や献身に対する支持と慰め、補強を求めざるをえないことが多くあるのである。したがって、ここに宗教の存在する余地がある。このこと自体が示唆することは、宗教の私的な役割である。すなわち、個人のために機能する宗教である。しかし、個人は一致団結して集団を形成し、集団は運動となる。したがって、より広い共通の目的や、より本質的な人生哲学への共感が、多数の人々の関心の焦点となるであろう。現代の社会システムの働きの不毛性、および、この体系が依拠する合理性という前提の不毛性が、宗教が与える安心や目的をことさら魅力的なものにするのであろう。それだけではなく、同じ意見をもった者たちや、より完全な満足を求める者たちとの連帯、社会システムの効率的ではあるが非人格な中立性を超える愛の共同体を求める者たち相互の結びつきは、宗教的世界観をますます価値あるものに高めるであろう。この本質への関心、この積極的な価値の追求は、定義にもよるが、まさに宗教的なものである。それは人間の日常の通常的経験を超える何ものかを呼びさますからである。したがってここに、現代社会における宗教の機能の一つを見ることができる。もっとも、それは基本的には現代社会に対処していかなければならない個々人に対する機能であり、また現代社会の運営にとって宗教の関与する余地はなく、その可能性についてさえほとんど認識されていないことなどを認めた上でのことであるが。

近代的社会システムは、社会組織を維持する上で、あたかも合理的な諸原理があらゆる点で十分なものであるかのように機能している。しかし、その体系を機能させるのは人間であり、役割を演じ、課せられた仕事を忠実に遂行するのも人間である。社会学者は、人間がそれらの役割を受け入れる動機はどこからもたらされるのかを問わなければならない。人間精神はどのようにして生起し、奮起し、そして役割遂行に向けて動員されるのであろうか。その疑問に対する西洋社会において顕著な解答は、関係の交換、つまり労働が俸給と交換されることに原因があるというものであった。俸給によって個人は要求を満足させ、食欲を満たす。体系は、個人的利益への欲求を喚起させることによって機能するのである。誰しもが、できる限り多くを得ようとしている。雇用者であろうと、労働者であろうと、消費者であろうとも、その社会システムにおけるすべての役割遂行者にとっては、「最大の利潤をあげるために働き、できるだけ多くを手に入れる」というのが「常識」になっている。現代の社会システムが交換の体系と考えられているために、また、その基盤に仮定されている市場経済原理が時間や労力やエネルギーや技能を貨幣価値へと変換するために、次のような処世訓が、少なくとも西洋社会においては、ますます当然の結果としていわれるようになった。それは、「できるだけ働かずに、できるだけ多くを手に入れよ」というものである。これが産業社会における人間の伝統的な知恵となっており、合理的な市場経済原理に基づく状況のもとで働いている生産者すべての論理となっているのである。

　しかし、この交換とか、利益の相互作用という見解は偏狭な考えであって、状況を完全に表現してはいない。体系の運営方法の説明であるそれは、この運営方法が基づいている前提を明らかにしてはいない。体系が機能するためには、交換関係の背後に、献身や義務の感覚、私心のない善意、社会的責任や市民としての美徳という態度がなければならない。現代の社会システムは、これらの事項に依存して成立しているにもかかわらず、それにほとんど気づいていないように思われる。百年前の西洋経済は、これらの美徳にきわめて多く依存していたし、また、その事実が広く自覚されていた。それは家内工業の時代であり、企業所有者が経営する時代であった。また、単なる役割演技者間の関係ではなく、個人間の関係がいまだ保たれていた時代であった。しかし、大企業や国営事業の出現とともに、個人的要素は、近代的社会システムの非個人性にその地位を奪われていった。その社会システムは非個人的な原理で機能しているために、個人の美徳は不要なものとなってしまったと考えるのは当然であろう。テクノロジーに委託する度合いがしだいに大きくなっている現代の社会システムは、純粋に手段的な価値にも、またますます委託するようになっている。旧式な美徳を支持する諸機関は一般社会では認められず、支持もされなくなっている。しかし、旧来のこうした美徳が、人々の間に広く普及していないならば、そしてまた、現代の社会システムにとっては余計な、私心のない善意や社会的義務というものが存在しないならば、交換関係全体も存立しえないであろう。したがって、そこに一つの逆説が存在する。つまり、狭い範囲で観察するかぎりは各個人にとって合理的に見える行動、そして、社会システムそれ自体が促す行動も、人間の本性を考えると、社会全体が機能するための基礎的条件を維持するためには不十分である。近代社会がそれに依存しながら、その涵養のためには何もせず、また探求もされていない「インプット」の要素が存在するのである。

では、社会システムが機能するために必要な、私心のない善意は、どこから生まれるのであろうか。かつては、少なくとも西洋諸国においては、そのような内容の宗教的世界観の一部を教え込むことによって、それは養われていた。そうした精神的傾向は、地域共同体の自然な関係の中で触発され、しだいに広がって、より広い社会的な関わりをも包み込むようになった。その精神は、共同の連帯や共同参加、また、つねに日常生活の交換関係よりもはるかに高い目的に属する人間関係への関心等の文脈の中で、何度も掻き立てられたのである。要するに、宗教活動がそれを助長したのである。しかしながら、現代社会においては、これらの美徳を喚起する諸機関は弱体化し、そうした精神のもとで子どもたちを社会化していた諸機関は荒廃してしまった。現代社会は合理性を理由に宗教を否定し、人間が生活するためには感情的な支えがいかに大切かということを見逃しているのである。近代的社会システムは、世俗性を暗黙の前提として機能している。その偏狭な合理性の中では、経験を超えた関心と人間の幸福との関係は十分に理解されてなく、またその性質上、正確な合理的計算には当てはまらないがゆえに、その社会システムには超経験的な関心が入り込む余地がない。

宗教と合理性との間のこの緊張がもたらす損失は、現代社会においてもすでに明らかとなっている。社会によってその様相は異なるが、さまざまな崩壊の徴候を見ることができる。イギリスにおいては、大規模なストライキと出勤拒否が起こっているし、また破壊主義や無頼漢の横行が深刻な影響を社会に及ぼしている。アメリカにおいては、貧しい人たちと不利な立場に立たされている人々に対するきわめて冷淡な態度と、公的生活や市民生活に対する混乱が見受けられる。他の国においては、人間の環境へのまったくの無関心や、天然資源の保護に対する関心の欠如が見受けられる。多くの社会で、公民意識を触発するための努力は今日ではまったくなされていないのである。環境や公共施設、都市の美観、田園の保存などを誇りとする精神はますます少なくなっていく。

人道的で美的な民衆文化を形成する施設や設備、手順や態度さえもが、効率と進歩の名のもとにしだいに犠牲になってきている。この傾向は、社会生活のすべての面での貧困化を最終的にもたらすに違いない。もし、人間の基本的な美徳が大切にされず、人間に社会システムの限界を越える心理的安心感が与えられないならば、何らかの原因で社会システムが機能しなくなる時がくるであろう。なぜなら、相互の利益のために「自分自身を与える」という精神が人間に失われてしまうからである。合理的な労働を組織するための条件が失われ、そのための基盤となる施設も貧弱になって、人間は社会システムを動かすために働く意志を失うであろう。現代社会は、無感動的であることが社会を動かすのに十分な価値志向性であるかのように機能している。しかし、他の価値も必要であることをやがて発見するであろう。その価値とは、地域共同体や宗教的文脈の中で主に培われる美徳にほかならない。そうした価値が過去の共同体にとって不可欠であったように、将来の社会にもなくてはならないものであることが、ますます明らかになってくるであろう。

第三章　文化と宗教――東洋と西洋

一　現代文化における宗教の役割

現代においては、洋の東西を問わず、先進諸国の人々の日常生活に見られる一般的な文化は、それほど宗教的であるわけではない。もちろん、かつては宗教が諸文化の総合的な形態に決定的な影響を与えており、今日の社会制度の中にも過去の宗教の影響を示す痕跡が見られる。個々人の行動の特徴や人間関係の性格は、残余的なものとはいっても、宗教意識が存続していることを示している。また、経済や政治の構造、社会の地位体系を構成する動機の中に、かつての宗教的な基盤が見られることもある。しかし、かつて宗教と文化が緊密に結合していたにもかかわらず、発達した社会の機能は――発達しているというまさにその性格において――、本質的に世俗的なものである。[1] すなわち、それらの社会は、次のような社会活動のあらゆるレベルで、世俗的な諸前提に基づいているのである。つまり、社会の全体的な組織構成において、経済的・政治的・社会的構造において、また明示的にであれ暗示的にであれ信奉される諸価値において、社会的諸関係の機能において、期待される市民の心の動きにおいて、そして追求すべき目標においてである。

西洋諸国では、世俗化の過程が十分に論じられている。[2] 超自然的なものへの人々の関心が減少し、今日の社会組織に対する超自然的なものの重要性が減少したことは、超越的秩序についての諸概念や究極的価値への関心の両方が、現代生活にとってはしだいに的外れなものになってきたことを示している。宗教を衰退させた原因はさまざまであるが、なかでも、現代国家が経済的・社会的生活のかつてない広い領域を、たとえ直接統制するわけではないにせよ、その権限において管理できる能力を増したことが少なからぬ要因であった。人間は社会秩序、規則正しい行動、生産高のより正確な計算のための条件を、少なくともある限界内ではあるが作り出せるという前提のもとに、現代社会はますます組織されていく。

かつて君主たちは、〔自らの支配を〕宗教的に正当化しようと熱望した。特に国家が、個々の君主の支配下にある社会的集合体にすぎなかった時代にはそうであった。しかし、近代においては、国家権力は着実に自らその支配を正当化するようになり、または言葉の上だけであるが、民衆の意志と関係づけて正当化されるようになった。社会や政治を超えた力の発動は、しだいに不必要になったのである。今日、国家は、憲法や伝統的行事の中で宗教的な起源とされることがらに言及することはあっても、本質的には世俗的なものである。国家は、大規模な社会の中で、効率的で中央集権的な権力の共同、潜在的な社会的諸力の統制された分配、十分効率的な通信手段を伴って出現する。これらの要素が達成されている度合いが高まれば高まるほど、国家は、その発達の初期の段階でしばしば必要であった超越的な正当化を必要とせずに機能するようになるのである。

西洋文化における宗教の役割を衰退させたのは、国家の発展だけではない。科学の発達と、それを支えた哲学的方向づけの展開が、宇宙の自然と社会秩序の双方を解釈する宗教的主張をしだいに後退させていったのである。キリスト教自身は、論理的一貫性と無矛盾性を強調したが、科学がキリスト教に経験的研究の成果を付け加えた時、キリスト教は、自らが信奉してきたまさにその論理のゆえに、科学的発見からの非難を受けやすくなった。つまり、「A」と「Aではない」を同時に信じることはできないというキリスト教の基本論理が、宗教的ドグマと科学的証拠を、〔それぞれ異なったカテゴリーに属するものとして区分してともに受け入れる〕コンパートメント化を不可能にしたのである。宗教的な権威者たちは、科学的研究やその研究結果の公表を制限したり、さらには科学的判断に効果的に対決することにすら無力であることに、しだいに気づいていきた。宗教は、科学との対立の中で確実に信用を失っていった。天文学や物理学、化学、そしてついには生物学においてさえ、西洋でこれらの学問分野が発展するにつれて、キリスト教信仰の名のもとに与えられていた確信が、しだいに擁護しえないものであることが明らかになったのである。科学者や哲学者、そして技術者や職人までもが、これまで受け入れてきた宇宙や地球、地上での生活に関する宗教的解釈をまず疑い出し、やがて無視するようになった。キリスト教の天地創造神話は追い払われ、寓話としてのみ保たれるようになった。しかし、その寓話の意味は、神の言葉や教会の決定を文字通り信じることに慣れていた人々にとっても、しばしば不明瞭で理解しがたいものであった。

国家機構の発展と科学の発達は、西洋文明を宗教的ルーツから分離させることになったさまざまな過程のうちのただ二つにすぎない。国家も科学も、特に初期にはキリスト教に多くを負いながら、宗教的ルーツから発展した。それにもかかわらず、キリスト教はキリスト教で、独特の方法で世俗化への傾向を繰り返し育んだと見ることもできる。キリスト教はすべての対抗する宗教理念やシンボルを排除したり、または吸収して統制することによって超自然主義を規制しようとしたために、教会は日常生活の中にさまざまに分布し遍在していた超自然主義を衰退させた。キリスト教の最も高揚した時期には、教会はローカルな呪術をより普遍化された倫理的関心に置き換えようとした。また、それが不可能だったところでは、特殊な呪術的関心をキリスト教の神学的枠組みの中にしっかりと位置づけることによって、その性質を変化させ、結果として、呪術の内在的な宗教性を、はるかに抽象的で普遍主義的な世界観の究極的に超越論的な意味に従属させようとしたのである。教会が呪術を規制しようとした理由は、キリスト教のいくつかの側面にあった。それは、ユダヤ教から受け継いだ排他主義であり、ギリシア文明から受け継いだ知性主義と論理への関心であり、教義の公式化への関心である。教会は、教義の公式化において、すべての時間と空間を通して妥当性のある真理についての決定的な言説を提出したと主張したのである。

二　西洋宗教の文化的輪郭

ユダヤ教、キリスト教、イスラム教は、東洋の宗教とは対照的に、それぞれ自己を唯一の真の宗教と見なしており、こうした真理の独占の主張は、キリスト教内部の主要なデノミネーションにも見られる。東洋においては、多様な宗教理念や実践に対する寛容性や、多岐にわたる哲学諸派への寛容性が広範に見られ、より多くの宗教が存在すればするほどよいと考えられているとすらいえる。それに比べて、西洋においては排他主義の方が優勢である。ヒンドゥーの伝統に見られる多神教は、当然のことながら寛容性を要求しており、ヒンドゥーが宗教対立に巻き込まれたのは、あまり寛容ではない一神教信仰者の態度に直面した時であった。ほとんどは、イスラムとの出会いにおいてであった。ゴータマ・ブッダはより高度な道を指し示したが、ヒンドゥーの神々の崇拝を非難はしなかった。また、大多数の上座部仏教徒たちは、その教理では異なった活動を勧めていたが、実際にはさまざまな神々を崇拝し、精霊を鎮めたりしていた。また、国家による特定の宗教への支持は変転したにせよ、中国では道教〔訳注6〕と仏教、儒教〔訳注7〕の共棲が、日本では神道と仏教との共棲がまさに社会的現実であった。

対照的に、ユダヤ教徒やキリスト教徒は、異郷の神々を呪い、それらの神々への崇拝は誤りであるのみならず悪魔の業であるとさえ教えられた。もちろん、ユダヤの神の起源は部族神であったが、しだいに唯一の普遍的な霊であると認められるようになった。当初は他の神々に優越すると考えられたものが、その後、唯一なる真の神であると主張されたのである。キリスト教徒は（そして、かなりの程度までイスラム教徒も）、こうした傾向を継承し、それが西洋文化に大きな影響を及ぼしたことは間違いない。

キリスト教は、その排他性と、宗教教義は内的な矛盾がないように論理的に構成されるべきであるという要請により、高度に知的な神学体系を生み出した。論理的一貫性が神学者たちの最大の関心となり、彼らは正統な教義の枠内にあらゆる知識がいかに包摂されるかを示すことに全精力を費やした。こうしてキリスト教徒は、聖なる教えを精緻化することに鋭意専心することになったのである。経験的な証拠の痕跡を欠く特定の事項や難解な形而上学的命題をめぐる見解の相違が、激しい反目や分裂をまねき、互いにののしりあいながら抗争する党派を出現させた。とはいえ、キリスト教の教義は、容易には和解しえない多様な要素と命題を結合させた。その中には、二つの異なった終末論の図式もあげられるが、この二つの図式は、聖典にはきわめて不完全にしか描かれていなかったため、異質な思想が付着する標的ともなったし、多様な聖典解釈の伝統を生み出すもとにもなったのである。

しかし、このような足手まといがあったにせよ、次のようなものの寄せ集めから、一つの筋道の通った教義体系を作り上げたことは、驚嘆すべき知的業績であった。つまり、寓話、神話、比喩、倫理的命題、ときにはさほど重要でない羊飼いの部族集団に関する疑わしい歴史的記録、彼らの儀礼行為の説明、多くの預言者の言葉などであり、これらすべてが、神の子と呼ばれた最後の預言者の言葉や行為、意義の背景をなしているのである。こうした知的作業を推進するために、氏名不詳の筆記者たちは、特定の神学的立場を強化しようと、ある段階で聖典の中に時代的ずれのある誤った記述を書き込んだが、その部分が偽造であることが確定された後も、長い間保持されることがあった。キリスト教の教えの知的構成物は、きわめて精密に組み立てられており、またきわめて精巧にその聖典上の基礎と均衡を保っていたために、とりわけローマ教会は、偽りの原文の支持さえも取り消すことをかたくななまでに拒絶したのである。それにもかかわらず、キリスト教信仰の知的な基礎を体系化しようとする長い過程は、驚くべき事業であり、またこの過程は、この知識の母体を物理的・社会的な世界に適用することでもあった。キリスト教哲学は、すべての自然現象や、歴史的、現代的、将来的なすべての社会的経験を解釈する基礎を提供する試みに、何世紀にもわたって専念してきたのである。

こうした知的な事業それ自体が、西洋文化の性格に、とりわけ科学の初期の発展に、著しく統一的な刻印を与えたといえるかもしれない。そして、ついには、自然の検証や解釈への厳格な哲学的アプローチを形成させることになったのである。知識階層のこのような関心は、もちろん、一般民衆にはほとんど影響を及ぼさなかった。しかし、知識層のレベルでは、聖職者組織や典礼の執行に対する教会の中央集権化された統制の発展や、聖職者任免権の独占、教会の経済的基盤の着実な獲得が、やがて一定の共通性を生み出すことになった。それらがなければ、おそらく西洋諸国の文化は多様なままであったろう。ローカルな呪術や占い、魔法使いへの依存は、より強力な機関であり救済への不可欠の手段であるキリスト教の諸儀礼に、一様にではないが徐々に取って代わられた。教会は公式には次のように教えた。キリスト教による救済のために真に求められるものは、儀礼だけでは十分でなく、決断と献身、信念と信仰なのであると。ゆっくりと（そして宗教改革の後にはより明白に）、このメッセージは効果を及ぼしていった。やがて、キリスト教自身が超自然的なものに関する新たな概念の苗床となり、教会は長い間、その力についての無知で卑俗で疑似呪術的な観念を否定することはなかった。その代わりに、キリスト教の排他性への衝動は、教会の権力やその真理の独占の主張を脅かすようなすべての世俗的な教義の解釈に向けられた。異端の波が次から次へと起こった。ときにはキリスト教教義の多様な再解釈から、ときには（十三世紀のヨーロッパのある地方でのマニ教的二元論の影響に見られるような）きわめて異質な思想体系と結びつきながら、それらは生まれてきた。またキリストの再臨への期待が、中世後期のヨーロッパで大衆的な伝説となり、熱狂主義の噴出と、教会と国王に異義を唱える公然たる反乱を引き起こした。このように、真理の独占に対する排他的な主張は、対抗する宗教的イデオロギーを根絶しようとする試みを生み出しただけでなく、教会が宣言した正統教義と強調点を異にする解釈から生まれるあらゆる教理形態を「異端」として類別する態度を生み出したのである。

キリスト教の排他的な傾向は、明らかに、聖職者集団自体の利益にそって作用するようになった。キリスト教史の最初の千年間に、聖職者は自らの権力を著しく拡大し、司祭制度を確立するとともに、教義の完全な統制権をも獲得した。信徒が、教会が説く救済への展望を信じることを止めたり、または聖職者の儀礼行為の効果を信じなくなったならば、聖職者は信徒による経済的な支援と政治的な力の双方を失ったであろう。聖職者の権力は、宗教的信念と行為の正統性への信頼に基づくだけでなく、世俗的権威の正統性を宣言する適切な機関としての信頼性によるところが大きかったのである。吸収されずに生き残っていたローカルな呪術が、しだいに教会内部に悪魔学や魔法に関する理論を発展させ、それらの理論がまた、十五、十六、十七世紀に見られた民俗宗教の最後の痕跡を一掃しようとする精力的な試みを正当化した(3)。世間に広くは迎え入れられなかったセクト的伝統（その伝統を支持する根拠は、たやすくキリスト教聖典の中に見出すことができる）にしばしば基づく、より組織化された信徒運動や聖職者の腐敗を非難した指導者たちは、「異端」という烙印を押された。というのも、それらは聖職者によるキリスト教教理の独占を攻撃したからであった。

キリスト教の知的排他主義を、聖職者がこのように効果的に展開しえたという事実自体が、教会と世俗権力との緊密な結合の結果であった。初期の民族国家が出現する以前にも、ローマ教会は国王の就任を正当化したり、公共の事業を監督したり、戦争や法的行為、経済行為の道徳性を含むさまざまな公的関心に対して正当性を宣言する機能を獲得していたのである。こうして、キリスト教は国家の構成、政治、立法、教育、さらには経済に対して強大な影響力を行使するようになった。教会は国王や国家に正統性を与えたので、その見返りとして、宗教活動を教会が独占的に統制するために世俗的な強制権力を利用することができたのである。

教会は、もし内部の位階制的な統制や明確な権威構造といった効率的な形態を発展させることができなかったならば、西洋社会や政治形態、文化に対する影響力をもたなかったに違いない。この教会組織は、やっかいな謀反や服従しない司祭たち、攻撃的な司教、怠慢な教皇、そしてさまざまな腐敗や濫用などによって絶えまなく揺さぶられたが、その統制と権威の構造は、これらすべての問題の攻撃や人々の変節によく耐えたのである。教会は行政機構の多くをローマ帝国から学び、帝国の大部分の領土と臣下の忠誠を維持したが、この歴史の偶然がキリスト教に強い影響を及ぼした。実際、キリスト教の歴史は、あまりにも政治的側面から語られることが多かったのであり、あたかも教会の「組織」の歴史それ自体で、キリスト教という宗教の歴史のすべてが語られるかのようであった。そのような偏りの原因は、容易に示すことができる。すなわち、聖職者が記録を保管し、しかも長い間読み書き能力を事実上独占していたために、一般民衆はほとんど考慮されなかったからである。したがって、教会の政治的役割や、教皇と国王の闘い、すなわち教会と国家の闘い、そして教会組織内部の諸問題だけが記録に残り、信徒への救済の保証などのキリスト教の特殊宗教的な側面は無視されたのである。それゆえに、キリスト教の西洋文化に対する影響という場合、文化の形式的諸制度の形成に対して教会が果たした役割の度合いが大げさに語られることが多く、また、史料の欠落という理由だけからいっても、少なくとも宗教改革の時代以前にキリスト教の信仰や実践が社会意識の形成に及ぼした影響については、十分に語られることすらない。われわれが、教会が文化の諸制度を形成した時に受けた利点を認める際には、以上のような不均衡がありえたことを念頭に置いていなければならない。特に、聖職者の読み書き能力や彼らの首尾一貫した問題関心、さらに教会の権威や内部での規律の力などを考慮に入れなければならないのである。コミュニケーションが欠如し、共同行動が限られたものでしかなかった中世封建社会は、社会全体にわたって遠心的な傾向がしばしば自然に発生するのを止められなかったが、このような社会にあって、教会は驚くほどの中央集権化を達成したのである。

こうして相対的に強固な立場を築いた教会は、他のいかなる機関よりも、ヨーロッパの上流文化に生命力を吹き込んだ。教会は芸術や工芸、とりわけ絵画や建築のパトロンとして、また後には音楽のパトロンとして、これらの芸術にキリスト教のシンボリズムを注入し、感情や価値の表現を促進しただけでなく、その表現を規律と統制のもとに置いた。宗教は芸術を通して、人々に一連の感情表現の方法や価値を論ずる方法を提供した。それらはあらゆるレベルの意識に貫徹されたため、日常的な話し方さえも宗教的な比喩的表現に影響されるようになった。芸術の形式と構造は、宗教的・典礼的な目的に適合するよう発展させられた。最終的には、これらを含むさまざまな芸術はキリスト教の後見から解放されるのではあるが、西洋社会における上流文化の伝統は、もともとはキリスト教の監督によって整えられてきたのである。他方、民俗芸能に関しては、教会はあらゆる余暇的な活動や祭礼の活動への道徳的な監督権を確立しようとはしたが、（舞踏などのような）一部の民俗芸能はキリスト教文化からは除外され、教会の統制を直接受けることはなかった。

また教会は、大学における教育を統制した。すなわち、教育上の言語として共通語（lingua franca）の使用を推進し、長い間その使用をほとんど独占した。道徳に対する教会の規制は、作法の面にまで及んだ。というのも、公的・私的な立ち居振る舞いの技法の高貴さを教授するための作法の本を出版したのは、他ならぬ聖職者だったからである(4)。かくして、地域的でローカルな文化がヨーロッパでは今世紀に至るまで存続し、しだいに影を潜めてきたとはいえ現在も残っているが、ヨーロッパとしての初期の文化的統一は教会によってもたらされた。産業時代には、ヨーロッパ社会の形成に当たって別の統一力が教会に取って代わったが、ヨーロッパとしての共通な意識の種子は、宗教改革以前にローマ教会によって植えられたのである。

三　イデオロギーの影響——一神教とその代替物

これまで論じてきたキリスト教の特性は、排他主義、宗教の知的展開への専心、政治への同化、そして強固な内部組織などにまとめられるが、これらすべての特性は他のもう一つの重要な要素、すなわち一神教に大きく由来するように思われる。この要素は、東洋の諸宗教と比較すると、とりわけ顕著な西洋宗教の特徴として現れる。キリスト教は普遍的で全能なる唯一神という理念をユダヤ教から受け継いだが、その理念と結びついた排他主義もまた受け継いだのである。ユダヤの神はライバルの存在を認めず、他の神と同じ舞台に立とうとしなかったが、当然のことながら、キリスト教の神も同様であった。しかし、ユダヤ人が、その宗教的排他主義を民族的排他性の強化に利用し始めたのに対し、キリスト教は、当初から民族を超えた人々への布教を目指した。キリスト教の神自体は排他的な存在であったが、ユダヤ人とは異なり、キリスト教徒自身は排他的な人々ではなかった。しかし、彼らが競争を好み、他者を改宗させようとした事実は、彼らの主張をますます大胆にさせた。神々の並存を認めたり、必要に応じて一つの神から他の神へと信仰を変えることが容易な世界にあって、キリスト教が排他主義を顕著に維持したことが、キリスト教徒への評価を高め、結局は、キリスト教徒の社会的影響力を生み出した。他の宗教とは対照的に、彼らはキリスト教を〝すべてか無か〟の立場であると見なした。すなわち、絶対的影響力の行使か、失敗した時の全滅かである。ローマ帝国がキリスト教を国教として採用した時、他の神々やその神殿を根絶していく過程が政治的な関心事となった。ローマ帝国の繁栄は、キリスト教会の成功と同一視されるようになった。ローマ帝国の権力が衰えると、教会はもっと小さな公国の守護者たらんとし、その試みが拒否されたり無視されたりした場合でも、文化的または社会的生活を監督する権利があるという主張は、公然たる挑戦を受けることはなかった。

一神教は排他性を正当化した。それは、地域的な特殊性や特徴のすべてを踏みにじるような、明確に系統立てられた道徳体系に根拠を与えた。唯一神しか存在しないのであるから、神の意志や神の法は矛盾してはならず、当然、知的に首尾一貫していなければならなかった。それに対抗するいかなる地域的な逸脱も許されなかったのである。唯一神は、皇帝を含む一切の地上の存在を超越する権力をもつべきであり、それゆえに、王の称号を正当たらしめるためには神の恩恵が必要であるというのが、一神教の論理であった。唯一神は多数の諸侯を超える上位に位置づけられ、諸侯の義務は神の僕として統治することであると教会は主張した。一神教は、教会全体にわたる位階制と権威の鎖を正当化し、キリスト教会は普遍的教会であると主張したのである。一神教の論理は、キリスト教が西洋社会の至るところに強力な影響力を及ぼすことを可能にした。（ちなみに、キリスト教内部に反一神教的主張の流れがあったことや、教会が唯一神という理念を、神と子、聖霊についての聖書の言及と折り合いをつけるのが困難だったことを考えてみればよい。三位一体の教義と、その結果としてのローマ教会における神の母〔マリア〕の昇格、聖人崇拝、さらにはさまざまな反神的、反キリスト的な叙述は、神々の多元的並存や地域主義、多様性や二元論に対する一神教の闘いがいかに困難なものであったかを示している。）

キリスト教は西洋文化の形成に大きく貢献したが、その貢献した特徴の多くが、東洋宗教の諸特徴とはきわめて対照的であると考えられる。まず第一に、キリスト教はギリシアやローマなどの〔古代文明を担った〕諸都市の外側で西ヨーロッパ文明の主たる担い手となったのに対し、仏教は、すでに洗練された文明をもっていた諸都市の中で受け入れられた。したがって新しい宗教は、旧来の信仰や哲学の諸様式の中に押し込まれ、それに順応しなければならなかった。中国において、それはきわめてはっきりしている。

第二に、東洋の宗教には排他性の強調は認められないが、この事実はさまざまな帰結をもたらした。仏教は、土地の神々や呪術を排除しようとはしなかった。実際、ゴータマ・ブッダは土地の神々への崇拝を許したし、上座部仏教においては、神々は承認された位置を与えられている。ただし、再生すべき主体でありながら、涅槃に至る唯一の道である解脱の方法を知らない存在と見なされる。すべての巨大宗教は、地域レベルでは習合的になる傾向があるが、特に仏教は、その寛容な立場のゆえに、キリスト教以上に弱点もあり、しかもキリスト教のように政治的影響を及ぼしうる支配的な位置を求めることも獲得することもなかった。キリスト教会はひとたび制度化されると、もはや他の宗教の影響を受けることはなかった。それに対し仏教は、地方的、地域的、そして民族的な諸条件への適応や順応を何度も行い、中国においては儒教思想、後には新儒教的思想の中へ入り込んでいったが、それらからの影響も強く受けたのである。(5)

十九世紀末においてすら、中国やスリランカといった異なった仏教伝統をもつアジア地域で仏教信仰の復興が試みられた時、信仰復興運動者は、ライバルであるキリスト教が導入した戦略や組織様式――YMCAにならった青年仏教会（Young Men's Buddhist Association）や、大衆向けの小冊子の発行――に頼らざるをえなかったのである。(6)

東洋の諸文化においては、超自然的なものに関する多様な概念が、きわめて長期にわたって共存することが可能であった。そこには、異なった宇宙観や神義論、異なった信念体系のすべてが制度上の表現形態を獲得し、並存したという意味での宗教的多元性が存在しただけでなく、そこに生きる個々人もそれらの中から一つを決定する必要性を感じなかったのである。洗練された哲学を学び、形而上学的な生の解釈を身につけた同一の人物が、他方で、きわめて特殊な地方の神の信奉者であったり、占星術や薬草術、呪文を信じていたり、ときには魔女を信じていたりするかもしれない。加えて彼は、瞑想の修行をしたり、霊の憑依を超自然的な力が顕現する一形態であると信じていたりするかもしれないのである。西洋に劣らず東洋でも、人々は現実についての宗教的見解に強く影響されているが、東洋では、その影響は西洋のように組織化された直接的なものではなく、もっと拡散的で間接的なものである。キリスト教は、他のすべての宗教の影響力を取り上げようとし、それらを体系的で調和的な関係の中へ組み込もうとした。キリスト教が社会全体に浸透した原因は、宗教としての本質的な内容にではなく、まさに「寛容性の欠如」という特性にあるのである。東洋に広く見られる多様な宗教性の形態は、西洋の世俗的、政治的意識や制度に及ぼしたキリスト教の単線的で直接的な影響とは対照的である。

ブッダの哲学には心と物質についての精緻で複雑な抽象的命題があり、キリスト教は天地創造についての粗雑で唯物論的な具体的説明を継承したことを考えると、私が、西洋文化へのキリスト教の刻印の顕著な特性の一つとして知性主義的な側面だけを取り出したことは、逆説的と思われるかもしれない。しかし、この相違は、上述のような哲学的概念の枠組みの洗練に関連するのではなく、純粋に知的で論理的な公式的説明が、どの程度一つの宗教的伝統の基本的な志向性を包摂するかに関係している。キリスト教は、ときには知識として提示され、ときには信仰として要求される「信念」に、重大な関心を抱く宗教である。イエスは信仰を命じた。そしてキリスト教会は、神とイエス、さらにその延長に、人間性と物理的宇宙についてのいくつかの命題を知的に信奉することを要求した。したがって、詳細に規定された公式群としての信条が、キリスト教の真価を証す試金石となったのである。

そのような特徴と東洋の宗教とを比較する時、東洋では、仏教のように深遠な哲学的体系が存在した場合でさえも、儀礼行為や道徳的命令がいかに強調されていたかがわかる。もちろん、これらの要素はキリスト教においても重要であり、カトリック教会は初期の数世紀間に儀礼への専念を増していったし、プロテスタンティズムも神の定めた道徳律に人間が従うべきことを繰り返し強調した。しかし、カトリシズムにおいても、プロテスタンティズムにおいても、信仰が最終的に試される内容は人が何を信じるかにあり、一組の教義的命題を知的に信奉するかどうかにあった。それを要求したのは「知識人」とか神学者と呼ばれる人々ばかりではない。信仰箇条は、しばしば大衆の関心の的でもあった。もちろん学者たちは、キリスト教哲学を展開して物理的、精神的、社会的なすべての現象を神の摂理という理論的枠組みの中へ組み込もうとしたが、これらのすべては、当然のことながら一般の人々の手の届かないものであった。にもかかわらず、一般の人々は定められた信仰箇条を、定められたままに信じざるをえなかったのである。

東洋の宗教においては、学者にとっても在家信者にとっても、内的に一貫し体系的に秩序づけられた知的な一組の諸命題を系統的に公式化する行為は、それほど有力な関心事とはならなかった。多くの東洋文化の内部では、またときとして同一の宗教的伝統の内部でも、さまざまな智恵の源泉が受け入れられた。強調点の相違は許容されたし、厳密に知的な基準で査定するとまったく矛盾するものですら、必ずしも障害とは見なされなかった(7)。宗教の様式が多様であることや、献身を喚起させる手段が豊富であることは、その宗教が活発であることの証拠であると見なされていたのである。しかし、アジアの宗教と比較した場合、キリスト教がいかに知的問題に関心が集中していたかを示すもう一つのレベルがある。それは、宗教においてつねに強力な下部基盤である感情の問題を、知的なものとどの程度調和させているかという点である。

インド亜大陸の東洋文化は、宗教的なものと芸術的なものの双方において、西洋文化以上に感情志向性を強く表現していると思われる。感情を抑制するという西洋的美徳は、舞踏や音楽、宗教を含むインド土着の芸術様式にはあまり見られない。西洋の宗教は、すべての感情的表現形態を規制し、舞踏やエロティシズム、興奮剤、その他のエクスタシーを含む物質や行為を宗教的典礼にはふさわしくないものとして拒絶してきた。しかし、こうしたものは、ヒンドゥー教のいくつかの教派やインドの民俗宗教には今でも存続している。ローマ教会と、その後のプロテスタンティズムの主要教派におけるピューリタニズムが西洋文明において等しく行った統制は、エクスタシー的な行為やエクスタシーを誘発しそうな実践を厳しく禁じることであった。仏教もまた、感情的表現を規制したが、仏教の寛容性そのものが、民俗文化のレベルでは、広い意味で宗教的な装いをもつ感情表現を認めさせた。こうして、西洋においては舞踏のような活動はまったく世俗的なものとなり、教会に承認されることはめったになかったが、上座部仏教のもとでの東洋文化においては、宗教的行動の広い領域の内部で二つの文化を生み出す傾向が生じた。エリート仏教によって生み出された上流文化が形成され、そのもとに民俗文化が生き続けたのである。民俗文化は一方で仏教の諸理念に依存しつつ、民俗芸能や民俗宗教、民俗文化から汲み上げた主題や実践とが融合したものである。この民衆文化をエリートたちは総じて軽蔑した。エリートたちの目には、それらは、より高度な真理の探究へと人々を啓発することなく、無用な価値を人々に植えつけて、真の仏教徒としての関心を妨げるものと映じたからであった。上座部仏教の上流文化の一部は、その純粋な形態においては隠遁文化となり、芸術表現の形式として絵画と彫刻を用いるようになった。というのは、他の表現形式は、上座部仏教が理想とした激情の超克をもたらすよりも、激情を煽る過程と同一視されたからである。

西洋においては、芸術、または芸術としての表現形式の多くが教会の礼拝に導入され、キリスト教的価値が注ぎ込まれた。歌や舞踏、物語やさまざまな工芸の中で生き続けた民俗芸能は、しだいに、かつてもっていたローカルで異教的な宗教との結びつきを失い、結果的に世俗化していった。また、ときには教会当局による非難に屈したり、少なくともその統制に服従していったのである。しかし東洋においては土着宗教の寛容性によって、そうした芸能は、たとえ異教的または堕落した仏教的理念であろうと、その宗教の精神がエリートによって好まれる精神性とはまったく正反対の時ですら、宗教的に重要な諸要素を伝達するものとして存続を許されていたのである(8)。

四　文化の一般的伝達と政治的伝達

さまざまな巨大宗教は、ときおり、異なった社会的レベルでは、まったく違った方法で文化を形成してきた。広く普及した一連の宗教的教説と宗教的実践であっても、ある特定の時代には特定の階級の社会的意識に影響を与えるかもしれないが、他の階級や国家機構には影響を与えないこともある。またあるタイプの宗教意識は、制度的表現をまったく欠いて存在することもある。たとえば、十八世紀末から十九世紀にかけてのイギリスにおける福音主義の場合がそれであった。この福音主義神学は当時の経済的社会的生活の中に新たに出現した個人主義にきわめてうまく適合したのである。しかし宗教はまた、何よりも公式レベル、政治レベルで機能するものであり、大衆にはゆっくりとしか浸透していかないのかもしれない。実際、あらゆる巨大宗教の歴史には、そうした事例が時代を異にしながらも見出せるであろう。あるいは選ばれたエリートに影響を与える宗教もあろう。しかし、彼らエリートが国家の諸問題を方向づけたり、大衆を改宗させようとする関心をもって彼らの宗教を考えない場合がある。仏教史上のいくつかの時代に、そのような事例がある。

救済を欲望の超越と考える哲学的に厳格な立場は、一般大衆よりもむしろ選民意識をもった集団をひきつけるよう運命づけられており、上座部仏教は、そのようにして社会に順応した。すべての人間が救済を求めるものだが、サンガはそれを最も厳格に探求し、修行僧は独力で救済を追求する。在家信者はその目標の崇高さを認め、それを追求する人々に社会的な賞賛を与える。仏教は在家文化の至るところに広がっているが、通常、修行僧と同じような努力をしない在家信者自身には深く影響を及ぼすことはなかった。タイのような国では、多くの若者が少なくとも短期間僧侶としての生活をするし、その多くが、その後の世俗生活に高貴な宗教的エートスをもち込むのも確かである。しかし、僧院を去ることは、救済を得ようとする人々がもつ高貴な要求の少なくともいくつかを放棄することを意味する。そして、別の形態の宗教的あるいは宗教―呪術的保証を求めて、功徳や善行の報いを得ようとする。在家信者は容易にそれを求めるが、ときには修行僧自身もそのいくつかを求めるようになるのである。[9] 善行の報いを得たいという欲求が、社会的振る舞いに影響を与えるようになり、社会統制の作因ともなる。不品行が悪い業（カルマ）をもたらすという考えが、今日、人々の行動を束縛するものとしては衰微していることは確かである（キリスト教の天国と地獄といった概念のように、いまだ完全に弱まってはいないにしても)。それでも、こうした束縛は名声を得たい人や社会的尊敬を維持したい人、自尊心を持続したい人に対して、いまだ、一般的な社会的圧力として作用している。善行の報いを得たいという欲求は、他のあらゆる哀願的な方法や呪術的な方法によって功徳や保証を追求するのとは違って、宗教的に規定された社会的良心を強めるであろう。

上座部仏教と大乗仏教という異なった伝統の中では、きわめて異なった救済論が強調されたが、その結果として仏教諸国の民衆文化がどの程度異なったかは、学者たちが注目する問題である。上座部仏教文化における善行の報いを得ることと自己努力の強調は、社会統制にとっても、倫理の内面化にとっても、宗教的により深い悟りに達した者は他者を助ける義務を負うという菩薩の救済努力を強調する宗教(大乗仏教)とは、異なった結果を示すに違いない。社会的な振る舞いの基準は、しばしば文化によってかなり独特であり、今日では必ずしもそうであるとは限らないが、かつては東洋社会においても西洋社会においても、宗教的制裁が人々の行動パターンを形成し維持する上できわめて重要な役割を演じた。明らかに、宗教以外の要因も関わっており、極東における世俗的な儒教倫理の発展においては特にそうであった。儒教は、少なくとも文人階級にとっては、社会的行動のための厳格な基準を提供した。しかし、文化の決定要因を完全に理解するためには、社会統制と社会化の宗教的基盤を研究することが必要なのである。

公式な社会化は、制度化された教育によってなされる。そして教育は、全体社会に奉仕する一般的な社会制度として、東洋においても西洋においても宗教に根ざしてきた。地域の学校で教鞭をとったのは、僧侶であり聖職者であった。もっと上の階層では、西洋の大学がキリスト教のきわめて知的な志向を反映し、自由な研究への道を開いた。その自由な研究は、ついには宗教的後援者から自由をもぎ取り、さまざまな学問分野に影響を与えることになる。議論の論理的な一貫性への関心と、(ピューリタニズムのもとでの)

自然界の支配への関心は、形式主義とドグマを破壊する知的体系をもたらした。その過程は、やがて学校レベルに反映され、機械的な記憶学習と道徳的内容は、しだいに自由な研究と技術的な能力に取って代わられた。西洋では、当初、一般教育は宗教的内容を多く含んでおり、しだいに世俗的なものになっていったが、イデオロギーにおいて反宗教的あるいは世俗主義的になることはなかった。上座部仏教諸国の僧院学校における教育と、第二次大戦直前の西洋諸国における学校教育を比べてみると、一般文化に与えた宗教の影響の重要な相違点が明らかになる。もちろんそれ以降は、世界中の教育の西洋化が、一般教育のレベルで宗教の影響を（どの宗教であろうと）着実に浸食してきたのであるが。

宗教は、人々の意識を形づくったり統制することによるばかりでなく、国家の装置を形成することによって文化に刻印をしるす。東洋宗教における国家やその制度への影響は、仏教の主張を政治的手段によって推進しようとしたアショーカ王の場合ですら、キリスト教が達成した制度化の影響力や持続力のレベルには及ばなかったのである。仏教の関心は日常世界のできごとから離れているため、上座部仏教の政治論は、つねに妥協的なものである。涅槃が人間の目標であるならば、そのような目標を説く宗教は、現世社会を秩序づけることがらにはまったく関係できない。理想的な僧侶は、隠遁者として、特定の政体、戦略、現世的目標の相対的なメリットやデメリットに留意することはなかった。政治家がアドバイスを求めた時すら、僧侶は応えなかったのである[10]。最近のナショナリズムや反植民地主義、社会福祉問題、国際的なイデオロギー対立といった衝撃が見られるまで、僧侶たちは、社会的・政治的行動の基礎としての仏教の教えを提案することはなかった。しかし、純粋な教義が社会や政治への関与を禁じていたにもかかわらず、スリランカとタイでは、サンガは君主制と特別な関係をもってきた。仏教の教説にもかかわらず、サンガはずっと政治的勢力であったのである。それでもこれらのすべては、西洋の場合とは異なり、教会と国家との複雑で公式な関係のないままに起こっている。同様に、日本の大乗仏教においても、僧侶たちは政治的権威に喜んで仕えたり、政治的影響力を求めたりしたが、これらは、キリスト教の長い歴史を特徴づけた教会と国家とのより公式な結合とは区別されるものである。

イスラム文化においては、宗教制度と政治制度は事実上不可分である。また、キリスト教においては、政治的に組織された教会構造の発展に伴い教会と国家との強い類似性が見られる。そして仏教においては、非公式な関係と影響はあったが、宗教と国家は分離している。これら三つは、宗教と政治の関係の異なったパターンを示している。明らかに、宗教の領域において権力とその影響力が集中するところではどこでも、宗教的な権力を主張するものと、現世的な権力をふるうものとの間に何らかの関係（馴れ合いという人もいるだろう）がある。したがって宗教は、他でもなく秩序の維持や、長期にわたる人々の関心事として彼らに提案されるものの中で抑制と自己統制を仕向ける可能性として、政治的支配を推進する可能性をつねにもつ。現世における最高権力は、その主張を強化するものとして宗教的な正当化に広く依存してきた。それは（キリスト教において起こったように）、その正当化を直接に制度化することなく行われた時ですら、同様であった。仏教は上座部仏教における菩薩の理想像と同化された世界支配者（cakkavatti）という概念で王政を正当化している、と主張している学者も確かにいる。[11] しかし、こうした上座部仏教の政治学的テーゼを専門家がどのように評価しようとも、その学者さえ、その正しい支配者のダルマ（法）は、宇宙の法則と真理としてのダルマに包含されると認めている。しかも、そこに至る方法は現世の否定しかないのである。

五　組織的な影響

もちろん、仏教とキリスト教の双方の創唱者の命令を禁欲主義的に解釈すれば、最終的には現世への関与を、特に、この世の権威への関与を否定することになろう。しかし実際には、宗教は政治権力に順応する。そうした順応は、少なくとも部分的には、その宗教のもとの主張が有した全体的権威と妥協ができるような、一貫した理論と論理によって調停されるという文化的帰結をもたらす。すでに述べたように、キリスト教はそうした妥協を行ってきた。そして相対的自然法の理論によって、教会を、政治的権威と現存の社会秩序における経済機構の正当性を与える機関として正当化した[12]。もちろん、そうした理論と議論には、それらを支える充分に分節化された組織構造を必要とする。宗教的ギルド内部の規律、明快な権威の系統、そして現代の社会的政治的諸問題への教理の適用を有効にする権威者の出現といったものが必要となる。

ヒンドゥー教は、明らかに、そうした組織の形式を作り出さなかった。宗教専従者が堅く結びついた自律的なギルドとして維持していくメカニズムさえ欠いており、広く一般的に普及した統制のパターンに依存していた。バラモンは地域ごとに活動し、在家信者に対する彼らの儀礼はどこででも利用できたが、彼らはいかなる意味においても中央集権的に組織されてはいなかった。仏教においては、秩序の枠組みは、もちろんサンガの中に存在した。しかし、サンガは、けっして教区を管轄する聖職者たちの集団ではなかった。個々の修行僧（monk）も、また修行僧の地域共同体（サンガ）も、在家信者に責任をもつべきとは考えなかった。つまり、キリスト教における一般的な用語での「聖職者が担当する信徒」（charge）とは見なさなかったのである。サンガも戒律などによる自己規律のメカニズムをもってはいたが、その関心は組織内部に向けられており、その運営は整然と区分された役割の構造に基づくものというより、全人格的関係に基づく共同体的なそれであった。タイにおいて、国家の位階制が地方から管区、地域共同体へと段階的な統制システムを伴って確立された十九世紀に、サンガも再組織化されたが、その時ですらサンガは本質的に自らの自治にのみ関心をもち続け、〔キリスト教会における位階制的な〕教区型組織は作られなかった。(13) タイのサンガ・システムも国家の諸機関に依存しており、その形式と権能を国家から借用している。またサンガは、サンガ内部の事項以外には何の権威ももっておらず、国家の政策に影響を及ぼすことは不可能である。むしろ、サンガ自体が改革された国家組織として形成されたのである。

十九世紀末の東洋で起こった仏教復興は、上座部仏教国でも大乗仏教国でも、多くの新しい構造の発展をもたらした。そして多くの仏教宗派の間で、一種のエキュメニズムともいえる密接な関係を創り上げる試みがなされた。(14) 仏教が寛容であると称賛されたことを考えると、そうした発展は明らかに可能と思われただろう。しかし、国際的な権威や各々の仏教国内部に合理的な組織が欠けていたため、こうした努力は実際にはあまり効果をあげなかった。青年仏教会(YMBA)や、仏教をより体系的な方法で発展させる特別な使命をもってさまざまな国で設立された諸組織は、西洋世界から借用したスタイルをとり、特にキリスト教会内部で発達してきたスタイルをしばしば採用した。とりわけ上座部仏教においては、サンガと在家信者の区別が顕著なものとして残っている。また、上座部仏教の哲学的な立場を考えると、一九五四年にスリランカの仏教委員会が、ドナルド・E・スミス(Donald E. Smith)の「サンガと在家信者を一つに組織された関係の中に結びつけるような一貫した組織を作りあげるという緊急の要請がある。要するに、求められているのは、仏教の教会なのである(15)」との主張を認めたとしても、他のいかなる形態となりうるかは難しい問題である。

東洋の宗教と西洋の宗教の対照的な特徴は、かなりの程度、一神教的志向をもつか、あるいは厳密ではないが多神教的といわれる志向をもつかという相違に関連している。一神教は排他性と統制へと向かう。それは位階制を正当化し、一つの至高の目的に奉仕する諸活動の協働を促す理論的根拠を提供する。そのためしばしば、この世における君主制が組織上のモデルになってきた。それとは対照的に、多神教は現象の多様性を受け入れる。そこからはおそらく、自然秩序についての特定のカテゴリーが生まれることはない。ヒンドゥー教における〝梵我一如〟や、仏教における〝涅槃の成就〟のような至高の目的や究極の目標についての概念は、一神教の体系における至高の神性と同じようには機能しなかった。しかし社会学的に見ると、これらの究極的な目標が日常生活において地域の多神教的な傾向に順応したという事実の方が、さらに重要である。そうした複数の神々の受容はシンクレティズム（習合宗教）へと向かいやすいが、この習合化の過程こそが、北伝仏教と南伝仏教の両者において、さまざまな形で仏教の歴史を特徴づけているのである。多神教的な志向性は、宗教的真理についてのまったく異なった表現を受け入れるように促す。それらの間の矛盾さえも、特に有害とは見なされない。そして各々の表現は、自然界の、潜在的には社会的世界の、至る所に現れている究極的実在についての部分的な多くの理解を反映していると見なされるのである。

こうした傾向は、明らかに、ある一つの支配的な伝統が社会や文化を形成できる度合いを制限する。つまり、ある特定の宗教的伝統が他の宗教的伝統を受け入れたり、異質性や矛盾に寛容であった時には、文化的現象への影響力は弱まってしまう。ユダヤ教の、したがってキリスト教とイスラム教の嫉妬深い神は、日常生活に対して、いかなる妥協も許さない命令を与えた。神の意志は社会秩序にとっての掟となり、そこからの逸脱は、少なくとも異端と見なされ、悪魔的なものと見なされることもあった。それに比べて、東洋の諸宗教は、そのような社会的な力を提供しなかった。仏教の受動性やヒンドゥー教の不確定性と寛容性、そして布教における持続的な情熱の欠如が、西洋宗教において一神教が鼓舞してきた厳格さを生み出さなかった原因であると思われる。

宗教と文化との関係を査定するためには、「実際的宗教」(practical religion) と呼ばれてきたものに目を向ける必要がある。実際的宗教とは、村人や家庭をもった人々の宗教であり、後には都市の事務員や工場労働者たちの宗教として、社会的に出現した実際の宗教である[16]。聖典の高尚な概念ではなく、実際的宗教を分析の基盤とした時、ヒンドゥー教も仏教も、それらの公式教理における超越論的な概念にもかかわらず、実際には本質的に内在的な宗教性を生み出していることがわかる。キリスト教との相違点は明白である。すなわち、キリスト教は、前身であるユダヤ教との連続性の中で、東洋の諸宗教よりもはるかに多く、超越論的なパースペクティヴを維持するのに成功した。とはいっても、キリスト教世界に内在主義がよみがえった例がなかったということではない。中世まで生き残った古代の地域的な神々への崇拝から(ときおり、カトリック教会の聖人として生まれ変わる)、異言を唱える現象に現れた現代のカリスマ刷新運動 (Charismatic Renewal) の熱狂にも、それは見られたのである[17]。しかし全体としては、教会の組織と統制の力によって、神聖で超自然的な諸力が現世で作用したというような都合の悪い証拠は、厳格な吟味のもとに服してきたのである。ローマ教会は、きわめて徐々にしか、新たに聖人の列に加える者を認めなかったし、奇跡が起こったという主張を科学的な検証にゆだねることにも慎重であった。神の内在的な作用の可能性は否定されなかったが、教会はそれに対してますます懐疑的になっていった。一般に、神はいまだに人間のわがままや願いを許すものと考えられているが、神の力がこの世に顕れることは期待されていない。すなわち、自然と超自然は明確に区別されているのである。この世界は俗なるものであって、キリスト教の概念によれば、罪に汚れている。神は、こうした俗なる世界から遠く離れ、神に到るには神の慈悲によってのみ可能な存在なのである。

内在論的な概念と超越論的な概念の区別、キリスト教神学から借用したこの区別によって、東洋文化と西洋文化の顕著な相違点のいくつかを指摘できる。しかしもちろん、この用語によって東洋と西洋の宗教が二分されることはない。両者の宗教の内部には、おびただしい多様性があったし、また現在も残っている。超越主義は、仏教よりキリスト教において有力な力であったし、また維持するのに成功してきた。それにもかかわらず、涅槃という概念において、上座部仏教は他のどの宗教よりもはるかに高度な超越論的なパースペクティブを維持している。実際、上座部仏教がその純粋な形態——その基本的規範と矛盾しない形態——においてはまれにしか実践されないのは、おそらく、こうした極端な超越主義のためであろう。ある宗教体系が、ふつうの信者の日常的経験をはるかに超えた理想を抱く場合、また、その概念が通常の理解を超える場合には、人々は、直接的な諸問題に対処し保証を求めるために、他の源泉を探そうとするだろう。純粋な上座部仏教がもつ超越論的な性格は、宗教的安心を提供する他の源泉へと人々を向かわせる結果をもたらした。他方、キリスト教、なかんずくプロテスタンティズムにおいては、神に代わって霊的な助けを与える存在が認められなかったので、その超越主義は「世俗化」をもたらした。ピューリタニズムにおいて神は日常生活からきわめて縁遠いものになってしまい、街の人たちの現世での労働から、したがって大部分の人々の意識からも、完全に追い払われてしまったのである。

六　伝統の改革

特定の文化の内部で周期的に起こる宗教改革や宗教復興、宗教の興隆は、大きな影響を及ぼしてきた。

その影響は現在、かつての宗教的伝統の影響以上に、その後の社会発展の決定要因となっている。日本の歴史におけるそうした契機は、仏教の伝来と普及であった。また、西欧における同様の例は、プロテスタント宗教改革とその余波であった。ここで私が、日本仏教の多くの側面を論じようとすることは、たとえ可能だとしても無鉄砲の誇りを免れないであろうが、仏教が日本固有の神道的伝統よりも、はるかに普遍主義的な志向性を日本に提供したといっても、おそらく間違いではないだろう。その普遍主義的な志向性は、しばしば、そして特に徳川幕府のもとでは、一つの国家内での視野に限定されてしまった。しかし、一国家的な視野——それ自体は、おそらく日本ではたやすく獲得されたが、同時に容易にそれを越えることはできなかった——は、普遍主義への一段階と見なすこともできよう。確かに、西洋のキリスト教諸国においてはそうであった。日本仏教は、能動的な内在的信仰の実践を強調し、さらに、すべての人間が救済を達成できるという理念を主張したが、そこには普遍主義へ向かう強力な要因が存在する。さまざまな宗派が、こうした共通の見通しをさまざまな方法で示したが、慈悲と相互扶助についてのより完全な理念へと向かう注目すべき発展も見られた。それは、現世における倫理的な努力の強調である。この点において、上座部仏教の特徴が、その教理の純粋型では、涅槃の成就へ向けて瞑想と欲望の克服を強調したことにあるとすると、日本仏教は大きく異なっている。日本仏教に現れた現世志向性(this-worldly orientation)は、人間社会を形成するために必要な現世内労働へと、人々を積極的に誘導する源泉の一つであろう。

同様に、ヨーロッパにおいてプロテスタンティズムは、人間のエネルギーを現世的な関心へとふたたび向かわせるものであった。中世カトリシズムにおける修道僧の彼岸志向(other-worldly orientation)に代わって、プロテスタンティズム、最も顕著にはピューリタニズムが、人間の仕事は現世の事物を支配することであり、そうした神の召命に従って労働する（天職にいそしむ）ことが人間の義務であるという心理的な誘因をもって、人々を現世内労働へと向かわせた。(18) カルヴィニストたちは、人は神に選ばれて死後の栄光に運命づけられていると明確に主張はできないが、にもかかわらず、それを疑うべきでもないと主張した。人間の救済を断言もできないが疑うこともないという微妙な線を、ウェーバーは、西洋的な心理状態を決定する重要な文化的要因と考えた。その結果、ピューリタンたちは、現世での天職における成功が、あの世における救済への見通しを暗示するという非公式な仮説を立てたのである。こうして、労働倫理を促進し、人々を現世で達成すべき目標へと向かわせた心理学的メカニズムが形成されたのである。

禁欲倫理の形成の中で、一般の在家信者が中世カトリシズムの修道僧たちが保っていたのと同じ精神で社会的責任を受け入れたが、その倫理の形成は、カトリシズムが支持してきた宗教的分業の排除を要求した。カルヴィニストたちにとっては、今や特別な宗教的達人は存在せず、すべての人間が厳格で献身的な宗教生活に、しかも俗世の中で導かれるべきであった。そして、すべての物事は神の栄光のために成就されなければならなかったのであり、また、その成功が死後の救済という展望を（彼らのビジョンによれば）暗示しているという心理的安心のためになされなければならなかった。道徳法は、善行と悪行の貸し借りを計算することではなくなり、信心深いキリスト教徒が善き行いをするのは、今や、報酬を期待してではなく、彼の神が命じた掟であるからであった。もはや神は、人間の行いによって買収することはできなくなったのである。人間は、結局、自らの裁判官とならなければならなかったし、自らの良心に自ら答えなければならなくなった。いかなる聖職者も人間のためにとりなすことはできず、いかなる儀礼も救済への条件に影響を及ぼすことはできなかった。超越的な神は、すでに人間の運命を前もって決めており、これを変えようとしても人間は何もできなかったのである。

道徳的行為の内的な基準を要請することは、もちろん、文化的に西洋社会を変えることであった。個々人は、今や、神の道具であると十分に意識しながら、全人類への道徳的義務をもって、彼自身の行動を注意深く観察し、真剣に歩む義務を負った。自己をコントロールする新しい規準へのこの強力な要求は、資本主義のもとで生まれた新しい労働秩序の基盤となった。それはまた、人間が自分自身しか頼るべきものはないことを知り始めたということであり、実際、そうしなければならなかった。というのも、もはや神は現世では活動せず、教会は、神の法を教え、人間に宗教的な助言を与える以外に、いかなる役割もなかった。ドラマはすでに書かれており、人間はただ彼らが得られる最良の助言に従って、また彼ら自身の良心に照らして、それを演じるだけであるといえるかもしれない。

プロテスタンティズム、なかんずくピューリタニズムがもたらした結果の一つに、現世での活発な労働と科学に与えた影響がある。この宇宙を支配することは神の遺言であり、人間は、道徳的生活において聖人の基準を維持しなければならなかったのと同様に、天職において、物理的世界の驚異を発見することによって神の栄光を証明しなければならなかった。〃支配〃が重要な概念であった。したがってピューリタニズムは、科学を全面的に推進した[19]。科学それ自体も、人間の宗教的態度に影響を及ぼした。科学自体が、やがて、キリスト教の価値を減少させる主要な要素の一つとなったのである。同様に、資本主義の発展においてピューリタニズムは、新しい形態の事業に人間のエネルギーを解き放ち、さらに業績の達成を追求するよう刺激することによって、〔資本主義の拡大再生産を引き起こす〕誘導的メカニズムとして作用した。人々は当初、現世的な成功によって、神の目から見て価値ある存在であるという個人的な保証を求めた。しかし、二、三十年のうちに資本主義はそれ自身の合理的根拠を獲得し、事業の成功それ自体が目的となり、それが神の意志にかなっているかどうかがさらに考えられることはなくなった。ピューリタニズムのもとで、所与の（神の栄光という）恣意的な目的をもった行為、ウェーバーが実質合理的と記した行為が、資本主義のもとでは本質的には形式合理的なものとなった。そこにおいては、すべての目的は単に近似的な目的への手段でしかなかった。この過程は、いうまでもなく、宗教によって鼓舞された文化変容であった。

したがってピューリタニズムは、西洋諸国においてまったく新しい経済文化と科学文化の発展を促進した触媒であった。ウェーバーが示そうとしたように、資本主義の精神はアメリカのベンジャミン・フランクリン（Benjamin Franklin）の中に、すでに明白であった。もっとも、アメリカはいまだ農業国であったし、フランクリン自身はピューリタンではなかったけれども。しかし経済的発展が限定的なものだったとしても、アメリカにおいては科学的精神は経済と等しく自律的な力であったし、フランクリンはその好例であったと主張することは許されるであろう。資本主義の精神と科学の精神は、宗教的な指導者から解放されて、西洋社会における独立したエートスの一部となっていた。それらの精神を生み出した宗教的な変革力は減少した。しかし、西洋社会の文化は今や変容してしまったのである。

ピューリタン革命は、第一に、西洋社会の商人階級と市民階級に影響を及ぼした。後に、その改革の精神の多くの要素が、幾分変形してメソディスト〔訳注8〕による宗教復興の形成において再現し、イギリスの異なった社会階級に向けられた。イギリスはいうまでもなく最初に産業化が発展した国であり、メソディズムは国民の下層に位置する人々に労働倫理をふたたび力強く表現したのである。その教えは、ますます非人格化していく資本主義社会において、労働に献身する人間を形成するための諸美徳を強調した。それは勤勉さ、誠実さ、意欲的態度、倹約、まじめさ、平静さ、几帳面さなどであった。この新しい福音主義的なキリスト教の形態が、広範なあまり教育のない人々に訴えかけたことを考えると、メソディズムの教義がカルヴィニズムの予定説ときわめて異なっていたのは当然である。予定説によれば、死後に救われるか呪われるかという運命は、記憶以前から神によって確定されている。カルヴィニズムは、教会における民主主義的な統治形態を神から選ばれたとする貴族主義的な理想に結びつけたエリートの心理学に立っていたが、それに対してメソディズムは、多くの労働者により適合した心理学に従って作用した。教会の統治形態においては、メソディズムは（ウェズレーとその継承者のもとで）本質的に独裁的であった。しかし、死後における救済の約束については、大衆的であったという点で民主主義的であった。救済を選択する人間の自由意志が、重要なものとして強調されたのである。人間は救済への道を選べただけでなく、潜在的な改宗者に対する幾分粗野で直接的な主張の中で、メソディズムはまた、人間はすでに救済されていることを保証されていると説いた。カルヴィニズムとメソディズムという二つの運動の心理学が異なっているとしても、労働倫理を広く広めたという効果においては類似している。すなわちメソディズムは、アングロ・サクソン世界の労働者たちの間に、真剣に働く慣習を広めたのである。

救済の可能性がしだいに拡大することは、宗教の歴史においてまれな現象ではない。確かに長い期間にわたる宗教の発展においては、儀式の手順や公式教義、社会組織がますます洗練され、制度化され、また、聖職者階級によるますます閉鎖的な独占が起こったりもしたが、他方で、儀式や教義、組織などの付着物を簡略化し、よりすみやかな救済への道——社会学的にいえば、人間が宗教的源泉に求める安心へのすみやかな道——を提供しようとする新しい運動の勃興にも注目することができる。この過程では、より合理的な儀礼手順と組織構造、より簡素な教義などによって在家中心化の傾向が示され、救済の可能性がより広範な人々に開かれるのである。(20)

このような問題を念頭に置いて、まさに多面的で複雑な歴史をもつ日本の仏教を検討することは有益である。日本では、さまざまな系統に分かれて諸宗派が発展したが、その中には人間の救済可能性を事実上普遍的に可能であるとする宗派もある(21)。浄土宗は、阿弥陀仏への信仰にすがって浄土に生まれ変わることで救済されると主張したが、これは、宗教改革の厳格さがプロテスタントの間で衰えた時に一般的に人気を得たアルミニウス主義〔訳注9〕に幾分か類似している。アルミニウス主義は、救世主のはからいによって誰でもが救済されると主張する。浄土真宗はさらに一歩を踏み出し、すべての人は、たとえ自覚していなくても、すでに救われているのだと宣言した。これもまた、キリスト教のある運動の発展を思い起こさせる。キリスト教の諸教派の中でも、普遍主義者たちは同様の立場をとった。また、モルモン教やクリスチャン・サイエンス〔訳注10〕にも、類似した普遍主義の傾向が存在する。誰もが救われることになっているのである。

七　世俗化の衝撃

宗教的な諸伝統が東洋と西洋の文化に及ぼした影響が、かつてはどのようなものであったにしても、近代世界においては、宗教の社会的影響力が減少する過程が事実上普遍的に見られるようである。社会学者たちに世俗化として知られている過程である。宗教が社会的意義を失ってきた経偉を詳細に見ると、東洋文化と西洋文化の異なった歴史的文脈の中で、さまざまな特殊な要因が働いたことはいうまでもない。西洋の宗教の衰退は、西洋文化の形成にとって新しい、より強力な影響力を及ぼす機関の出現と連動していた。特に、すでに指摘した二つの要因、すなわち科学の進展と国家の発展である。また、宗教の変化という過程それ自体も、より世俗的な社会へ向かう発生期の動向に順応しただけではなく、ある側面では、社会の世俗化過程それ自体を触発したともいえよう。

プロテスタンティズムは、宗教理念と日常生活の両者の合理化を著しく促進したキリスト教の改革であった。プロテスタンティズムは、一般的なカトリシズムが保持していた過度の権力を縮小することによって、それを行った。厳格な超越主義でもって、それはローマ教会が保持してきた内在的要素の残存物を除去した。呪術的な仲介や特別な聖地、遺物、寺院などが、すべて非難された。秘蹟についての呪術的な解釈は廃棄された。それ以降、儀礼は固有の力を顕現する行為としてよりは、記念行事と見なされることになった。キリスト教における最初の数世紀に、ローマの司祭たちは神秘的な力の属性を着実に獲得し、彼らの役割は極度に聖職的なものになった。それに対して、宗教改革者たちは聖職中心主義を拒絶し、ローマ教会の聖職者のスタイルと行為を特徴づけるようになった神秘主義的な主張を否定した。司祭職とその機能の神秘性がはぎ取られ、〔信徒を世話する〕司牧（ministry）の役割へと縮小された。プロテスタントたちは聖職独身主義を廃止した。この聖職独身主義はカトリック教会において聖職者が特殊な地位にあるとの主張を強化し、司祭職は高潔なものであるという意識の涵養に貢献したのである。聖職独身主義の廃止は、もちろん日本仏教の発展の中にも同様に見出すことができ、宗教の脱神秘化の過程における重要な一歩を示している。

二百三十年ほどのちのメソディズム運動において、叙任された聖職者と並んで働くように組織された平信徒司牧者（lay ministry）が認められたことは、同様の一般的動向の続編であった。儀礼と司祭職は、キリスト教における真正の制度、また礼拝における不可欠の要素として、十九世紀後期に強く擁護されていたにもかかわらず、しだいに重要性を失っていった。聖職者が担う他の機能が新たに強調されて、より専門的なスタイルが生み出された。牧師による信徒の世話、集団指導制、教会の経営、非公式な目的別集団などが、礼拝と典礼上の細目を伴った旧来の先例に取って代わったのである。司祭の役割に関する現代神学による再解釈や、一九六二年以来ローマ・カトリック教会による司祭職と典礼に関する既存の多くの主張の放棄という事態に照らして見ると、カトリック教会と英国国教会において十九世紀と二十世紀初頭に起こった儀礼と典礼の復活は、西洋の宗教史における長期にわたる支配的な潮流、特にプロテスタンティズムに最初に顕在化した潮流に対する、一時的な、またおそらくは誤った反応以外の何ものでもないと考えられる。(22)

キリスト教に起こった〔以上のような〕非聖化（laicization）と初期の合理化は、西欧文化全般における科学・技術の影響力の着実な増大と完全に共鳴したものであり、また社会自体が体系的に再組織化される方法とも一致している。もちろん、その展開の経過は一様ではないが、二十世紀の第三・四半世紀（一九五〇〜一九七五年）には、ローマ教会においてすら儀礼重視から合理的運営の重視へと政策の劇的な方向転換が見られたのである。手段的な価値とそれに伴う同様の精神的態度が西洋文化の支配的なモードになり、宗教にも影響を及ぼした。宗教は今や、かつて広く行ったような世俗的価値の形成に代わって、しだいに手段的価値や態度によって形づくられることになった。

大乗仏教の伝統においては、在家信者の関与を促す可能性が、つねに上座部仏教の場合よりはるかに大きく保持されてきた。大乗仏教は、世俗社会での生活に必要な実践的な志向性に対してははるかに好意的であり、たとえ地域社会のレベルでしばしば民俗宗教や呪術的関心への順応によってそこなわれたとはいえ、世俗的な労働倫理の形成にまったく無関係であったわけではなかった。自分自身の願望の満足よりも他者の幸福を重視する理想は、社会的責任と市民としての責任の強固な態度を育む命令であり、それらは世俗生活に影響したに違いない。大乗仏教にも、もちろん欠点があった。それは、対立する宗教的価値や世俗的価値に対抗する排他性であった。大乗仏教には、対立する諸見解を非難し、自らの倫理規定の強化を可能にする組織構造が欠けていた。また大乗仏教は、国民国家社会が容易に採用できるような適切な政治的表現、もしくは公式政策ももっていない。しかし、大乗仏教には興味深い逆説が見られる。カルマ（業）の教義は、少なくとも一般に理解されているものとしては、人々がそれに関連づけることで、直接的な道徳的・物的失敗への弁明を自分自身で見出すことを可能にする。同様のことが、倫理的責任から逃れる社会学的に見て同義のテクニック、つまりローマ・カトリシズムにおける司祭への罪の告白によって得られることは（神学的には、その意図が実際にはないにもかかわらず）、一見して明らかである。両者とも、失敗への弁明が提供されるのである。しかしわずかな知識に基づいて、たとえば日本における社会的および道徳的な責任倫理のあり方と、ローマ・カトリック諸国では同様の倫理がどの程度欠けているかを比較するだけで、両者の文化的な対照性は驚くべきものである。日本人の間できわめて高い市民的責任の水準が維持されていること（ある著名なイギリスの経済学者をして、日本人を「世界で最も偉大な国民[23]」と呼ばせた事実）は、仏教に由来するのであろうか、あるいは、他の何らかの宗教による国民性と文化への影響によるのであろうか。

プロテスタンティズムが西欧と北欧の諸国において労働倫理の創造と、それに伴う特質をもった市民道徳の創出に及ぼした影響については、十分な理論的展開がなされている。しかし日本については、多くの異なった特徴とともに本質的に似たような特徴をもっているのだが、より完全な社会学的分析の必要性が叫ばれている[24]。たしかに、日本の新宗教運動の中での近代的な大衆仏教運動の復興に、そうした諸価値の意識的で明確な、そして力強い再主張が見られる。そして、これらの運動が現代において強固な責任倫理を奨励し続けていることは間違いない。しかし、そうした倫理の起源や源泉は、私にとっては、いまだ明らかではない。

現代の世俗社会は、ますます合理的な原理によって組織され、計画された経験的目標に献身し、超越的な実体や国家にではなく民衆の意志に照らして正当化されるが、そうした世俗社会の文化といえども、過去数世紀に及ぶ宗教の教えが人々の精神的傾向や存続している諸制度に与えた影響を引きずっているようである。異なった文化に住む人々の精神世界は、たとえその言語を自在に使えるとしても、われわれにとってはは神秘的なものであり続ける。このことはまた、同じ文化遺産のかなりの部分を共有しているわれわれ自身の社会にも当てはまる。こうした相違のいくつかは、宗教の歴史の相違に帰因している。ヨーロッパでは、カトリックの国や地域とプロテスタントの国や地域との相違は、たとえその社会において宗教がかつて享受した影響力の残影しか見出せないとしても、一見して明らかである。またイングランドとスコットランドの場合のように、異なったプロテスタント諸派に関わってきたプロテスタント諸国の間ですら、これらの異なった宗教的世界がもたらす文化的な堆積物が、いまだに広範な日常的文化現象の中に容易に見出せる。現代のそうした相違を生み出した特殊な要因は明らかに数多くあるであろうが、ある一つの重要な宗教的伝統内で特定しうる多くの要因の中で特に重要な一つの変数は、世俗社会の形成期にみなぎっていた人々の精神的傾向である。キリスト教の神学者たちは、特定の教会エリートたちに由来するかもしれない世俗文化に、それぞれ特有の態度をとった。ある時代には、教会当局は宗教を世俗文化を完全に超越したものと考えた。また他の時代には、世俗文化に対立した。また、世俗世界を最も完全に表現するものが宗教であると考えた場合もある[25]。しかし、世俗文化に影響を与えた宗教内部のあらゆる相違にもかかわらず、少なくともきわめて広い意味では、世俗社会への宗教の影響の歴史における重要な基盤となった一般的な特性のいくつかを示すことは可能である。私は、キリスト教には西洋の文化に引き続き影響を与え続けてきた一般的な特性があると考えており、それらのうちで最も重要だと思うものを、東洋諸国の状況と簡潔に対比させてみたい。

八　社会統制の性質

おそらく、歴史上さまざまな形をとったすべてのキリスト教に全体として共通している最も顕著な先入観念は、罪の概念である。キリスト教神学は、人間を生来罪深いものであると定義する。そして、人間の罪深さの起源は、ある点では、最初の人間でありながら神に服従しなかったアダムの原罪からもたらされたと考えられている。原罪は人間のセクシュアリティに由来するものであり、人間のすべての具体的な弱点が生じる肉欲的性格は、人間がその存在のまさに当初に悪魔の誘惑を受け入れたことに帰せられる。その結果、キリスト教徒はつねに罪深い存在となった。キリスト教徒が罪深いのは、人間だからである。キリスト教は人類のもろさを教える。とりわけカトリシズムにおいては、人間は罪から逃れることはできず、その結果、罪深い債務から解放されるまで人間は必ず死後に罰せられるだろうと強調した。キリスト教神学における道徳上の摂理は、地獄における永遠の苦悩として、あるいは死としてさまざまに描かれてきた人間の罪の最終的帰結から、人間を救い出す救世主としてイエス・キリストがやってきたことにある。伝統的なカトリシズム思想においては、人間は何らかの懲罰を受けなければ罪から完全には逃れることができないが、キリストの犠牲の行為は罪がもたらす結末から人々を救い出し、その罪を贖うためのものであった。人間が楽園に到達するという終局的な希望をもったということさえ、罪の告白ののちに、人間に代わってキリストが神へ取りなしをしてくれた結果であった。明らかに、こうした図式の背景には旧約聖書におけるユダヤ教的な神概念があり、その神は、彼に従わない者を罰すべくつねに待ちかまえており、懲罰を下さんとする厳格な父なのである。

ヨーロッパ文化がキリスト教化されていく中で、こうした罪概念は素早く社会統制のシステムの中に組み込まれ、人間に道徳的行為を求める教会の関心が服従と社会秩序を求める世俗的権威の要求と容易に結びついた。教会は公的な礼儀作法の保護者となり、人々に善い行いを要求する国王と国家に超自然的な正当性を与えた。教会が罪深い行為と定めたものを、しばしば世俗的な権威者たちは不法な行為と見なした。したがって、個々人は、教え込まれた罪の意識という負荷によって自己統制を維持する必要があると同時に、不法とされる行為に対する公的な処罰の予測にも直面せざるをえなかった。この良心の内在化過程は宗教改革によって、さらに特にカルヴィニズムによって大いに加速された。司祭への私的な告白が廃棄されて以来、人間は自らの良心の維持者となった。かくして、社会統制の諸機関による規制から個々人自身のセルフ・コントロールに依存した規制へと、規制の重心が移動した。その結果、心理的な負荷ははるかに大きくなった。というのも、カトリシズムにはある種の「安全弁」が組み込まれていたが、カルヴィニズムはそれを拒絶したからである。カトリック教会は、人間は罪を犯すべきではないと説いたが、人間のもろさや誤りやすさ、固有の罪深い本性を認め、人間は罪を犯すのを避けられないという事実と折り合いをつけた。つまり、そうした事実と調停させる制度として、告解制度を設けたのである。他方、カルヴィニズムは、人間は罪を犯すべきではないと要求しただけであり、人間の本性のもろさを許すことはなかった。カルヴィニストは罪を犯してはならず、聖徒としての人生を送るためには、すべての罪深い行為と欲望を排除するために自らの行動と思想を再吟味し続けなければならないのである[26]。

キリスト教による罪の強調と、その教えが引き起こした罪深さの意識は、西洋社会における文化的帰結として、異常なほどの宗教と道徳との相互結合を私的なレベルと公的なレベルの双方で生み出した。悪しき行為は、邪悪な影響を超自然的な力によって誘発させる原因と見なされただけでなく、正しい宗教的信念への直接的な侮辱としての意味をもった。さらに、そうした否定的な行為は、少なくとも社会的評価を尊重する十分に社会化された個人においては、神の意志に背くことを恐れるという心理的な反応を生み出す結果となった。人々が自らの行動について心配したのは、それぞれの行為がいつか将来に知られざる結果をもたらすからではない。むしろ、それぞれの邪悪な行為——日常の経済的・社会的交流とならんで、神聖なものへの違背あるいは性的な規制違反といった行為——が、自分の魂が破滅へと運命づけられているサインとしてとられかねないことを恐れたのである。キリスト教徒にとって、地上の生活は神の意志を実行し、永遠に至福の生活を求めるための唯一の機会であった。つまり彼らにとって、現世での生活は無数の輪廻転生における一コマではなかった。〔仏教などの主張に見られる〕輪廻転生の過程における不幸や失われた機会は、遠い過去から受け継いだ悪いカルマに帰されるであろうし、人々は未来にもまた転生することと、その時にこそ最終的な解脱に向けてより良い前進をしようと思い起こすことで、自らをなぐさめることもできた。

ピューリタニズムと、十八世紀および十九世紀に続いた敬虔主義的および福音主義的なスタイルのプロテスタンティズムにおける責任の私化は、いくつかの西洋諸国の文化にきわめて大きな影響を及ぼした。内在化された統制への依存は、道徳化をめざす強い性向を人々に獲得させ、これらが非公式に操作されたとしても、にもかかわらず人々は特殊な文化スタイルを形成するようになった。そのスタイルは、しばしば考えられているような中産階級の間だけではなく、自らを「相当な地位のある」ものと考える下層階級のかなりの部分の間でも支持されたのである。プロテスタンティズム諸国では、公的な行為は道徳的精査の対象となり、公的人間の私的な道徳が周期的な関心事となった。宗教が最も勢いを得ていた時代には、「汝よりも神聖な」生活を生きることが関心事となり、お互いの良心を非公式に保ち合うことが西洋のプロテスタント社会の特徴となり、道徳上の弾劾が非難の特徴的様式となった。上座部仏教および大乗仏教の両伝統において共通して見られる仏教社会における道徳的な寛容は、〔こうしたプロテスタント社会における〕道徳的な非寛容と鋭い対照をなす。この道徳的非寛容は、しばしば政治的表現を獲得するとともに、長い期間プロテスタント文化に典型的なものとなった。そこでは公的な評判と私的な道徳、特に性的な道徳性が強く結びつくことになった。しかしながらより長い歴史において見ると、罪深いものという心理的な制裁の強さの方が、他の宗教的伝統に見られる行為と責任を結びつけるあまり厳格ではない概念よりも、高い道徳的振る舞いの基準を生み出す上でより効果的だったのかどうかは疑わしい。

西洋で宗教が衰退した時、そしてピューリタニズムに固有な合理主義的な諸力がその宗教的起源からの自律性を獲得した時、道徳的な正しさという意識もまた、文化的遅滞の結果、やや遅れてではあるが、衰えてしまった。宗教の衰退に続いて、その明白で直接的な帰結ではないが、道徳の崩壊過程が起こり、いわゆる「新しい道徳」(new morality) あるいは「放任道徳」(permissive morality) が生まれた。ある哲学者は数年前に「道徳とは何であったか」という一連の講義を行うことすらできた。道徳の時代の終焉を、彼が認めたことを示すものであった[27]。「自身のことをなせ」という強調は、道徳をめぐる社会的コンセンサスの消滅を示す、もう一つの例である。この事象は、最初はかつてのプロテスタント社会で、続いて名目上はいまだカトリック社会において起こった。宗教と道徳の間の絆が密接であったため、宗教の衰退は必然的に道徳について不信を生む過程を結果としてもたらし、また、かつての道徳化をめざす態度と現代文化における道徳の役割についての真正の関心の双方が放棄されることとなった。その結果、子どもたちの社会化は現代社会における大きな課題となった。宗教的見解による補強がなくては、教師が、あるいは親でさえ、子どもたちに道徳の指導を行うことは難しくなる。〔道徳的規範に関する〕コンセンサスはなくなり、はっきりとした道徳規律に対する公的な支持は消滅してしまった。〔他方〕宗教が道徳的行為のための特定の命令を直接与えなかった社会では、こうした崩壊の結果は避けられるかもしれない。ただし、西洋で現在顕著な一連の道徳的に容認主義的な行動を東洋諸国が単純に模倣しない限りにおいてではあるが。

異なった社会におけるおびただしい文化的相違のうち、すべてが宗教による特殊な影響に帰されるわけではない。しかし大部分の社会学者は、宗教の理念や実践、宗教的態度が、かつて社会を形作る上で決定的な力となったことを疑ってはいない。社会学自身が初めてそこで発展した文化である、西洋社会とその文化に多くの関心が払われたのは、理解できることである。しかし、その方法は今や、社会の組織化や他の諸社会の発展に影響を与えた宗教的理念・実践・制度の役割について、より公平で客観的に研究するために開かれている。これらの研究は、しかし、現代社会で最も強力な潮流となっている世俗化の過程が、さまざまな文化における顕著な宗教的相違を浸食してしまう前に行われなければならない。今日、多くの社会の宗教的な遺産はしだいに拒否され、宗教的な世界観は科学技術による通告に取って代わられ、宗教によって作り出されてきた社会生活の諸局面は徹底的に変えられた。その過程自体が、人間が文化と呼んできたものへの脅威であり、また、人々が所与の世界でさまざまな諸関係を仲介し、物事を秩序づけてきた文化的産物、規範、価値、態度、集合的心的構成物への脅威なのである。科学が価値に対してもつ意味は、おそらく寒々としたものであり、ますます合理化される世界秩序の中で、社会階級や民族集団、地域、年齢集団ごとの文化的特色だけでなく、諸社会全体の文化的差異も完全に除去されてしまう。どのような発展が起こったとしても、文化的な豊かさと多様性や人間精神の独特な表現の喪失を、何らかの方法で補いうるような政治的・経済的利益があるだろうとは、私には信じられないのである。

現在、西洋においては宗教の残存物が減少しつつはあるが、それでも今のところはまだ明らかに存在している。しかし一般的には、西洋文化は過去の宗教的遺産に寄生しながら生きているにすぎないといえるであろう。宗教的価値が衰退した時に、どのような社会が出現するかはまったく不明である。それは芸術や上層文化に対して影響を及ぼすだけでなく、おそらくより重要なことには、市民秩序や社会的責任、個人の誠実さの基準に対しても影響を及ぼし、その結果、西洋文明自身の未来が危機に陥ることになりかねないだろう。こうした結末に至るかもしれないと述べたとしても、もちろん、文明化された秩序の維持にとって、西洋社会に特殊な宗教的価値が本質的に保証していたとか、特別に必要であったと暗示しようとしているわけではない。むしろ、少なくとも西洋社会においては、かつて宗教によって与えられた、あるいは少なくとも支持された諸機能が、今や機能しなくなっていることを示唆したのであり、したがって、何らかのそうした宗教的機関の働きなしに、未来における生活条件は十全に人間的なものとなりうるのだろうかと、問題を提起しているのである。

第四章　セクトの社会学

「セクト」という概念には、きわめて特殊な歴史がある。英語におけるこの用語は、宗教的に分離した集団を指す。しかし、歴史的に見て、キリスト教世界内部で用いられた場合は、明確に軽蔑的な意味を含んでいた。セクトは異端信仰に関与した運動とされ、また、しばしば正統の宗教的方式から逸脱した儀礼行為や実践にも関与した運動とされたのである。実際、キリスト教のセクトは、教会の礼拝式をしばしば拒否し、(神と人間との仲介者として、正当な宗教的機能を行使する独占権をもつと主張した) 司祭による礼拝は必要ないと宣言した。セクトという用語が社会学で用いられるようになったのは、ドイツの神学者であり社会学者であったエルンスト・トレルチ (Ernst Troeltsch) の著作からであった。彼は、チャーチとセクトという、キリスト教内部の基本的に対立的な組織形態の二類型を区別し、特徴づけようとした(1)。トレルチが考えたチャーチのモデルは、当時の国民国家に見出せた教会であり、とりわけ、ドイツの福音派教会であった。しかし彼はまた、プロテスタントの諸国教会よりもはるかに普遍的であると当然ながら主張するカトリック教会に対しても、この分析を適用しようと考えていたのである。

一　類型論と宗教変動

チャーチとセクトという対比は、歴史的に限定されてもいるし、宗教的にも特定のものである。トレルルチは、彼が浮き彫りにできた、宗教組織におけるそれぞれの類型に明白な特徴を用いることによって、その対比を一連の二分法的な変数として提示した。もちろん彼は、これらの用語をキリスト教の宗教運動が展開する共同体以外へ適用することを示唆してはおらず、また彼の分析は、歴史的に限定されたものであり、わりあい具体的なものであった。トレルチは、セクトという用語が一般の議論の中で帯びている軽蔑的な意味合いを無視したし、後続の社会学者たちも、この概念を厳密に中立的に用いてきた。それにもかかわらず、日常の会話の中では、この用語は軽侮的な意味合いをもち続けている。

この困難さが、単に概念の使用に伴う問題であるだけならば、無視することもできるだろう。しかし、この用語からは、その神学的な起源によって、また社会学的議論以外で用いられることによって獲得してしまった暗黙の意味が取り除かれなければならない。先進諸国に代表されるような多元社会においては、チャーチとセクトを対比する意義が――キリスト教教会が（他の宗教よりも明らかに法律上の特典に浴すという意味で）「国教」とされている国においてすらも――、かなり低下したことが明らかになっている。このような比較を行うことは、社会学的分析に役立つというよりはむしろ妨げになると見なされるだろう。なぜなら、今日ではセクトは、通常、国教会からの分派として起こるのでもなく、教会に対する特別な抗議として現れるのでもないからである。西洋諸国で教会に行く人々の大半は、信仰に深く関わる敬虔な人々ではない。教会へ行くのは、たいてい慣習的なものであり、いくつかの点において、そして、ヨーロッパよりもアメリカにおいていっそう顕著なのであるが、教会行事と宗教的礼拝の内容それ自体も、かなり希薄なものになってきているのである。教会内部は、内的世俗化（internal secularization）の過程にあり、それは、教義をめぐる混乱が広く見られることに現れ、また、典礼をめぐる不確かな主張や、教会学への無関心や、多くの点で宗教的権威に対して広範であからさまな挑戦が行われていることに現れている。

信仰の対象や実践、正統性の主張、あるいは権威といった特定の問題をめぐって、教会から分派として離れた礼拝参加者たちの間でセクトが生じる可能性は、今では相対的に少ない。概して、セクトは、教会の外部にいる人々の間で、あるいは少なくとも教会にほとんど直接的な関わりをもたない人々の間で生じるのである。セクトのメンバーは、一般に、特定の信仰に対して教会の信者よりも強く関与するが、チャーチとセクトという二つの類型の間には、組織においても構成員においても、必ずしも特定の関係はない。

もはや、チャーチとセクトの旧来の関係は存在せず、また、トレルチが宗教組織の二類型を特徴づけようとした二項対立的変数も、もはや有効ではないが、こうした変化はチャーチ型の組織の衰退によってもたらされた。逆説的になるが、この用語をより広く緩やかな意味で使うならば、今やセクトは、チャーチよりも普遍的なものであると言えるだろう。すなわち、現在、分離した信者集団はきわめて多く存在するが、それらはもはや自己定義のためにチャーチに準拠することはない。しかし、トレルチが提唱し、後続の社会学者たちが洗練してきたセクトの基礎的な特質は、一般的には、これらの運動を社会学的に理解するためにはいまだ適切であるし、繰り返される価値があるといえるだろう。

キリスト教の場合に見られるように、セクトは次のようなさまざまな特徴を示す。

①セクトは、二重の忠誠を容認しないという意味で、排他的な傾向がある。すなわち、セクト信者は、ただ一つの宗教教義しか信奉せず、ただ一つの会員資格しかもたない。

②セクトは、自らが完全な宗教的真理を独占し、他はそれをもたないと主張する傾向がある。この真理は、信仰、礼拝、社会的実践、倫理、政策といったあらゆる局面、また人間に関わるあらゆる領域のための枠組みを与える。この真理はまた、自然界の理解を含み、宇宙の根底に存在すると考えられる目的や秩序の理解も含んでいる。

③セクトはまた、俗人組織である傾向がある。セクトは、専門的な職員や組織人の一団を発展させるかもしれないが、一般的には反聖職主義的である。このことは、すべての人間が真理に接近する平等の可能性をもつとするセクト信者たちによる仮定に含意されている。そのような仮定がセクトの運動においてきわめて頻繁に表明されたということは、優勢な正統性――聖職者階級の主張によって保証され支えられていた正統性――からの離脱を正当化する必要があったからである。

④特に、宗教的実践に関するかぎり、セクトは、宗教的分業を拒絶し、また創始者や指導者等の特定の場合を除き、いかなる者も特別な宗教的卓越性をもっていないと主張する傾向がある。宗教的義務は、(セクトがしばしばその信者を定義しているように)「真理を受け入れる」すべての人に平等なのである。

⑤したがってセクトは、自発主義(ヴォランタリズム)によって特徴づけられることを意味している。個々人はセクト信者であることを選択し、ふつう、信者として受け入れられるためには、(教義の知識、生活の質、よい地位にいる信者の推薦、入会式または儀礼の執行等の)何らかの功績のしるしを示すことが要求される。

⑥セクトは、この最後の要求に従って、信者の規範を維持することに関心を払う。通常、セクトは、不適格者やわがままな者に対しては処罰を行い、セクトから除名することも珍しくはない。

⑦またセクトは、全体的な忠誠を要求する傾向がある。西洋諸国では、いかなる伝統的な教会の信者も、日常生活の生活様式、道徳、関心、余暇時間の使い方などについては、宗教に拘束されていない人々や、まったく世俗的である人々とあまり異なっていないように思われる。しかし、このことはセクト信者には当てはまらない。セクト信者は、宗教的忠誠によって強く特徴づけられており、その忠誠が生活の全領域に際立った影響を及ぼすことが求められる。その人がモルモン教徒であったり、セブンスデイ・アドベン

ティスト〔訳注11〕（Seventh Day Adventist）の信者であったり、エホバの証人〔訳注12〕（Jehovah's Witnesses）の信者であったりすること自体が、その人にとって唯一の、一番重要な事実なのであり、他のどんな情報の断片よりも、その人について多くを語るのである。

⑧最後に、セクトは抗議する集団である。その抗議の方向は、チャーチとセクトという二分法的関係が弱まるとともに変化してきている。かつて、中世ヨーロッパにおいては、セクトが、教会の教義や司祭に対する第一の、そして最も主要な抗議者であったことは間違いない。しかし、教会が弱体化した現今の状況下においては、また、近代的な産業化を果たした西洋世界における寛容な多元社会においては、教会はもはや主要な抗議の対象ではない。もし、セクトがまだ抗議集団であるならば——私はそれを支持する強い理由があると考えるが——、それは他の宗教団体に対して抗議するのではなく、世俗社会や、さらには国家に対して抗議することもある。セクトは、個人の振る舞い、人間関係や責任、社会的関与を含む宗教的実践や遂行の規準を主張する（これは、必ずしも直接的な政治用語で表現されるものでもなく、おそらくそれはまれであろう）。セクトの「憲章」〔訳注13〕は、生活において、またおそらくは宇宙において発見されるべき、より高い目的の解釈として規定されており、セクトは、その憲章に従って、人々がいかに生きるべきかを指し示す。これらの信念の中には、世俗社会の感覚や、ときには国家の要求からかけ離れたものや、おそらくまったく対立するに違いないものも含まれている。セクトは、いまだに抗議する集団として存在しているが、それは、他の人々の特定の宗教的傾向や、教会の権力や態度に対してというよりも、世界の社会的、文化的、政治的状況に対して抗議をするのである。

　こうしたセクト運動の特徴は、チャーチやデノミネーションという他の宗教組織の類型からセクトを区別する要素を明らかにするために、またセクト運動の本質的な性質を浮き彫りにするために、社会学者たちによって採用されてきた。自発的な関与が、しだいにあらゆる宗教運動にとっての特徴となってきたことから、多元社会の発展には、セクトを、少なくとも組織類型としてはあまり特殊なものでなくする効果がある。近代国家では教会は特別な地位を主張できなくなり、正統宗教への献身も弱体化するにつれて、チャーチもまたデノミネーション化する傾向がある。自発主義が——他の生活の分野におけると同様に——宗教にとっても当たり前のこととなり、また、久しく強制力を失っていた国教会は、一般大衆に対する慣習的な影響力すらもますます失っており、世俗国家の諸機関と相互に補強し合うという、かつて享受していた地位を放棄するよう、まさに強制されているのである。これらすべてに加えて、世俗化の影響があげられる。世俗化は、慣習的な宗教にとっては勢力の喪失を意味したが、セクトにはそのような影響は与えておらず、実際、すでに指摘したように、セクト信者の抗議の重要な焦点となっているのが世俗文化なのである。世俗化が加速度的に進行する中で、教会がその支えと影響力とを失う一方、まさにその同じ状況のもとで、世俗を拒否する新たなセクトが発生し繁栄すると予測することすらできるだろう。

しかし、現代文化のすべての局面が、セクト運動が一般的に支持してきた原則と完全に不調和なわけではない。現代世界においては、権威があからさまな攻撃を受け、また旧来の権威構造が信用を失っているために、セクト信者の抗議も、あまり例外的なものには見えなくなっている。たとえばキリスト教の教会では、聖職者の主張はひと頃よりは強調されなくなり、聖職尊重主義が活発に述べられることも少なくなった。今や、ローマ・カトリック教会の内部にさえ、司祭と平信徒との区別の縮小をめざす主に神学者たちの声があり、そのような区別は過去の教会が不法に創作したものであるとさえ主張されているのである。(2)ローマ教会は、遅まきながらプロテスタンティズムの教訓に学んだのであり、教会典礼や位階秩序、司祭職の権威は、民主的な礼拝のパターンに順応しつつある。英国国教会では、三世紀ほど前に激しい迫害を引き起こした教義の条項が、今や捨て去られた。それは、遠い昔にセクト信者たちがとった立場に非常に近い主張のためであった。少なくとも教会の権威に対抗するという点では、今日のセクト信者は、かつてよりも明らかに過激ではなくなった。もちろん、チャーチとセクトは、各々の特定の運動についての独特な教義と実践によって特徴づけられるが、おそらく、セクト信者を他の人々から最も明確に区別するものは、彼らの献身の強烈さであろう。

セクト運動の教義は、道徳的価値の問題については、正統的キリスト教の伝統的な道徳志向性と本質において根本的に異なっているわけではない[3]。しかし、セクトは、いっそう強力かつ周到に道徳的要求を行い、多くのものを求める。しばしばセクトは、キリスト教信仰の内部でつねに議論され確認されてきた伝統的価値を強調するが、セクトの場合は、教会の場合よりも信者に対して多くの効果をもたらす。また、セクトは、きわめて高い規準の倫理の実行を要求する。もちろん、いくつかのセクトは、特に献身の「復興」をねらう意図的なキャンペーンから発生した。その独特な強烈さだけでも、伝統的なデノミネーションからセクトを区別するのに十分である。セクト信者の目には、伝統的なデノミネーションの信者たちは、世界と妥協した手ぬるい人々と映るだろう。セクト信者たちは、日常生活での献身をはっきりと示すので、たいていはその道徳的振る舞いにおいてその独自の宗教的志向性が明らかになるし、また、しばしば自分たちが高潔な道徳をもつ独自な存在であることを、生活の中で他の人々に証明しなければならないという強い感情をもつ。したがって、いくつかのセクトは、信仰の初期のメッセージと見なされるものへの強力な回帰を主張し、それに応じる新たなレベルの献身と実践を要求しているといえよう。こうした状況は、ある特定の運動が拡大していく初期の段階に、最も際立って見えるものである。

二　理念型分析とセクトの力学

ここまでセクトの諸特徴として概説されてきた内容は、社会学者たちが「理念型」(ideal type) と呼ぶものである。[4] すなわち、われわれが特徴づけてきた諸要素——排他性、全体的な献身、抗議への志向性、自発主義、功績による加入等々——は、予想されうるセクトの特徴として定式化されているのである。これらは、ある構造の論理的に一貫した諸要素が示されている広義の定義として述べられる。われわれがセクトとして認知するものの経験的な事例は、実際には、これらの予想のいくつかにしか一致しないことをはっきりさせておかなければならない。一般にセクトとして認められている運動が、特定の歴史的理由や、恣意的あるいは偶然的な状況のために、こうした理念型的な「セクト」の記述から特殊例として逸脱することがあるかもしれない。理念型は、実際の事例とは相違することを十分わかった上で構成されているものであり、社会学者が所与の経験的事例を説明するために、今何を追求すべきかを指し示すものであるから、理念型と経験的な事例とのそうした隔たりこそがまさに有益なのである。もし、すべてのセクトが、すでに知られている理念型に完全に適合するならば、個々のセクトを十分に「説明する」理念型を構成することが許されている証拠である。他方、理念型は、その論理整合性において、信憑性のあるものとして経験例に十分に則したものでなければならず、また、その現象の一般化された一連の特質として説得力をもたなければならない。現実は理念型のパターンには適合しないし、理念型の価値は、安定した定義を提供することにある。すなわち、類型とは、実際の経験例を研究するための〝測定棒〟なのである。それは「敏感な」道具であり、社会学や歴史学によって調査されるべき、ある特定のセクトがもつ独自の特徴へ注意を促すものなのである。

トレルチは、マックス・ウェーバー（Max Weber）が考案した分析に従って、「セクト」の最初の一般的な理念型を提示した。しかし、トレルチの経験的な証拠資料——彼が類型学を構築するもととなった素材——は、彼がよく精通していた中世ヨーロッパのセクト運動に関する歴史的な資料によってきわめて強く色づけられている。実際、そのセクト概念は、独特なキリスト教の起源や、それが生み出された特定の歴史的・文化的状況によって影響を受けている。それだけでなく、トレルチは、ドイツまたはアングロ・サクソン諸国に出現した当時のセクト運動については、あまり良く理解してはいなかった。文化的条件が変動したように——そうした状況についてはすでに述べた——、セクトの特徴やセクトと全体社会との関係も、いくつかの局面で変動したのである。したがって、見さかいなく使用された理念型構成は、特定の概念の無時間性という誤った感覚や歴史的真実性を生み出し、それらの概念によって定義された現象を、時間を超えた真実であると見なす結果に陥りがちであるということができよう。

このような傾向を示す別の例として、その理念型の使用は体系的ではなかったけれども、リチャード・ニーバー（N. Richard Niebuhr）の影響力のある業績があげられるだろう[5]。ニーバーは、十九世紀末から二十世紀初頭にかけてのアメリカに見られた、近代におけるセクト運動のいくつかの局面について綿密な観察を数多く行った。しかし、ニーバーは、いくつかのセクトに関する自分の観察が、すべてのセクトについて当てはまると考える傾向があり、とりわけ、セクトは一世代のうちにデノミネーションになるという、その時代のアメリカの状況下では明白で多少は信憑性のあった、自ら編み出した命題を定式化したのである。ニーバーが観察したことは、セクトは急進的な抗議集団として始まるが、時を経るうちに、外部の者に布教し改宗させる活動よりも、第二世代を養成することにいっそう多くの関心を払うようになるということであった。現有メンバーの若い子どもたちを集団の成員としようとする試みは、教育への関心をつのらせ、そのため彼らは財産の獲得や運営、またしばしば社会的称賛の増大を求めかつ獲得しようとして、一連のより世俗的な領域への関与を深めていくことになった。セクトは、しばしば第二世代で相対的に豊かになり、信者たちは各人の富に見合った地位を手に入れようとしたが、その結果、彼らの運動は世間的尊敬をますます得ることができるスタイルへと変化していった。ニーバーが観察し、「デノミネーション化」と名づけた過程は、この用語が道徳的態度における厳格さの緩和や他の運動に対する開放性の増大を意味するのみでなく、セクトの特徴であった初期の自発性に代わって、より儀礼的な礼拝様式や常勤役員制の発展という両者を含む形式主義の増大を少なくとも意味するならば、部分的には「制度化」と呼ぶこともできるだろう。

ニーバーは、セクトに関する普遍的な法則を発見したと信じていたと思われる。あるいは、少なくとも彼は、その理論をかなり一般性のある観点から表現した。セクト信者の抗議は、セクト本来の強烈さと比べれば、着実に希薄になっていったと彼は主張した。セクトは、しだいに他の宗教運動に対して寛大になり、他の運動が提供する有効な救済方法も徐々に許容するようになった。すなわち、セクトは、しだいに宗教的真理の独占権をもつと主張するのを止めたのである。指導者たちは、ますます世俗世界を意識し、組織においても、道徳的見解においても、また自己表現においても、世俗的な装いにますます適応していった。今や、初期の旺盛な熱狂は行き場を失い、物静かで、洗練された態度によって鎮められた。

ニーバーの分析は、セクトの発展を一般的に理解することを容易にしたけれども、実際は、彼は、むしろ自らの観察を一般化しすぎてしまった。キリスト教世界のセクトのすべてが同じ発展のコースをたどるわけではないことが、やがて明らかになったからである。全体社会に立ち向かって、何とか独特のセクト運動的な思想を保持しようとした集団もあれば、ニーバーが仮定した一つの方向（あるいはいくつかの方向）へと変化した集団もあった。(6) 理念型分析は、どのセクトがデノミネーション――セクト運動をきわ立たせていた特徴の、すべてとはいわないにしても大部分を捨て去り、寛容な現世順応型の宗教運動――への発展方向をとるか、どのセクトが用語の厳密な意味でのセクトであり続けるかを、正確に区別するための手段であった。そのような分析から明らかになったことは、セクト運動にはいくつかの顕著なスタイルがあることと、特別な特徴をはっきりと示すあるタイプのセクトだけが、ニーバーの予示したような形でデノミネーション化するらしいということであった。(7)

特に、初期の厳格さを失った古い宗教的伝統を強烈に再主張するものとして誕生したセクトは、やがて、その運動の発生源となり、また復興させようとしたもとの運動がたどった同じデノミネーション化の過程を、そのほとんどがたどることになった。これらのセクトは、しばしば古い時代の信仰を強く感情に訴えつつ再主張する信仰復興運動として始まったが、実際には多くが、慣習的になってしまったキリスト教の信者たちを、信仰を不誠実にしか保っていないと誤りを攻撃する運動として始まった。しかし、これらの新しい運動は、大規模な信仰復興集会で信者を募る傾向があったし、堅実な教義上または儀礼上の経験に基づくよりも、あるいは長期間にわたって維持してきた倫理的な関心や献身の結果としてよりも、しばしば感情中心主義の高まりに伴って出現した。これらのセクトにひかれた人々は、宗教生活や道徳的態度についての指導が依然として必要な状態にあったのであり、したがってこうしたセクトは、その展開の当初から宗教的専門家、すなわち助言や司牧を専任とする牧師の奉仕を必要とする傾向があった。そのような発展は、結局は宗教的分業を生み出すことになったが、このことは、きわめて初期の段階から信者の側に依存的な態度があったことを意味し、また、次第に洗練されていった牧師たちが過度の感情的表現にますます困惑していく状態を生み出した。牧師たちは、時間の経過とともに、崇拝の活動をいっそう平凡で儀式化したパターンへと作り変えるようになり、社会化や自らの地位について関心をもつようになり、とりわけ、ますます彼らにとって意味のある準拠集団となった他の運動の牧師たちと、自らの地位を比較するようになった。こうした傾向のすべてが、やがて、よりデノミネーション的な態度をもたらしたのである。

前段落で略述したものに似た過程は、特にアメリカ合衆国におけるプロテスタント宗教運動の歴史から容易に裏づけられるだろう。すなわち、セクトはセクト的熱狂の中で出発したが、わずか二、三十年のうちに、社会にうまく順応し適応したデノミネーションに特有の社会的地位への関心と社会的賞賛などのすべてを獲得した(8)。こうした発展過程が繰り返し起こった背景には、特殊な文化的・歴史的な理由があった。特に、アメリカ社会のダイナミックな発展は次々と押し寄せる移民の波によって生まれたが、その移民の波は階級構造における新たな最下層を形づくり、その階層の中から社会的権利を剥奪され、社会的規範を見失った集団による、感情に訴えかける傾向をもつ新たな宗教が次々と信者を獲得していった。それぞれの発展には、比較的急激な社会移動の過程があった。各々の集団の規模が大きくなるにつれ、また別の移民が新たに到着してさらに下層に位置するにつれて、その宗教的表現は初期の熱狂を失い、社会的な敬意とより高い地位とを獲得していった。ニーバーが観察したのはこのような諸運動であった。彼はその観察から、歴史的文化的に独特な十九世紀末から二十世紀初頭のアメリカ合衆国という特定の環境に依存したセクト発展の理論を作り出したのである。

ほかの時代とほかの文化においては、ほかのセクトがニーバーの理論で描かれたのとはまったく異なる発展を示すこともありえたのであるから、諸セクトを区別するための基準を発見することが社会学的に重要な問題となった。セクトの発生と持続性についてのもっと洗練された説明を行うために、また、ある特定のセクトがどのような発展の道筋をたどるかをもっと正確に予測するために、理念型の構成にふたたび頼らなければならなくなった。要するに、セクト運動の比較理論が求められたのである。[9] セクトの基本的な志向性や進化の連続性を考慮して諸セクトを区別しようとした、いっそう厳密な多くの理念型構成が発展した。この分析は、キリスト教のセクト運動の解釈に関しては有効であったし、成功してきたと思われる。(一般に社会学、とりわけ宗教社会学が、キリスト教の背景と文化をもつ研究者によって展開されたという条件を考えれば、この分析が、まずキリスト教系のセクトに適用されたのは理解できることである。これらの学問は、キリスト教文化の伝統をもつ諸国で最も大きく発展してきた。) 簡潔に述べると、その分析装置は、セクトの七つの類型論を構成し、各セクトが宣言した現世における使命によって特徴づけたものであり、これはのちに、セクトの「現世への応答」としていっそう適切に指摘された。セクトに関する七つの下位類型のすべては、前述してきたような下位類型として、もっと広いセクトの理念型構成に従属させられたが、今度はこの一般的な特徴づけに、現世に対する七つの異なった反応を含む特定の要素が加えられたのである。

三　偏向と限界

この下位類型は、キリスト教の伝統の内部で発生しうる特定の変化に関しては念入りに作られてきたが、その類型論全体として、どの程度までキリスト教世界固有の仮定に暗黙のうちに依存しているのか、換言すれば、どの程度まで一つの文化的かつ宗教的伝統の境界を超えて広く適用することができるのかは、ただちに明らかというわけではなかった。一般に社会学者は、できるだけ広く適用できるカテゴリーや概念を確立したいと強く望むものだといえるであろう。実際、社会学理論の特徴は――おそらくこの点では理論物理学によってもたらされたモデルに影響されて――、あたかも、理論的なモデルや構造にとっては地理や歴史は何の関連性ももたないかのように、文化的特殊性や歴史的偶然を考慮することなしに、概念というものは空間も時間もない社会的宇宙にとって有効であるべきだということであった。しかしながら、このような高度な一般化が可能なのは、社会学者による概念がきわめて抽象度の高いレベルに達した場合のみであることは明らかである。残念なことに、経験的・社会学的研究に従事するものならば誰でも知っているように、高度な一般化と抽象化をほどこされた概念は、どのような固有の文化に適用されても、たいていはきわめて限られた価値しかもたない[10]。それらの概念は、広範囲に及ぶ比較の基準を提供するかもしれないが、所与の事例の非常に細かな特性に十分に接近することはできないし、経験的な証拠を把握するのにはほとんど役に立たないのである。

セクトに関する理念型構成は、実際には、期待されたような一般性が欠けていることが判明した。理念型は、かなりの一般性と抽象性からなる概念装置といった外観をもつけれども、実際には、キリスト教の伝統に固有の仮定に依存した要素を内側に隠しもっているのである。確かに、「セクト」という用語は、キリスト教以外の広範な宗教的伝統に見られる分離した独特な宗教運動を指すものとして、一般的にも社会学的にも広く用られてきたが、その概念の中に暗黙のうちに仮定されている根本的な特徴の大部分は、キリスト教のセクト運動を素材として導き出されたものであるし、キリスト教以外の事例をめぐる仮定は正当なものとは認められていないのである。理念型自体は、理論家が自分の研究に関連した経験的な証拠についての十分な知識を得たのちにのみ、作り出されるものである。理念型構成は、セクト運動の論理整合的なパターンを描いているが、これらのパターン自体が、キリスト教の伝統の中で示された論理の類型に部分的に依存しており、しかもこの論理は、他の宗教文化においては、明示的にしろ暗示的にしろ、いつも明らかというわけではけっしてないのである。

明らかな例をあげよう。セクトの理念型の論理は、信者に他の宗教運動へのいかなる関与も許さないと主張する。つまり、キリスト教のセクトは、関与の排他性を要求するのである。ところが、他の文化に見られる「分離した」宗教者たちの集団は、つねに排他的な姿勢をとっているわけではない。実際、世界の多くの地域では、二重あるいは多重の宗教的忠誠は珍しいことではない。そのような多重の忠誠は、無矛盾の原則を強く主張する西洋（キリスト教）社会で発展してきたセクト概念の本質を大きく変えるものである。このように、理念型構成で示されるセクト概念が、他の文化へも使用可能なのは、相当な注意が払われる場合のみなのである。

とりわけ西洋の境界を超えてセクトを研究する社会学者が直面するもう一つの問題は、一般に「セクト」という用語が用いられる時は、それは個々の信者が自発的に関与する特定の組織パターンを示すことから生じる。たとえまったく社会的に分離した共同体であるにすぎないという印象を与えるかもしれない事例があったとしても、実際には、セクトに属する人々が支えている集団は、自発的・意識的に組織された運動なのである。セクトは、西洋社会で理解されているように、意識的に維持され、かつ意図的に制定された構造や秩序パターンによってつねに特徴づけられる。アーミッシュ・メノナイト〔訳注14〕(Amish Mennonites) やフッター兄弟団〔訳注15〕(Hutterian Bretheren) のように、長く定住し、どう見ても素朴な共同生活を維持していると見られる集団ですら、実際には、彼らが社会から分離していられるのは、自覚的に用いられた組織パターンを操作する諸機関や専門職員たちの支えがあるからなのである。彼らは、規則だけでなく基準や原則ももつ(11)。また、そうした共同体的な集団は、意図的に制定され、かつ修正された構造をもっており、たとえこれらの集団が、独特な民族的生活様式のような外観につきものの、多くの文化的特徴を取り入れてきたとしても、それにもかかわらず、正式な組織上の基盤がつねに存在するのである。また、他の点からいえば、セクトは単なる自発的な集合体ではない。自発的で集合的な宗教行動がいかに顕著であっても、そうした行動の初期的噴出を「セクト」と呼ぶべきではない。この用語の適用は、そうした運動が何らかの制度化された手順を獲得するまでは留保されるべきである。したがって一方で、アーミッシュのように、信者が生まれつき属するといってよいような、ほとんど世襲的な身分制のようにみえる運動であろうと、他方で、ごくわずかの間だけ結びついているようにみえる運動であろうと、そこには常に、自発的関与の維持という原則がある。

しかし、西洋以外の文化で「セクト」と呼ばれる運動は、ときには、分離した組織を意識的に維持するという要素を欠いているように見える。たとえば、ヒンドゥー教やイスラム教に見られる集団は、伝統的な民族集団により近いものであり、そのような民族集団は、長い間、意図的な組織的支えを必要としない、無自覚的な共同体感覚を自然にもち続けてきた。したがって、このような集団を、西洋文化内部の分離した集団を分析するために考案されたモデルにあたかも本質的に一致しているかのように「セクト」と呼ぶことは、きわめて疑わしい想定を推し進めることになり、社会学的分析を歪める危険をおかすことになるのである。

私が、セクトに関する理念型構成には文化的に拘束された特徴が含まれていることを自覚したのは、キリスト教や西洋文化の外側で発生した運動の研究に、(かつて部分的に進めていた)この分析方法を用いようと試みた時であった。[12] その研究の中で、この類型構成が、たとえばセクト概念に組み込まれている組織についての排他性やほかの特殊な仮説のどちらも備えてはいなかったので、私は、セクトの下位類型を厳格に適用することを断念して、「現世への応答」を規準として選ぶ必要があることに気づいたのである。キリスト教のセクト運動を、それらがもつ悪の概念や悪が克服されたとする様式という視点から区別する際に、セクトに当てはまるさまざまな特徴のすべてを仮定することなしに、それを行うことは可能であった。私の特別な関心は、それら各々の反応（あるいは志向性）が発生するような文化的条件を示すことと、そうした選択の結果起こった社会的・文化的帰結をめぐる何ものかを発見することであった。

しかし、こうしたいくつかの発見――社会科学とは、しばしば、分析のさらなる適用性を発見するだけでなく、分析の限界を発見することでもある――は、現代の先進工業社会におけるセクト運動の研究にとってすら、新たな重要性をもったのである。近年、西洋において、宗教を選択する領域は大きく拡大している。一九六〇年代初頭以来、たとえその用語が、西洋社会固有のキリスト教的伝統とは根本的に明らかに異なる宗教運動であるということ以外には明確な意味をもたなかったとしても、西洋諸国は漠然と「セクト」と呼ばれる運動の劇的な衝撃を経験してきた。（相対的に勢力が強大であった時代、世界の他の地域へキリスト教を輸出することに多大なエネルギーや時間や資金を捧げてきた社会が、今や、もっと古い諸文化の一連の宗教的理念や実践を輸入するようになってしまったことは、おそらく興味深い逆説である。）そうした新しい運動は、十全たる意味で「セクト」と呼ばれるわけではないが、ヨーロッパ起源ではないことによる目新しさと不快さとによって、普通の宗教と考えられているものと容易に区別されるため、西洋文化の文脈の中では一般的にそう呼ばれる。これらの運動のあるものは、独特な服装を奨励し、社会的に目立つ活動（たとえば路上で印刷物を売ったり、詠唱したりといった活動）を行う。いくつかの運動は、確かに信者の全体的な忠誠を求めており、完全に自給自足的かつ分離した共同体を作りあげることをめざすものすらある。しかし、生活様式、共同性、全体的献身、排他性といった特徴は、すべてのセクトの特徴ではないし、それらが社会学で展開されてきたセクトの理念型の基本的特徴に一致するとはかぎらないのである。こうした点から、ある重要な理論的な問題が生じる。つまり、理念型と経験的事例とはどの程度ズレていてよいかという問題である。個々の現実のセクトと理念型との間には、明らかに違いがある。理念型構成のポイントは、関係づけられた諸特徴の、ありそうな、あるいは予想できるあり方を描き出すことと、その理念型を実際の現象と比較することによって、説明すべき問題に気づくことである。現実のあらゆる経験的事例は、理念型とは異なるものであるのだが、そうした違いにも明らかに限界が存在するはずであり、ある点を超えてしまうと、単にその事例があまりにも違っているという理由で、理念型を妥当な測定棒として用いても、事例を有益に分析することができなくなる。その点とは、問題となった事例を「セクト」と適切に呼ぶことができず、それゆえ、セクト分析のために特に適切であるように注意深く工夫された用語によっては有効に分析しえない限界点であると言えるだろう。ここでは、こうした理論的難題を解決することはできない。ここで記せることは、理念型が、その構成上、その志向の中で何が「保存され」あるいは「確立された」要素なのかという考えによって構成される必要があるということだけだろう。われわれが再検討している特定の事例においては、従来のセクトの理念型が、西洋社会で近年発生した新宗教運動の分析にとっては、必ずしも最も適切で鋭敏な装置ではないかもしれないと認めるべきであろう。

ある特定の運動を正確に「セクト」と呼べるかどうかという問題自体は、あまり重要ではない。問題なのは、分析のための適切な道具である。私は、宗教運動に関する近年の研究のいくつかは、理念型の使用という点で失敗していると考える。[13] 理念型は、本質的に道具であり、その目的は分類ではない。理念型の構成は、諸現象の分類を示すことだけを目指すのではない。それは、すでに述べてきたように、所与の現象のさまざまな種類を社会的に配置する論理を指し示すためのものなのである。ある特定の運動を「セクト」と呼ぶべきかどうかを決めるのに時間を費やすのは、無益な作業である。理念型は、社会学者が、それにふさわしい事例を投げ込むための空っぽな箱ではない。むしろ、理念型は、論理連関の仮説的体系から逸脱するセクトの歴史的、組織的、構造的特徴、あるいはその他の特徴について気づかせてくれるものである。理念型は、いつでもわれわれを歴史的、あるいは経験的データへと連れ戻すものでなければならず、それによって、仮説となっている常識的な仮定と矛盾する事例の特徴を説明することができるのである。

四　セクトの伝統と近代性

ある伝統的文化内で生じるセクトの特徴としては、急進的であると同時に保守的であることがあげられる。セクトは、既存の宗教的権威に対して挑戦するという点で急進的である。つまり、セクトは、教会を、堕落したものではないにしても、無益なものと見なし、支配的な教会の方式や活動を拒絶するのである。また、セクトは、世俗文化の多くの局面との関係を断つ。そして、少なくとも、それらの国家によって制定された法律を、真実の宗教が要求するものとは矛盾するとして非難するのである。一方で、セクトは、しばしば支配的な伝統下で顧みられなくなってきたと彼らが考える道徳的または宗教的な訓戒をふたたび主張をしようとしたり、堕落していないと彼らが見なす宗教的行為を復興しようとしたり、さらに、神によって保証されてきたと彼らが確信する初期の組織形態を復興しようとするが、その点では保守的である。彼らは、現代の権威者を、本来の宗教的理念を維持しそこなっているとして、ときには新しい啓示を受け止めそこなっているとして非難する。こうして、セクトは、支配的な宗教的伝統の位階秩序に対立する点では急進的であるが、そうした位階秩序を超えて人々が従うべき権威があると主張する点では保守的なのである。

西洋キリスト教世界のセクト運動では、急進主義と保守主義が何らかの形で混じり合った形のセクトが優勢である。しかし、実際には、正当性に関する主張を立証する必要性から、各々のセクトがとりうる態度の幅は限定されている。とりわけ、それらのセクトが、福音書にのっとって、あるいは初期キリスト教会の組織形態にのっとって自らを正当化しようとする時にはそうである。しかし、たとえそうであったとしても、セクトが採用する権威のモデルに特に規定されていないことがらについては、根本的に新しい方式が採用されるだろう。セクトは、自らが知り、認める以上に、発生した時代に支配的であった世俗的な便宜によって大きな影響を受ける傾向がある。いくつかのセクトは、その時代に支配的な技術に従って急速に生活実践を固定させ、また、明らかに宗教的な意義のない、セクトが成立した時代の世俗的なスタイルにすぎない方式や取り決めさえ、いかなる変化も許さないほどに神聖視するのである。その典型的な例として、フランス、北海沿岸の低地帯、スイスで始まり、その後アメリカ合衆国に移住したにもかかわらず、衣服や娯楽や労働習慣などで発生当時の農民のスタイルを保持している、アーミッシュ・メノナイトがあるし、また、カナダのフッター兄弟団にも、多少なりとも同じことが言える。しかし、発生した時代やそれに続く成立期に著しく条件づけられた態度を変えることのできなくなった非常に古いセクトもある。もっと起源の新しい他のセクトや、あるいは（マリノフスキーの用語を使えば）「憲章」の最初の考えで規定されていない事実について著しい適応性を示したセクトは、現代的な技術を古来の宗教教義と結びつけてうまく利用してきたのである。

近代のセクトにとって、古来の教えと近代的技術とを結びつける能力は、成功のために不可欠である。宗教運動には制度主義や保守主義への傾向があるから、そのこと自体が社会学的に興味深い現象である。ひとたび採用された組織形態は、たとえ純粋に便宜上の理由で最初に採用されたのだとしても、あたかもそれらが、ある意味では、古来の戒律によって正当化され、神聖視されていたかのように、持続する傾向がある。顕著な例をあげよう。救世軍〔訳注16〕(Salvation Army)は、運動のきわめて初期の段階に、制服や軍隊用語や組織形態を含む軍隊的なアナロジーをその活動に取り入れた。そうしたスタイルは、帝国主義や植民地獲得の冒険を誇りとした時代、また、軍隊が——まったく自発的な(徴兵されたのではない)軍隊であったとしても——世界中に兵士を送り込んでいた頃の、国家の軍事的熱狂の時代には都合のよいものだった。救世軍の制服は、階級制度と隊列の中に威厳と平等性に関する尺度を与えたことによって、貧しい階級の人々には魅力であり、彼らをひきつけた。軍隊の理念は、全体的な献身、服従、自己犠牲、ヒロイズム、そして攻撃的な福音主義を示唆した。この運動内部の権威構造は、軍隊モデルにのっとった位階秩序であった。こうしたタイプの権威構造は、一般的なものであったばかりでなく、当時(一八七〇年代)のイギリスでは非常に重きを置かれたものであった。今日、軍隊のアナロジーは社会にそぐわないものとなり、帝国主義は非難され、組織形態も反位階秩序的態度をもつ現代人にはほとんど支持されないが、それでも、救世軍はそのスタイルを百年後の今も保っている。制服や、行進や、路上での活動のすべてが時代遅れとなってしまった。それにもかかわらず、その形態は固定されているのである。かつては最高の宣伝の武器であった「ブランド・イメージ」が、今やおそらくは明白な障害となってしまったとしても、救世軍は、軍隊のアナロジーを維持し続けるだろう。(14)

たとえ最初は便宜的選択でしかなかったとしても、スタイル、技術、方式が神聖視される傾向、それらが運動の聖なる目的と結びつけられる傾向は、単に人間の保守性の帰結ではない。それはまた、聖なるものの感覚の浸透性と、特定の領域を越えて横溢していくような宗教的性向を求める傾向を示す明確な指標でもある。形態が内容によって彩られるようになり、組織それ自体が目的となり、それを促進するために組織が創り出した目的から簡単に切り離すことができなくなる。単なる便宜性が、宗教的あるいは疑似宗教的な見地から神聖視され、正当化されるのである。別の観点からいえば、聖と俗との強力な緊張が、確かに西洋文明には存在することから、ある運動の純粋に組織的な特徴が、聖性の意識によって影響されるということができるだろう。組織構造のような宗教運動の世俗的局面、さらにいうならば、その組織が占有する土地や財産は、そのような本質的に世俗的な要素が、聖なるものを汚染し、世俗化させるのを防ぐために聖化される必要があるのである。それらが聖化されるようになれば、その運動の道具的で組織的な関心と、本質的で意図的な目的との間に発生する緊張が緩和されることによって、信者たちの献身が強化される。便宜的ことがらさえも宗教的原則と宗教的詩情のことがらにしてしまうことによって、世俗世界の侵入を防いでいるのである。

明らかに合理的な活動方式と、究極的な宗教的目的との間には、きわめて大きな独特の緊張が存在する。宗教は、ある独特の、その意味では恣意的で、与えられかつ「受け取られた」理念、実践、対象、場所、できごとを維持するために組織化されている。これらの物事は、本来の意味をはるかに超えた象徴的な重要性を帯びる。そうした意味や主張は、厳密な道具的合理性という用語に還元することはできない。究極的には、宗教は、つねに信仰と願望についての思慮深い献身に関するものであり、また、信仰実践はつねにあらゆる経験的または実際的な検証を超越し続けることなのである。それとは対照的に、合理的な組織は、うまく定義された目的（それ自体、他の目的と相互矛盾してはならない目的）をつねに達成するための、最も効率的な方法を要請する。合理的な方式とは、はっきりと限定され、目的があり、経験的に実証され、かつ実際的に検証される。宗教的行為は、それ自体に目的があり、代価を考慮することなしに遂行される。一方、合理的行為は、つねに手段—目的関係の連鎖の内に目的があり、代価は注意深く計算される。したがって、宗教的なものと合理的なものとの間には、つねに緊張が存在する可能性があるのである。

そうした問題があるにもかかわらず、現代の諸セクトは、自らの究極的な目的のために合理的な方式を利用する能力を明らかに増している。ますます合理的になる現代社会の構造を考えるならば、そうでなかったらむしろ驚くべきであろう。実際、セクトが、合理的技術の採用や合理的態度の発達を刺激することは珍しくないといえるだろう。セクトは、伝統に対する根本的な挑戦であり、伝統的アプローチの不十分さを明らかにするような、単純で合理的な技術を容易に採用することができる立場にあることから、こうした事情にあるのである。このような合理性への傾向が、伝統的な宗教者の宗教的感受性と真っ向から対立するという事実は、正統派の心の中に、セクト信者は真の信仰を破壊する異端者であるという信念をただ確認させるだけである。もちろん、合理的な志向性は、ピューリタニズムにも明らかに見られるし、また、その名称が示すようにメソディズムにも明らかに見られる。それらは、宗教的礼拝を規則正しく論理的な方法で行おうと決め、その目的のために合理的な組織を作り上げたのである。ちょうど一世紀以上前に創始されたクリスチャン・サイエンスでは、科学という言葉とキリスト教的という言葉が、宗教の合理的解釈の可能性を示すために結びつけられた。この運動は、宗教は合理的で厳密に応用しうる原理であると、つねに考えていた。クリスチャン・サイエンスは、教義の合理的性格を強調するという点で、教育方式や専門用語を取り入れ、この宗教的真理を獲得するための教育過程や学位の称号を発展させたのである。近年、サイエントロジー〔訳注17〕(Church of Scientology)は、科学的方式と宗教的目的とが融合しているという点で、クリスチャン・サイエンスと似たようなシステムを発展させてきた。それは、いっそう複雑で、明らかに合理的な秩序の中に、等級づけられ、説明され、点数づけられるような、念入りに作られた教育制度を維持している。この運動は、人間はセラピーの実践によって高い知性と情緒的な統制を獲得できると教えるが、こうした目的自体は、日常生活の活動の中で実践と業績を向上させる要求と強く結びついている。つまり、宗教的なものと科学的と称するものとが、ふたたび収斂しているのである。

しかし、これみよがしに合理的な組織パターンを採用してきたのは、セラピーに関心をもつそれらのセクトだけではない。より原理主義的で聖書志向的な運動にさえも、メッセージを宣教するためや、教育過程を統制するために、合理的な技術や方式を採用してきたものがある。セブンスデイ・アドベンティスト、クリスチャン・サイエンス、エホバの証人といった、お互いに異なるセクトが、礼拝や集会において標準化された教材や崇拝物を、世界中で利用しているのである。[15] 非常に長い時間をかけて改宗方法を日常化してきたエホバの証人の地域指導者たちは、個々の集会で信者の勧誘活動をきわめて厳密に統括している。[16] 新しい回心者を改宗させ、入信させる活動のために信者を訓練する特定の任務をおびた指導者が、地域のあらゆる集会に存在する。これらのセクトが国際的な組織体となるのに伴い、組織上の合理的原理は、統制や団結を維持するために不可欠なものとなっている。こうした運動は、合理的な原理に従ってますます組織化される社会の中で発展してきたのであり、その結果、信者たちは、一般社会では通常のことである合理的方式を、その宗教活動のために進んで受け入れ、採用するのである。入信者たちがその運動にひきつけられるのは、全体的な忠誠を求める絶対的真理として示される独特の教えが、合理的な行為のパターンと結びついているからだとすらいえるだろう。合理的システムの制度——礼拝のような聖なる活動ではない組織、伝道、財政、資金調達、教育、および現実のすべての運営——が、メンバーの統制と職務の能率に関する最も効果的な枠組みを提供することは間違いない。いくつかの運動では、崇拝や礼拝と呼べる活動は(クリスチャン・サイエンス、サイエントロジー、エホバの証人の場合のように)しばしば時間的にも空間的にも非常にかぎられており、純粋に合理的な面が明示される領域が拡大している。合理的な方式は、努力の計算可能性と継続性を保証し、異端的な見解が不規則的かつ計画性なく現れることを最小限に押さえ、個々の信者たちの効果的な協力や相互統制をもたらす。合理的な規則に強く依存する運動は、明らかに、——おそらく最高首脳部はのぞいて——霊感的あるいはカリスマ的要素を包含することもできず、確立された秩序の枠組みの外では、自発的な表現や自由な独創力を促進することもできないのである。

五　分析の代替戦略

セクトの運営において合理的様式がますます採用されていくにもかかわらず、今日のセクト運動は、その教理や志向性において、おそらく過去のセクトよりもはるかに多様である。それは少なくとも、いかなる既存の文化的環境においてもセクトが見出されることからわかる。大部分は、すでに言及した新しいパターンの国際的な交流の結果である。しかしながら、実際の運動の多様性にもかかわらず、社会学者は数多くの運動の中に共通の主題と共通のパターンを探し続けねばならない。われわれがすでに言及した「現世への応答」というカテゴリーが、それらの運動の分析に理解の手引きを与えうる限りは、同じように、他の理念型の公式も引き続き役に立つことが示されているのである。過去に、きわめて役に立ってきた理念型公式であっても、あまり固執しないことが大切である。過去において私が発展させた「現世への応答」による分析モデルのあるものは、セクトを現世否定、現世中立、現世肯定と分類しうる異なった傾向を示すものと見なすであろう(17)。現世否定セクトは、その教義において人間が避けるべきものとして近代社会の悪を強調するものである。基本的に彼らは、人間は現世から(from)救済されねばならないと宣言しているのである。そのようなセクトは、自らの信者たちを引き抜き、より純粋な生活様式が守られている、隔絶した自治区あるいは共同体へと引き入れる傾向がある。一方、現世中立のセクトは世俗世界に対して寛容であり、セクト運動の性質に含意されているように、信者たちに、世界の中でのより良きやり方やより純粋な生活を見つけることを奨励し、世界に属して（of）しまわないかぎり、世界の中に（in）存在しようとしている。それらのメンバーたちは、一つの分離した共同体を作り上げようとするまでには至らないが、それでも互いに強く結びついているものである。とりわけ、経済的活動においては、たとえそれらの諸活動において彼らが自らの独特のセクタリアンの価値を注いでいるとしても、彼らは、ごく普通の現世的活動に従事している自分自身を見出すだろう。現世肯定セクトは、自らのメンバーたちが、これまでそうしてきたよりも現世での生活を楽しみ、現世こそ彼ら自身にとってより良き場所であることを発見するために、彼らの技能や能力を向上させることを自覚的に追求しているセクトである。現世否定セクトのモデルに近いものは、近年の運動の中では、チルドレン・オブ・ゴッド〔訳注18〕（Children of God）やクリシュナ意識運動〔訳注19〕（Krishna Consciousness）である。現世中立セクトの理念型との近似を示しているのは、さまざまなペンテコステ派〔訳注20〕セクト（Pentecostal sects）あるいは（少なくとも近年の）エホバの証人の中に見られる。明らかに、クリスチャン・サイエンス、サイエントロジー、超越瞑想〔訳注21〕（Transcendental Meditation）などは、現世肯定セクトの基準に最も近いものである。

けれども、さまざまな（そして理念的には完全な）諸価値の在り方を提供する一組の理念型を創出することに目的があるのか、あるいは単なる分類システムを探求しているのかを、分析枠組みが作り上げられる前に決定しておくことがきわめて重要である。ここで外観を描いてきた図式は、分析可能性を最も良く示唆するものであるが、いかなるセクトの内部にも、確実にやがては明らかになり、ときには特定の時点で識別可能になるような、相反する傾向がほぼつねに存在することに気づかなければならない。勿論、そのような不一致が理念型構築を無効にするわけではない。それどころか、ある範囲では、理念型構築の精密な使用により、分析者は、そのような変則例や多義性に気づきやすくなるのである。しかし、ある事例が、その型の有効性を損なわない範囲で（そして最終的には、不適切な理念型モデルの適用によって分析が歪められない範囲で）どの程度逸脱しているかは、判断の問題である。セクトは複合的な現象であるので、分類の目的のための単なるカテゴリーを作り上げることでさえも、最初に考えるほど簡単ではない。たとえば、現世からの分離を教えるあるセクトは、それでもやはり、個々人の現世での活動を容易にするような道徳的教えや価値を説いており、現世でうまくやっていくことを手助けしているのである。統一教会〔訳注22〕（Unification Church）がそうしているように、共同体的生活の要素をもつセクトは、それでもやはり、明らかに資本主義諸国における現状維持を支持する、はっきりとした政治姿勢をとっているのである。一つのセクトにおける内的矛盾が、つねにある運動をただちにかつ明白に特徴づけているわけではない。

いうまでもなくカテゴリー・システムの基礎を与える他の変数が存在する。しばしば、福音主義の領域においても、その指向性が知的かつ道具的であるようなグループ——一群の教義上の知識を獲得する作業が強調されているという意味で知的であり、よく定義された経験的な目的をもっているという意味で道具的である——が存在する。一方、活動の焦点を、緊張を解放する機会や、情緒的放縦がその集団における相応しい崇拝の態度に関する感覚によって「認可され」かつ正当化されている状況での情緒的コミットメントを示して見せる機会であるとする、本質的に表出的で、情緒的かつ極端なセクトが存在する。ある集団は、教義上の知識の独特の体系を獲得することや、特定の経験的な目標を達成することよりも、むしろ主としてこのタイプの〔情緒的〕経験をメンバーたちに与えるために存在している。しかしながら、それらが重要であるのは、これらの大雑把な区別が、分析用具の構築にとっての出発点となりうることとしてのみである。個々のセクトは、価値と活動との独特な在り方を示しているので、社会学者は、結局はそれらに対して特定の細かな注意をしなければならないのである。理念型は、——そして、ましてや分類カテゴリーは――歴史的かつ社会学的調査の代用物にはならず、そして確実な結論への近道でさえなく、真理を逃さずに捉えることができるかのような外見をした装置に過ぎないのである。

六　セクト運動の社会的担い手

明らかに、社会学者が関心をもつのはセクトの社会的側面であり、特に個々の運動の社会的構成に関する知識は、社会学的理解の基礎と見なされるだろう。そのため歴史学者は「セクトの社会学」という用語は、それらの運動の社会的構成と関連しているに過ぎないと考える過ちを時々犯してきた。トレルチは、セクト的な「愛の共同体」(community of love) に参加することで生活上の剝奪を埋め合わせていた貧しい階級の間でセクトが発生すると仮定しがちであった。このような仮定は――たとえ、実際にかつて適切であったとしても――もはやセクトを分析するに当たって、適切な接近方法ではない。貧困はセクトの決定要因ではない。セクトは、ヨーロッパにおける最も貧しい国々や地域でさえ、一般に、よくあるものではなかったし、所与のある社会の内部においても、最も貧しい階層で、つねにセクトが発生していたわけでもなかった。定義からして、セクトは少数者集団であるが、貧困階級は、少なくともつい最近までは一般に、国家人口の大部分を占めていたのである。もし貧困層においてセクトが発生するのだとすれば、どう見ても相対的にごくわずかの貧困人口しか抱えられないであろう。もちろん実際には、中間階級の集団でも同じようにセクトは発生するし、多くのセクトは、会員の中にさまざまな社会層の人々をうまく取り込んでいるのである。さらにいえば、文化的背景の違いによってセクトの構成層が異なることを発見するだろう。すなわち、ある社会、あるいはある地域において貧しいセクトであったものが、他の文化的背景のもとでは、異なる人口的な広がりから構成されうるのである。エホバの証人やセブンスデイ・アドベンティストでは、こうした状況が世界のさまざまな地域で見られる。

西洋諸国における新しいセクト運動、そしてとりわけ東洋において始まったもの、あるいは東洋の宗教的伝統の何かを自らのものとしているセクトには、少なくとも、キリスト教の歴史の中で発生したセクトのほとんどから自らを区別するはっきりとした特徴があると思われ、またこのことが、ある特定の世代集団──若者──に対するはっきりとした魅力となっている。社会規範から逸脱した、享楽的な生活様式を伴うヒッピーの異質な下位文化の発展に覚醒した後、そうしたセクトはヒッピーの下位文化に、特に「ヒッピー方式」の逸脱した怠慢な点について幻想から醒めた人々に、それに代わるものとして自らを提示した。部分的には、そうした運動もヒッピーの生活様式に見られる要素とある連続性を共有していたが、彼らの要求する厳格なコミットメントという点で、ヒッピー文化とは根底的に異なっていたのである。彼らの若者に対する魅力の一部は、東洋から新しくやって来ていること（あるいはそのように見えること）、ゆえに、彼らがより古い世代集団やキリスト教セクト運動に見られる口やかましい禁止主義的な態度と結びつくことによって汚染されてはいない、という事実にあった。そしてまた、彼らには、仕事や行動のある明確な基準に、彼らなりの方法ではあるが、同じように関心をもったり、彼らの魅力を破壊してしまう宗教的厳格さを主張することさえなかった。このことは、部分的には、これらの運動が対抗文化的な存在であるという強烈なイメージをもっているために起こった。すなわち、彼らが要求した規律は、あるより高い真実へ到る方法の一部であった。それは、より広い社会的目的へ捧げられたものであるがゆえに押しつけられたものではなく、より広い一般社会内での社会統制のプロセスとはいかなる点においても同一のものとはいえないものであった。それらのセクトの倫理的命令は、より崇高な市民としての概念についての訓練を提供するためのものではなく、個人的な巡礼の方法として、また新しい共同体との連帯の表現として要求されたのである。

いわんや年齢集団のようなものが、社会階級であるセクトに安定した構成員層を提供するなどということはありそうもないし、それらの運動の多くには、若いうちだけ構成員であるような、明確な世代的顧客層があるということは十分考えられる。「理想主義的な若者」ではなくなった支持者たちは、それらのセクトの協同体的な生活様式や内部の仕組みが、彼らにはあまり適していないことに気づくだろう。また、特定の世代的な年齢集団へ訴えかけていた道徳的命令も、セクトと関係のない日常生活においては、やはり、一般社会での生活規範として適当でないということに気づくだろう。たとえときおり、それらのあるセクトが若者たちに強力に訴えかけているとしても、協同体的セクトは、過去の禁欲的修道会とは、いかなる意味においても同じものではありえない。それらの修道会は、全体としての教会の一部となって支持を受け、さらに一般社会で世俗的役割を担う人々からも支持されていた。今日の新しい運動は、こうした支持を受けておらず、普通は、自らの活動を特に社会全体にとって有益なものとして述べることもない。実際、彼らの多くは、マスメディアから主として否定的な評価を受けているし、両親や学校、医学上の権威、あるいは警察との周期的な衝突の中にいる。彼らがある特定の年齢集団にあまりにも注意を集中しすぎると、ある運動は、高齢化する信者層の興味や活力の変化に適応し損うであろうし、メンバー、あるいは生まれながらにその運動のメンバーであった幼い子どもたちの心理的順応にも失敗するかもしれない。それらの新しい運動が、改宗者や信者の第二世代の文化に対する社会化のパターンを作り出しうるかどうかについて、いずれ考察しなければならない。

七　相対的剥奪論

セクト運動を研究する社会学者にとって、最も重要な根本的問題は、ある時代や特定の文化的環境におけるある特定のセクトの発生と魅力について説明することである。個々の信者の回心過程やコミットメントが獲得され維持される様式、後続世代への伝達などは、たとえそうしたことがらに関する接近法がきわめて異なる見地からのもので、きわめて異なる前提が考えられているものであったとしても、社会学者にとって興味深いのと同じくらいに、セクト自体の指導者にとっても興味深いものである。社会学者は、宗教集団の発生に関する何らかの一般理論を発展させてきたが、そうした理論は所与の事例を説明しつくす厳密さを欠いている。せいぜい、それらはもっともらしい推論にすぎない。宗教はしばしば代償であると見なされており、相対的剥奪理論が、とりわけセクト的な宗教の発生や発展を説明するために、何人かの社会学者たちによって使われてきた。その理論が本質的に仮定していることは、ある所与の人口集団の内部には、期待するほどよい生活のできないためか、あるいは彼の選択した準拠集団においても同じように成功しなかったために、相対的な剥奪感を経験する諸個人がいるということである。これに従うとすれば、剥奪とは、明らかに本質的に経済あるいは地位についての業績に関するものであるが、最近のある著者は、富、収入、あるいは地位に関する剥奪が最も適切な事例をもたらすことは疑いないが、たとえば身体上の幸福に関するように、人間は他の局面においても剥奪を経験しうるという可能性を強調している。[(18)]その理論は、このようなやり方で、自らの環境を解釈する者は剥奪の事実か、あるいはその原因について、自らを欺いているということ、あるいは彼らは、相対的な剥奪の原因となる基本的な条件に対し影響を及ぼせないために失望していると仮定しているのである。彼らはまったく客観的実在としてそれらの環境を理解している——その理論はそれを含意している——ので、彼らは、人生における宿命を受け入れるか、あるいは変化に影響を与えるために、厳密に合理的かつ実践的な行為をとるかのどちらかなのである。彼らは事実についての歪んだ見方をしているか、あるいは彼らの直面するそうした（他者に対する状況と彼らが判断した）環境に関する帰結あるいは原因について自分を誤魔化しているかどちらかなので、代償としての宗教を求めると、その理論は述べているのである。

その理論には信憑性がまったくないわけではないし、また、宗教者によってなされる一般的な主張——もっぱら、真実であるがゆえに、彼らはそれらの特定の信念を受け入れたのだとする主張——はほとんど認めることができないので、宗教はときに、代償として提供されるということを忘れてはならない。たとえばキリスト教は、苦悩し、あるいはひどい重荷を負わされている人々に、まさにこの階級の人々に対する救済と慰めを与えると約束する救済者を受け入れるように訴える。それにもかかわらず、この理論は宗教——特に、強く維持され、生活全体を包み込むセクトの宗教性——を従属変数とする傾向があり、また、苦悩もなく、欺かれもせず、適切な原因—結果の理由づけが欠けていないような世界観をもつ者は一人もいないということを含意している。定義からしてセクトは少数者集団であるために、部外者は、このタイプの仮説を多数派の宗教を取りあげる時よりもセクトに適用した時に、よりもっともらしいと考えてしまいがちであり、また、彼ら自身がたまたま属しているものとは異なるセクトに注意を向ける時に、より説得力があると考えてしまいがちである。明らかに、この種の特殊な立論は、社会学者によって認められることはほとんどない。[19]

しかしながら、相対的剥奪理論の難点はそれだけではない。重大な難点は、つねにそのような剥奪は事後的（ex-post facto）にのみ、確認しうるものだということである。つまり、セクトへ加わった人々は、それ以前の時点で剝奪されているということが仮定されてしまっている。すなわち、その時、分析者は、信者の背景的経験の中に、剝奪の痕跡を探しているのである。しかしながら、宗教運動に加わってはいない多くの人々も剝奪を経験しうるし、剝奪感を（正当化されていようといまいと）もちうる他の人々も、それにもかかわらず彼らの問題を他の方法によって解決してしまいうるということは、明らかに理解しておかなくてはならない。それ以外にも、ある理論では、相対的剝奪の（経済的、社会的、身体的、精神的あるいは倫理的）諸タイプとセクト運動の特定の形態との間の何らかの関係をほのめかすような試みがなされてきたが、その理論は、宗教的応答の多様性を説明しそこなっている。それらの区別をしたとしても、相対的剝奪は、依然としてセクト運動を説明するカテゴリーとしてはあまりにも粗雑なままである。剝奪についての独立した証拠が提出される可能性はほとんどない。それは、たとえ剝奪されていることを示す客観的な基準によって個々人が示されていたとしても、それ自体は剝奪を感じていることの証拠とはならないことによる。換言するならば、その理論は客観的な剝奪が存在していないことを示しうる時でさえ、ある人々が主観的には相対的剝奪を感じていると仮定しうるのである。しかし、主観的な心の状態についての証拠を得ることは、より難しいことである。さらなる問題は、剝奪感を抱く個人によって、顕著な準拠集団が相対的規準で選ばれる場合に発生する。この理論の検証におけるそれらすべての問題は、その理論をせいぜいのところ、もっともらしくはあるが検証されてはいない、そしておそらく検証不能な仮説のままにとどめておく。たとえ証拠のさまざまな形態が適切なものであったとしても、われわれは、剝奪感とセクトへの入信との間には、きわめて多様な媒介項があるということを予想しなければならない。ある特定の剝奪状況に置かれた人々は、必ずしも自動的に彼らの要求を満たすようなセクト的な表現様式に出会うわけではない。宗教的できごとの領域では、要求と供給との間には、無数の段階があるのである。われわれは剥奪感が、セクトへの忠誠がそれに対する癒しでありうるような唯一の逆境であるということを支持する必要もない。[20] セクトは、信者に対して他の機能を果たしているのに違いないのである。

八　回心とコミットメント

セクトのメンバーであることは、つねにきわ立って激しいコミットメントであり、社会学者は、セクトに対する忠誠に必ず伴う煩わしい要求を個人が受け入れるようになる様式について関心をもたなければならない。回心過程の完全な理解のためには、個別の事例が吟味されなければならない。[21] きわめて広い意味で、われわれは、ある個人が熱心なセクトのメンバーとなるために満たされなければならない多様な条件があるという仮説を立てることができる。まず、その特定のセクトが、特定の社会的文脈の中で活動していて参加できるものでなければならない。個人がそのセクトの存在に気づき、その活動や教義に関する何ものかを学ばなければならない。明らかに、このことはさまざまな形で起こりうる。すなわち、運動員によって、親類縁者や友人によって、広告を見ることや公開集会に引きつけられることによって、導き入れられうる。しかし、回心が起こるためには、彼はその運動のメッセージ、スタイル、約束あるいは期待を感じ取れるほどの背景的経験を得なければならないし、あるいは、彼はメンバーの代表例や、団体の魅力や、彼の感じとる雰囲気によって引きつけられなければならない。そうした要素のうちのいくつかは、セクトに本質的なものであろうし、その他の要素（たとえば親類縁者の影響など）は、いうまでもなく付随的あるいは非本質的なものでさえあるだろう。あるセクトの本質的な魅力のいくつかは、多くのセクトに共通の特徴であろうし、その他はある特定のグループに独自のものであるだろう。

比較研究は、特定の運動に明瞭な諸要素を明らかにしなければならないが、明らかに、セクトに最も一般的であるそれらの本質的な特徴は、ここに簡潔に列挙することができる。そのような一般的な特徴には、もちろんつねに、ある運動の独特の真実であるとする教義の受容が、個人の忠誠の基盤として第一にあげられそうである。しかしこの予想された主張は別としても、われわれはさまざまな共通の特徴の累積的な衝撃を示すことが出来る。それは、非活動的なメンバーにまで及ぶ配慮、はっきりと示された世話と気遣い、強固な共同体の暖かさと支援、意味の提供、表現の機会（あるいは自己を表現する「言葉」を学ぶ可能性）、それ以前の個々の社会的関心事よりも広い目的への自己同一化、特定の疑問に対する答えの近づきやすさ、人生の存在理由となる活動への近づきやすさ、などである。その結果、個人は地位や自尊心や尊敬を集める機会を発見するのである。彼は一般社会における規範のなさや捉えどころのなさとは鋭い対称をなす確固とした生活様式に身を落ちつける。彼は競争行為を捨て、自らの好みや性向を、それらのセクト的集団に一致し、強化するように再構成する。彼は外部の秩序から分離され、そのような秩序についての新しい評価を獲得するようになり、そしてひとたびそのプロセスが進行すると、その共同体内部での社会関係は、新しい価値が絶えず反復され強化されるところの社会的文脈となる。回心とは、独特な理念と価値へ再社会化する過程なのである。回心者は、彼自身の個性や性格に関する、また彼の参加する社会集団に関する新しい定義を取り入れながら、彼自身の一部となる言葉と生活様式を学ぶのである。

このような一般的図式に対して、明らかに個々のセクトは、ある性格のタイプを引きつけたり、あるいは――そして、このことははるかに重要な側面であろうが――ある性格のスタイルを作り上げたりして、そのセクト独特の価値を加えていくだろう。しかし、忘れてはならないのは、セクトはきわめて自発的な運動であり、セクトに所属する者たちは、この独特の生活様式にコミットすることを自らが選択したのだということである。近代世界においては、ある根本的な哲学的かつ宗教的志向性についての選択は、きわめて重要視されている。先進諸国、なかんずく自由世界では、セクトはおそらく、個人が享受する真剣で束縛のない自発的コミットメントの最も大きな領域を構成しているだろう。それらの運動の近代社会に対する重要性は、また社会学者による理解にとっての重要性は、セクトが、いかなる大衆的な娯楽行為よりも、より真剣なコミットメントを示しているという事実の中にある。セクトは、一員であることがしばしば義務的であるような労働組合よりも、はるかに自発的な組織なのである。セクトは幅広い可能性を提示し、政党よりも、より永続的でより影響力のあるコミットメントを提供している。セクトは、他のいかなる無償の活動形態や活動領域よりも、人間のエネルギー、献身、能力をより十分に動員している。それらすべての場合において、セクトは社会秩序について、そしてもしこのタイプの自発的関与の機会がなかったなら、一般社会で欠けてしまうものについて、われわれに多くを語っているのである。

第五章　新宗教運動——類似と相違

一　宗教の衰退と復興

社会の中で確立した地位を占める伝統宗教は、すべて、その運営や取り決めを制度化する傾向があり、その活動や諸関係は硬直化する傾向がある。制度化や硬直化といった過程が生じるのは、安定した文化の中では人間は自らのやり方を過去に照らして正当化しようとする傾向を明らかにもつことによると思われる。伝統は、特定の取り決めに関する知識と安全性を確保する標準となる。伝統は、社会的には明らかに年長者の支配と結びつく。年長者はふつう、過去に対して尊敬を抱き、おそらく崇敬の念すら抱くものである。つい最近まで、すべてとはいわないまでもほとんどの人間社会が、過去に照らしてものごとを処理してきた。やっと今世紀になって、主として現在を、またしだいに未来を考慮して社会が組織されるようになったのである。伝統的な社会では、神の意志を過去から受け取った。しかし、現代社会では人間の意志が、経済計画とか社会計画と呼ぶものの中で、未来に投影されるのである。

宗教の教説と実践の硬直化は、宗教が専門家の掌中に握られやすかったため、よりいっそう進行した。おそらく、宗教専従者は生活の諸領域の中で最も早く現れた専門家であろう。こうした宗教専従者たちは、超自然的なものへの接近を独占することを主張し、多少ともそれに成功したエリートであった。彼らは昔から、社会が必要とする知識を保持してきた。彼らはしばしば、聖堂の守護者あるいは伝統的真理の保護者であり、その真理のいくつかを特別に秘伝の知識あるいは秘伝の実践とすることもできた。彼らの務めは、真理の純粋性を保つことであり、また、冒瀆的な堕落した思想や不純な人々や冒瀆的行為から、聖なるものを守ることであった。聖職者であり、ときには法律家でもあった宗教的専従者たちは、人々に次のような点で奉仕した。すなわち、救いの保証を与え、神託を解釈し、儀式を執り行い、事件を裁き、神の言葉や神の法を宣し、どのような社会関係が適切かを明かにし、人間相互や集団相互の義務を明確にし、人間と超自然的なものとの間を取りなすといった点である。しかし、彼らはエリートであったため、しばしば俗人の理解をまったく超えた宗教的真理の概念を展開する傾向があった。また、彼らが示す教説は、しばしば不可解かつ難解で、該博ではあるが、ときには曖昧で不明確でもあった。

そうした状況下では、大多数の俗人のためにかつて示された宗教的真理や宗教活動が、俗人の日常生活の状況や経験からまったくかけ離れ、排他的で特殊なエリートの関心にそったものになってしまうこともしばしばあった。救済と現世の保証を求める人間の要求は至るところで繰り返し起こるので、このような状況は伝統宗教に対する挑戦となった。俗人は聖職者に、保証、忠告、助言、取りなし、儀式の執行などを求める。もしこれらのものが、俗人のわかる言葉で与えられなければ、また十分な心理的効果を伴っていなければ、俗人たちは供物や献金によって聖職者を支えるのをやめるかもしれないのである。聖職者たちは、農民や漁師、その他の労働者たちが供給する余剰物に依存して生活しているので、宗教的エリートである彼らが俗人の要求を無視できる程度には限界があった。それでも、しばしば聖職者による宗教的奉仕が、俗人を満足させられないことがあった。特に、宗教的教説が曖昧なものとなったり、救済の状態が俗人とかけ離れたものとなったりした時にはそうであった。その時、俗人たちは、保証を与えてくれる別のよりどころに頼ろうとしたり、超自然的なものに至る別の道を求めようとしたりする。多くの社会で呪術が復興しているが、これは、聖職者の奉仕が不十分である時に、俗人が別のものに頼った例の一つである。上座部仏教においては、しばしば占星術師や漢方医が用いられるが、これは、彼らが上座部仏教のよそよそしい救済論より身近な、役に立つ保証を提供するからである[1]。また、チベット仏教には呪術が浸透しており、そのために俗人たちは安穏の依りどころとして、深遠な宗教的講話以外のものをもつことになる[2]。

キリスト教においては、比較的最近まで一部に土着の呪術的要素が残存していたが、事情はいくらか異なっている。キリスト教会は、超自然的な基礎をもつすべての源泉を除去しようとしたので、神学者があまりに知的処理を行い、救済を俗人からあまりにもかけ離れたものにしてしまった時に、俗人が頼ったのは、呪術ではなく新宗教運動であった。新宗教運動は、制度化された教会から見れば異端でありセクトであったが、キリスト教のメッセージを再解釈し、しばしば教会が提供した救済よりも身近で具体的な救済を提供した。ときには、無思慮な救済を提供する場合もあった。特に、キリストがまもなく再臨するとしてその日付を予言し、再臨の際には、激変する闘争の結果、現在の社会秩序が崩壊したのち新たな完全な神の王国が実現するだろうという場合などはそうであった[3]。

しかし、その他の運動は、既定の諸事項を正当化してきた前提を根本的に再検討し、キリスト教自体を改革させることとなった。しばしば、そうした運動は、本質的な本来の教義は何であったかとか、後から潤色され練り上げられたものは何であったかといった点についての再検討を促した。すなわち、霊的な源泉に由来するものが何であり、後から付け加えられた――おそらくは司祭たちの階級としての利害関心や、教会自体の防衛メカニズムによって――ものは何であったかについても、再検討を促した。こうして、プロテスタンティズムは、聖書には正当な根拠のない処女マリアに関する疑わしい教義と慣行を一掃しただけではなく、教会が富者に慰めを与え、収入を得る制度であった、贖罪のための「免罪符」の制度をも一掃したのである。さらに、聖遺物と聖堂の影響力、司祭の独身主義を含む聖職制度のすべての装置を一掃した。もちろん、同じような改革運動は日本の仏教史にも見られるだろう。しかし、私がこれらの運動に言及したのは、新宗教運動が過去にも存在したことを指摘するためであり、こうした初期の運動が起こった状況から、そのような運動一般をめぐる重要な問題を学ぶことができるであろう。

新宗教運動は、ときには、既成の硬直化した宗教制度に付着したものを一掃することによって、またときには、磨滅し失われてしまったものを回復することによって、しばしば宗教文化の再活性化をもたらす。新宗教運動に共通する特徴は、より明確な救済の計画を強調することである。必ずしも、新しい運動のすべてが救済をより広範に入手可能なものとしたわけではないが、多くの運動はそのようにしてきた。また、新宗教運動は、しばしば、より速やかな霊的移動性と、よりよい救済を約束する。新宗教運動は、聖職者の修行を短期間で簡易なものにする傾向があり、ときには聖職者機能をまったく欠くこともある。さらに、教義を簡素化し、儀式への俗人の参加を増やし、過去に秘伝とされた教義すら公けにしてしまう傾向もある。新宗教運動は、学習の近道を正当化し、かつては聖職者の専門的な関心であったものを俗人に教育することを促す(4)。

こうしたことが、過去のあらゆる時代の新宗教運動がもつ一般的な傾向であったとすれば、現代社会の新宗教運動にも同様の特徴が見出せるだろう。現代の新宗教運動を十分に評価するためには、それらの運動が現れた社会状況を査定する必要がある。社会構造の特徴が新宗教運動の性格に影響を与えることは間違いない。新宗教運動は、人々が新しい状態や新しい不安を経験するような状況下で生じるのである。宗教は、つねに人々の不安を解消しようとするのであるから、新しい運動はその運動が現れた時代に感じられていた不安によって条件づけられる。これらの不安は、単に再発したものではなく、新しいものであるかぎりにおいて、変動する社会組織の特質から直接に生じたものである。現代社会において、伝統宗教は現代の社会状況下にある人々の要請に応じられなくなっているが、そうさせているものは何なのであろうか。

二　現代社会における宗教の衰退

われわれがまず第一に認識しなければならないのは、社会組織がかつての共同体的構造および強固な地域主義といったものから、大規模な社会システムへと変化してきたことである。[5] 社会は、複合的な諸機関が大規模かつ内的に疑集したシステムであり、今日では基本的に国民国家の内部に組織されている。人々はもはや、一つの継続的な社会集団――そこで生まれ、生き、死んでいく集団、そして長い生涯のうちには全体を構成している人々が変わろうとも、その人が集団としてのアイデンティティの感覚をもつような集団――のうちに生きることはない。そのような共同体には、生者だけでなく死者も含まれ、死者はある種の影響を与え続けていた。二十世紀には、社会的なことがらが合理的に組織化されたことや、特にマスメディアによるコミュニケーションが発達したことにより、人々はもはや、もっぱら地域レベルだけで生きることは不可能になった。個人が経験する光景と範囲は限りなく広がっている。外国の思想や製品、組織などのすべてが、日常生活の一部となっている。人々が、自分がより広い世界に直接的に関係していることに気づくのは難しいが、それでも、自分自身のことや目的を考える時に、日々更新する広い世界のことがらが影響していることを認識せざるをえないのである。遠い場所で起こったできごとが、日々の生活と生活様式に影響を与えるならば、超自然的なものとの関係の地域的な解釈も変容をまぬがれない。宗教はつねに過去との連続によって特徴づけられるが、それにもかかわらず、現代社会を取り巻く状況を見ると、超経験的なものを新たに解釈するためには普通の人々の地平が拡大していることを考慮に入れなければならないのが明らかである。

現代社会において、宗教が適応しなければならない特殊な諸要素としては、新技術の利用がある。技術の規準が社会活動の範囲の拡大を決定づける。技術の規準はまた、個人の運動の広がりと頻度にも影響を与える。たとえば、毎日移動する通勤者、遠い場所へ年に一度あるいは半年に一度移動する旅行者、あるいは会社の支店から支店へと動く職業人、さらに、非人格的なテレビ視聴者などのように。こうした移動は、多くの未知の人々、彼にとっては匿名の人々と接触させる。彼らは、単なる「運転手」あるいは「乗客」であったり、「公務員」あるいは「職員」であったり、「助手」あるいは「代理人」であったりする。彼らは、人格によってではなく、役割によって規定されている。新技術は、個人的に知己である人々との関係にも浸透する。電話や哺乳瓶、そして最も親密なものとしては産児制限の技術がそれである。新技術と合理的組織は、地域差や家族の独自性、そして地域的伝統の価値ですら、低下させてしまった。ちょうど、ナポレオン時代のヨーロッパで、各地域のばらばらな度量衡や通貨、伝統的作法のすべてが、新しい標準に道をゆずるために一掃されたのと同様である。現代にあっては、新しい科学技術が、人間のもろい部分や地域の近隣集団、またあらゆる社会単位、集団、諸個人のさまざまな伝統や個性をむしばんでいるのである。

現代社会は、伝統的な制度宗教が出現した当時の社会のエートスとはまるで異なったエートスを帯びている。それらのエートスの最も明らかな面をあげれば、今日では、特質とか民主主義という観念が至るところで徹底的に論じられ、かなりな程度それが実行されていることがある。政治のみならず社会関係にも行きわたっていた過去の古いパターンの権威は、しだいにその価値を低下させている。今日では、あらゆる個人が、少なくとも政治的・宗教的嗜好を考慮しながら、また、個人のライフスタイルや関心、趣味、さらに余暇の活用を考慮しながら、一定の選択の範囲内で自己決定するという考え方が受け入れられている。こうした状況の中で、宗教は明らかに、伝統的な宗教制度にふさわしかったものとは異なる機能をもち、異なる便宜を信者たちに与え、異なるタイプの関係性を強調しなければならないのである。

また、社会的地位に見られる年齢のバランスも、しだいに旧世代から新世代へと移行してきており、この過程はおそらく日本よりも西洋で十分に進展したが、強い文化的連続性をもつ諸国においてさえ多少は見られる。その関連は明白である。すなわち、年長者たちが過去やかつて身につけた知識を代表するのに対して、若者は未来と展望を代表するのである。西洋社会では、若者の支配力が増しているが、これは新技術や合理的な方法への信頼や、未来志向と結びついている。このことは、伝統文化や伝統的な道徳観に深刻な結果をもたらした。旧来の社会規則の多くは、年長者を保護するために作られ、人々がその生涯で得る経験の光の中で鍛えられてきた。しかし、若者たちは、規則がないことにさほど悩まないし、規則をあまり評価もしない。若者たちは、社会的混沌の状況においても進むことができ、社会秩序にはあまり価値を置かないのである。新技術を学ぶという点では若者に利があるので、人間関係の領域においても若者の方が適任であろうと考えられやすいが、それは誤りである。新しい発展との結びつき、新しい科学技術の重視という領域に、若者の威信が存在するが、道徳の領域については彼らはまったく非合理的である。年長者の技術的適性が若者のそれに取って代わられたために、道徳的知識も取って代わられたと、誤って考えられているのである。旧来の知識の価値が低下したために、若者志向の社会のエートスは、すべての人が「自分の好きなことをする」というエートスなのである。

道徳の領域に見られるこのような気ままな自由の感覚は、深刻な結果をもたらす。おそらく、新宗教運動が特に取り組んでいるのは、個人的責任の問題や、新しい社会秩序への道を見出そうとの試みであろう。(6) というのも、とりわけ労働の領域における旧来の道徳的規制からの解放と、新たな技術秩序が課す束縛との間に、奇妙な隙間が感じられるからである。科学技術は人々を、旧来のおそらく変則的な地域の慣習から解き放ったが、その一方で、人々を新たな一連の責任と要請の中に閉じ込めてきたのである。そうした新たな束縛の多くは、過去における束縛よりもはるかに非人間的なものとして現れる。というのも、旧来の道徳を仲介したのは知己の人々であり、彼らは人間的関心や同情によって慣習の強制を緩和することができたからである。ところが、新たな状況下では、法律が、非人間的な冷淡さや、統計的手続きや、コンピューター、その他の非人間的な装置によって条件づけられるようなまったく気まぐれな力をもって機能する。社会はしだいにすり減り、同情や相互の道徳的覚醒、人間同士の関心といったものが行動の中で占める位置が減少してしまうのである。(7)

現代社会のエートスが、古い宗教的パターンを維持するのにふさわしくないのは明らかである。それほど抽象的でないレベルにおいても、宗教活動をめぐる状況の変化は見てとれる。明白な発展の例をいくつかあげてみよう。第一に、現代社会の至るところで、教育の領域が大きく拡大してきた。かつて教育は、宗教的教説や道徳的知識と強く結びついていたが、しだいに技術的、抽象的、科学的なものとなってきた。こうした傾向は、「人文科学」の領域においてすら見られる。「社会科学」が発展したことだけを見ても、旧来の文学、歴史や文化理解のアプローチが、近代の経済学や社会学などの実証的、統計志向的、技術的アプローチに取って代わられたことがわかるのである。そうした発展の結果、人々はさまざまな情報源に頼るようになり、伝統的な宗教教説を軽視するようになっている。しばしば科学的な見解が旧来の宗教の見解とぶつかりあうだけでなく、ぶつからないところですらも、科学は、曖昧で感情的な宗教的言語で表現されていたものを正確に客観的に表現しようとする。科学は威信を高め、自らの定式を検証するよう申し出る。科学は、経験的に検証されることを進んで望むことによって大いに信憑性を加えた。こうして、科学と宗教の威信が区別され、しだいにそれらの不相応な支配も見られるようになる。科学は富を生むものと考えられる。しかし、人々が宗教から得るものが何であると考えようと、その得るものは定量的な言葉では容易に表現されえないものである。伝統宗教は、定量化を重視する世界にあって、ふたたび苦悩しているのである。

第二に、世界は多くの局面において事実上、国際化されてきた。ある文化から他の文化へと思想が流出し、人々の思考に新たな相対主義を生み出す。かつて、宇宙の真理を把握し、全人類に適用可能だと考えられた宗教が、今や、地域的に条件づけられ、特殊な社会構造に基づくものと考えられている。ひとたび人々が、人類史は多様であるという概念をもつようになると、かつては絶対的な宗教的真理とされたものも、特殊な諸文化と結びついた真理であると考えられるようになるのである。その結果、当然のことながら、伝統的信仰は揺らいでくる。古代の宗教が、現代の世俗世界に対応する言葉で表現されていなかったので、それが生じた社会、あるいは緩やかな移植に成功した社会以外のどの文化的状況にも適応しなかった。かつて、いくつかの大宗教は、それが生まれた社会から他の諸文化へと緩やかに伝播した。それは、ゆっくりとした文化の拡散の過程であり、よそものであった信仰が、しだいに異郷の文化的土壌の中で成長し、その背景の一部にまでなる過程である。今日では、異国の諸宗教が知られてはいるが、異郷の知的体系として「抽象的に」知られるだけである。外来の諸宗教を知るといっても、それ自体を感じるのではなく、知的に知るだけであり、それが発生した社会状況について知的に知るだけなのである。諸宗教は、それが誕生した時代状況に関連するものとして受け入れられるのであって、絶対的真理の体系として受け入れられるのではない。その結果、すべての外来宗教にある点での主張を弱めさせ、さらに土着の伝統について疑いを生じさせる相対化が起こる。

旧来の諸宗教は、現代の状況下で生き残ろうとしているが、その現代の状況に関する議論の中で第三にあげられるのが、爆発的なマスメディアの発展に宗教が悩まされていることである。かつては、コミュニケーションの主な内容は、宗教的教訓や宗教霊感によって書かれた物語であった。コミュニケーションは共同的で人格的なものであったし、知識は信頼に足る博識な助言者によって、疑うべくもない宗教理解の文脈の中で与えられた。しかし今日では、人格に関係なく広範な問題についての情報が溢れかえっている。情報への欲求は拡大し、個々人は、学んだものや聞いたものと宗教的概念との関係を自ら決定しなければならない。そうした情報と娯楽の多くは世俗的なものであり、宗教的思考は背後に追いやられている。コミュニケーションのスタイルすらも、宗教に影響を与える。かつて宗教は、共同体の知己の成員から習得するものであった。宗教の内容や様式、また普及の状況は、人間相互の信頼、道徳的責任感、共同体の関心を伴っていたのである。しかし、マスコミ産業においては、これらのどれ一つも得ることはできない。マスコミ産業は、ほとんど道徳的責任感をもたず、人格や共同体への関心をもたない。そのスタイルは、宗教的コミュニケーションの核となる関心とはかけ離れたものなのである。しかし、マスメディアは、しだいにあるべきコミュニケーションのモデルとなり、当然のスタイルとされるようになる。マスメディアが作りあげる形式が、すぐさま規範となる。子どもたちはそれを学び、まね、個人的コミュニケーションの意義や、コミュニケーションにおける道徳的感覚の意義が失われる。このことは、何ものにもまして、伝統的宗教の価値を低下させることになるのである。

旧来の諸宗教は、今やこのような社会状況下にあるため、現代社会で衰退しているのもうなずける。現代社会を特徴づける諸力や影響力は伝統宗教にとっては相いれられない環境を生み出しており、その中で旧来の宗教は勝負にならない闘いを行っている。また、多くの理由からして、古来の宗教は、社会環境の変化に容易に適応はできない。すでに述べたように、宗教には、本来のメッセージに付着したものを聖化し、既得の利益を生み、便宜的な手続きを聖的に不可欠なものとする傾向がある。したがって、宗教の保護者自身が旧来の宗教から不用なものを除去するのを請け負うことは、苦痛に満ちたことなのである。現在、ローマ・カトリック教会は、近代化をめざす中で、信仰にとって何が本質的で何が因習的に付着したものにすぎないのかをめぐる論争に悩まされている。とりわけ問題が生じるのは、宗教がその教説や実践、制度を正当化する際に、あたかも過去自体が聖なるものであるかのように考えて、過去に照らして正当化する場合である。伝統宗教にとって、過去を克服するのはたやすいことではない。たとえ過去の言語が今やほとんど伝達の役に立たないとしても、また、過去のシンボルが社会的共鳴を失っているとしても、さらに、過去の制度の構造が現代のニーズに不釣りあいなものになってきたとしても、である。過去の言語、シンボルや制度は、伝統の正当性という本質のゆえに、これらの宗教の様式や態度と密接に結びついているのである。それらを切除すれば、深刻な破壊的結果を伴う信仰構造の危機を招くだろう(8)。

三 新しい運動の開始

新宗教運動は、より直接的なやり方で人々に保証を提供する。それらは、伝統というやっかいものを取り払い、現代の言語とシンボルを用い、霊的移動性という直接的な道を用いる。とりわけ、合理的に考案された方法を採用するだろう。もちろん、宗教と合理性の間の緊張は存在する。その緊張は、宗教的目標の超経験的性格と関連するし、宗教がつねに実質的な目標を信奉することや、その達成のために独自な手段（厳格に合理的な観点から見れば恣意的な手段）を示すこととも関連がある。宗教はまた、人間相互の信頼、共同的な友好、仲間意識、他者への愛の促進や普及などを扱い、人間的な表現形式で作用するものである。効率という合理的基準は、宗教にとっては決定的な原理ではない。したがって、宗教が自らのやり方を合理化しようとする時には、つねに居心地の悪さがあるだろう。それにもかかわらず、新宗教は、目標達成のために合理的技術を適用する機会をかなりそなえている。とりわけ、新宗教が必ず携わる（顧客を得ようとする世俗の諸機関と競合するような）、信心深さとは関係ない活動の面で合理的技術を用いることができる。すなわち、資金調達、会員募集、メッセージの出版、事務所の組織化、およびそれらに付随する活動を、合理的に行うことができるのである[9]。たとえば、メソディストの場合のように、私的礼拝の機会さえも規制する制度を作り上げるかもしれない。しかし、能率を目標にしたり、運動の高尚な目的を組織自体の問題へとゆがめたり、手段的な問題だけにとらわれすぎたりすることは、注意深く避けられなければならない。

私は、創価学会が会員獲得の過程で行ってきた合理的な人員配置の方法は、効果的だったと考える。逆説的ではあるが、現代世界では国家や産業界で官僚組織が発展したために、あらゆる関係が人間的な関係であった伝統的社会においてよりも、人間的接触がはるかに高く評価されている。創価学会は、会員同士が人間的に接触したり、新入会員に責任をもつよう激励する点で、現代的なニーズを十分に活用している。と同時に、日本社会に以前からあったような尊敬し合う関係を、新入会員と、助言者および指導者との間にかもし出すことで、旧来の日本文化のパターンにも従っているのである。西洋のエホバの証人も同様のアプローチを用い、全信者に布教の責任があることを強調してきた。彼らは、信者を合理的に配置し、全信者が所与の地域で、定期的に運動について学べるように、最大の機会を保証する効果的な範囲を定めたのである。西洋では、エホバの証人のような新宗教運動は、教師や指導者を尊敬する文化的傾向を生み出すことはできないが、新入会者と彼らに運動の初歩的な教説を教えようとする人々の間には、しばしば特別な愛情の絆が見られる[10]。

新宗教運動は俗人の運動である傾向があり、これは、変化した社会的エートスへの適応でもある。伝統的な社会には、明白で広範な身分制度があり、聖職者の階級やカーストは卓越した地位にあるという主張が、宗教的権威や宗教的権力の効果的な砦であった。しかし、現代社会では、身分集団間の差異はほとんど作用しないし、固定的な身分の差異はしだいに富の差異、特に収入の差異に収斂する傾向がある。通常、宗教運動が常勤職員に高い俸給を提供することは期待できない。確かにイギリスでも、聖職者の給料は種々の手工業労働者の給料の標準以下である。したがって、聖職者の特別な身分を主張することは、現代社会のエートスに反しているだけでなく、イギリスのような国では、有給の宗教専従者をもつこと自体が適当ではないことは明らかである。新宗教運動は、これらの特別な地位をなくし、俗人の職員を雇う。現代のエートスのもとでは、こうした普通のあり方こそ現代の平等主義的な思潮にふさわしいものであり、聖職制度の設立よりも新宗教の機能をいっそう促進するものである。

こうした点において、新宗教運動は現代社会の支配的なエートスに適応している。しかし、これらの運動は基本的には宗教運動であるから、時代を超越した宗教的な諸問題に専念する。それらは、新たな状況に順応しながらも、なお宗教の基礎的機能を見失わないだろう。現代の新宗教運動の広がりを国際的に再検討しようとすれば、一つの長い連続体について述べることになるだろう。その連続体の一方の端では、伝統宗教の中心的な関心が十分維持されてきており、他方の端では、現代的なものがかなり広く支持されている。前者の例としては、一九七〇年代初期の合衆国に見られたヒッピーのサブ・カルチャーから発展してきた、ジーザス・ムーブメント〔訳注23〕（Jesus Movement）を含む多くのファンダメンタルなキリスト教教団があげられよう。(11) 後者の例としては、サイエントロジーがあげられる。サイエントロジーは、官僚的な組織をもち、近代的な精神療法を行い、修行や調査を強調し、現代の世俗的世界の価値を保証している。(12) 宗教運動は、現代の技術を取り込むのに失敗すると、競争相手である世俗的機関に対して不利になる。他方、現代的なものを支持しすぎると、基本的な宗教的関心が危機に陥るに違いない。新宗教運動は、現代的な機器を採用し、合理的・技術的方式を利用できる特典をもつが、それを行う際には、宗教的機能が犠牲にされることがないかどうか、慎重でなければならない。

過去の宗教は、人々の社会的諸関係や共同体生活を荘厳なものと見なした。しかし、現代世界においては、自然発生的な共同体の多くは消滅してしまい、人々はもはや同じ共同体で生活し、学び、働き、遊び、結婚し、死んでいくことはない。しかし、人々が共同体的な恩恵を渇望し、個人的に知り合ったり、他の人々と責任を分かち合ったりできる状況を求めていることは間違いない。新宗教運動は、どの社会機関もできなかったような仕方で、まさにそうした状況を提供できるのである。宗教以外の諸活動は、政治活動、経済活動、レクリエーションですらも、特定の関心や交換関係に支配される。家族だけが共同体を目的とするという理念を宗教と共有しているが、核家族化した現代の家族は、規模が小さすぎて共同体としての機能を満たすことはできない。宗教活動は超越的概念に基づいており、その中心的な働きは共有と世話であり、超越的な真理の儀式が共同体の儀式でもある。これらすべての理由によって、宗教団体は、共同体に本来備わっている象徴的な恩恵を提供するのである。

新宗教運動は、たとえ国際的な規模と膨大な数の信者をもっていたとしても、地域的なレベルで機能し、アイデンティティを共有する、生き生きした共同体となるような地域集団を形成する。人々は、別々の労働生活を営むことを余儀なくされているとしても、強い宗教的コミットメントによって、さまざまな広範なことがらへと結びつけられる。宗教集団に属さない人々は、そうしたことがらを単独で、また孤独の中で追求しなければならないのである。それで、新宗教運動の会員たちは、政治、レクリエーション、教育、病気に対して、また、部外者や外部の世界に対して、似たような態度をとりがちである。実際、彼らの宗教は、そうした諸問題に対してある一般的な態度を定めるだろう。しかし、本質的な点は、宗教が人々の態度を染め上げ、また人々を結びつける輪を作り強化しながら、ふたたび生活の多くの局面を統括することである。そのような共同体においては、明らかに、相互扶助の機会、私心のない愛の実践の機会、適切な地位の分配の機会（結局それは、基本的には社会的評価である）、公平な友好の精神に基づく権威と責任の機会があり、それらすべてが、価値あるコミットメントと個人的帰属の感覚を人々に与えるよう機能するのである。

伝統的な社会生活においては、共同体が人々の結合の規範的な形態であり、これらの恩恵の多くは、生活に固有なものとして経験された。宗教はこれらの恩恵を強化し、荘厳なものとするよう作用した。しかし、それらの恩恵は、当時の状況や構造から生じたものであった。現代世界においては、ほとんどの人々はそれらの恩恵を得ることはできず、とりわけ、都市に住んでいる人々はそうである（残っている農村地域にさえも、共同体組織を浸食する設備や態度の都市化の過程が見られるのではあるが）。今日、これらの機能が満たされるとしたら、それは宗教組織によるものに違いなく、おそらく、新宗教運動のみがそれを提供できるだろう。旧来の宗教は組織と機動力を欠き、そこに属している人々は、献身的ではあっても本質的には保守的で、ときには無気力であることが多い。活発な関係が結集され、共同体を再建できるエネルギッシュな関与が見られるのは、新宗教運動なのである。

したがって、新宗教運動は、過去のいかなる宗教よりも多くの責任を負っているだろう。それらが共同体の維持という総括的な責務を引き受けるかもしれないからである。もちろん新宗教運動は、こうした務めを果たすために、新たな科学技術を賢明に用いることができる。そうすることによって、かつて伝統宗教にとって必要であり可能であった以上に際立った目標を示すことができるし、その特別な目標を達成するために、より明確でおそらくより計画的な関与をもたらすことができるのである。新宗教運動がその誕生した国々においてすら多数派となることがまれであることを考えると逆説的ではあるが、これらの運動は、同じ伝統内の旧来の宗教よりももっと人々の関心を包含するようになる。俗人組織であることや、徹底的な平等主義や、民主主義という背景がこうした状況に影響を与え、全会員の参加をいっそう容易で望ましいものとさせるのである。家単位の会合、創価学会の座談会、モルモン教のステーク、立正佼成会の法座、エホバの証人の聖書研究会などはみな、個人的関心が宗教教説や宗教的助言の中にすえられる例である。このような組織は人々を支える集団となり、非人間的な現代社会で消耗している人々は、それらの組織が日常生活の活動にとって魅力的で元気を与えるものであることに気づくだろう。

四　若い世代への新宗教の魅力

新宗教運動があらゆる年齢集団に効果的に訴えかけることができるのは、おそらくこのような包括的な特質のゆえであろう。現代社会における世代間の分断の度合いを考えると、このことはきわだった成果と言える。年齢集団が分断されてきた要因の幾分かは、急速な社会変化と技術的発展にある。それらは、文化伝達に隙間を生じさせ、道徳的コミュニケーションを不可能にさせてしまうのである。現代社会においては、若者たちは、道徳——いかなる倫理的規範の制度も——を時代遅れと見なすようになる。多くの若者にとっては、どのような問題も、技術的・合理的に解決されるのである（現実には、道徳的諸問題は技術的には解決されえないのであるが）。旧来の諸宗教と、それらが支えてきた道徳体系および社会制度、さらにその思想と実践を形成した諸前提は、若者にとっては、日常生活のニーズとはほとんど関連性がないものに見える。それに対して、新宗教、とりわけ継続的な固有の伝統から発展した新宗教は、昔からよく知られ理解されてきた諸要素を維持する可能性と、文化遺産をよみがえらせる表現のスタイルや組織化のスタイルとを結びつけるものと思われる。新宗教の中に、年長者は親しみ深い思想を見出し、若者は現代世界で理解しうる関心を見出すのである。所与の社会の内部で、旧来の伝統に根ざし、今や朽ちてしまった古い幹を支えてきた根から若木のように芽を出している新宗教運動は、こうした魅力の源泉を兼ね備えているだろう。こうした新宗教運動は、はるかに過去にさかのぼる歴史文化に源をもつ超時代的な真理のメッセージを、その時代に適合させる。その恰好の例は、現代日本のいくつかの新宗教とならんで、十八世紀末と十九世紀初頭にイギリスに出現したメソディストである。

こうした適応の仕方には明らかに問題がある。それらの運動は、現代の形態に適応したために、年長者や伝統的な人々からは危険な革新の源と見なされるかもしれないし、他方、それらが古い根をもつために、特に若者たちからは、反動とはいわないまでも保守主義の表れと見なされるかもしれないのである。こうした態度をめぐっては、時間的な次元すら存在する。すなわち、ラディカリズムによって保守的な年長者に衝撃を与え、革新的なものを形成し提供することによって過去の多くを裏切ったと見られる新宗教運動も、二十年、三十年あるいは四十年たつうちに、保守的と思われるようになるのである。それは、新宗教運動が、過去の多くの伝統――自ら保持してきた伝統や伝統の諸要素――の貯蔵所となってしまうからである。(13) 現代日本の新宗教のうちで、歴史の長いもののいくつかは、そのようなライフコースをたどってきたといえよう。もちろん、そうした運動は外界の反応に神経質になる余裕はない。また、少なくとも短期間においては、さまざまな判断自体がメディア経由で見られるものであるかもしれない。また、現代社会においては、いかなる宗教運動も論争の種になることも明らかなのである。

現代社会において、年長者と若者の社会的経験がかなり分化していることを考えると、現代のすべての新宗教運動がすべての年齢集団にとって魅力的なものとなりえているとしたら、驚くべきことだろう。現代の家族は、規模も縮小し、親密な関係も衰退しているので、少なくとも西洋においては、家族が一つの宗教のもとに統合されるという仮定は力を失ってきた。きわめて世俗的な文化においては、多くの家族は宗教に対して名目的で形式的な関わりしかもたないので、家族内ですら宗教の多様化が見られやすくなるが、最も多様化が著しいのは世代間の分断が伴う場合である。西洋の新宗教運動の多くは、その運動が行われている社会以外の社会の伝統的な知識をふたたび発展させるような文化の輸入である。こうした運動は、ほとんど旧来の伝統の恩恵を受けていないので、年長者にはあまり気に入られそうもない。反対に、それらの運動は、他の文化の未知の知識、おそらくは神秘的で確かにエキゾティックな知識を示すので、若者たちをひきつける。その運動が、西洋諸国や日本とは異なる、現代技術の発展に影響されていない文化から発祥した場合には、それはなおさら明白である。そのことだけでも、これらの宗教は古来の真理の源泉に近いと思われるのである。その真理の源泉は、人間と自然との交渉によって汚されておらず、先進社会のはなはだしい物質主義や快楽主義によって汚されておらず、また、破壊的な政治や軍事的紛糾、権力の狂気によっても汚されていないのである。

西洋の多くの運動、とりわけディヴァイン・ライト・ミッション〔訳注24〕（Devine Light Mission）、ハレ・クリシュナ意識運動、ヘルシー・ハッピー・ホーリー・オーガニゼーション〔訳注25〕（Healthy, Happy, Holy Organization）のヨギ・バヤン、および統一教会（Unification Church）などの支持層は、主として若者である。(14) これらは（キリスト教団体であると主張する統一教会をのぞいて）、旧来の伝統にはほとんど頼らず、年長者や中年の人々にはほとんど訴えかけない運動である。主として一つの世代だけから信者を得るような宗教運動は、独特のスタイルと問題関心をもつ傾向がある。概して、一般の人々は、このような運動のすべてに否定的な印象をもってきたが、その理由は、それらが信者を募る特別な層から生じたのである。一般的に、若者たちの運動は、若くない人々からは疑いの目を向けられる傾向がある。現代の若者の運動は、西洋世界の至るところで新聞界や公衆を警戒させた若者による不安の覚醒時代に続いて起こった。独特の若者文化が生じ、独特の反社会的で攻撃的なスタイルが若い世代に広まったのである。対抗文化は、当初は、そのスタイルにおいても内容においても世俗的であったが、一九六〇年代後期に宗教的ライフスタイルと宗教的レトリックを獲得したことによって、穏健なものとなり合法化された。ジーザス・ムーブメントとクリシュナ意識運動は、反体制的な若者文化から信者を募った。前者は、かつての気まぐれな若者たちがしだいに社会に楽に復帰できるようにさせることによって、また、後者は、対抗文化のエクスタシーの永続を主張することによって。多くの年長者にとって、新宗教運動は、初めからヒッピー文化、若者の反抗、対抗文化的思想によって汚染されたものであった。これらの新宗教運動には、若く情熱的で、同世代の人々とうまくコミュニケーションのとれる信者がいたので、しだいに一つの年代層から不釣り合いなほど多くの信者を得るようになった。一般の人々は、これらの集団に対して否定的なイメージをもったが、そのイメージが悪化したのは、両親たちが、自分の子どもたちが目的も理解しえずまったく異なったスタイルをもつ宗教に改宗したと知った時であった。子どもがヒッピーになった時に憤る親もいたが、少なくともヒッピーの子どもたちは自ら選んだ生活をしていた。それに対して、子どもが宗教運動に参加した時には、子どもが誘拐され、奇妙で束縛的なイデオロギーを信じるよう「洗脳された」と考える親が多かったのである。ヒッピーの生活は緩やかで一時的なものであったが、新宗教は明らかに統制が厳しく、要求は永久的なものであった。彼らは、組織維持のために指導者や方針、改宗や資金集めのテクニックにすすんで共鳴したので、邪悪な年長世代の容易なターゲットとなった。新宗教が悪意のある略奪者であると非難されたのも、ゆえのないことではなかった。ヒッピーも非難されるが、彼らはあるライフスタイルをとる個々人の集まりにすぎなかった。しかし、新宗教は一体化した組織であるために、それに対する攻撃も効果があった。新宗教に属することを選んだ若者たちは、「組織人」の操作の「犠牲者」と見られたのであった。こうした運動に向けられた強い敵意の少なくとも一部は、まさにそれらの運動が、社会に存在する世代区分を利用し、強めたことによるのである。

五　西洋における刷新の固有性

東洋から輸入された新宗教は、その多様性と広がりの速さの点でまったく新しい展開を見せ、敵意を呼び起こした。それとは対照的に、西洋固有のキリスト教の伝統内部で見られた新たな発展はあまり注意をひかなかった。概して、キリスト教会はここ数十年間ほとんど新しいものを生み出してこなかった。いくつかの例外はある。それらは、破壊的な意味で、つまり旧来の礼拝式を廃止し、その代わりに世俗的な西洋社会の娯楽産業の一時の流行をまねた略式の儀礼を採用したという点で、新しいものを生み出したのである。ジーザス・ムーブメントとして知られる一群の運動は、幻滅を感じたヒッピーたちの間に起こったが、わりあい短期間に突出した主情主義を示したのちに、信者たちを素早く福音主義的プロテスタンティズムの一般的な流れの中に戻した。信者たちは、当初から行き過ぎを非難されたが、現代的なスタイルを共同体組織で試みたことを除けば、いわゆるアメリカ福音主義の信仰復興運動の伝統の範囲内にあった。すでに存在する固有の宗教伝統から離れて発展する可能性を示した運動は、一つか二つの分派だけであった。そのうち最も目立つのは、チルドレン・オブ・ゴッド（Children of God）である。[15] 現代キリスト教に見られる、もう一つの、さらに重要で創造的な展開は、カリスマ刷新運動（Charismatic Renewal）として知られる、組織をもたない運動である。

カリスマ刷新運動は、「ペンテコステの賜物」として知られるものの価値をふたたび宣言したものである。その基本は「未知の言語によって語る」能力、すなわち恍惚となった祈りの瞬間に理解不能な言葉を語る能力である、それは聖霊の働きによるものと信じられている。キリスト教特有のこうした要素は、情熱的な復興運動の中で突発的に発現したが、教会は何世紀にもわたってそれを非難してきた。この賜物は、公式的には、キリスト教徒から取り上げられてきたのである。長い間、異言を語ることは異端とされてきたが、二十世紀になって、ペンテコステ派の伝統が多くのセクト運動の中で芽をふいた。[16] それらの運動は、異端とは見られないまでも、軽蔑されたのは確かである。形式ばらないスタイル、略式の取り決め、整然とした礼拝式の廃止、自前の牧師の叙任式——正統派のキリスト教は、これらのすべてに難色を示してきた。しかし、一九五〇年代末以降、カトリック、英国国教会、プレスビテリアンや他の主要なデノミネーションの内部で、同じように「霊の力」が宣言された。カリスマ刷新運動は独自の組織を形成するために分派することはなかったが、しばしば霊的能力を行使したために、教会内の礼拝に新たなスタイルを展開させることになった——多くの教会人は、それに賛意を表しなかったのではあるが。[17]

この運動は、西洋社会に浸透しているエートスのおかげを大いにこうむっている。会員たちは、正統教会の信徒であり続ける一方、民主主義的で福音主義的なエートスが人間関係を形づくる小さな祈禱集団の中で連帯している。そこでは、宗教的行為に参加し貢献する機会がすべての人に開かれており、少なくともこれらの集いでは、形式主義や、教会の儀礼的で厳粛な礼拝式の執行は、片隅に追いやられている。ここでは、世俗文化で行われつつあるものと同じ強調が見られる。そのスタイルは形式ばらず、ときにはきわめて風通しのよいものである。神が直接的に集団に語りかけ、あるいは個々の信者を通して語りかけるという思想には、明らかに強い反文化的・反権威的な志向が見られる。自発性が合言葉であり、そこに即時性と法悦への関与が伴う。儀式としては、感情的体験が確実性の保証と考えられる。直接的体験が、キリスト教の知的伝統や教義を形成し伝えるための道具立てをわきに追いやったのである。このような特質はすべて、一九六〇年代の若者文化に強力に示され、さらに一般的な反文化的・反体制的運動の潮流となってきたと思われる。カリスマ刷新運動は、もっぱら若者だけに支持されたのでもなく、対抗文化的な価値を意識的に享受した人々に支持されたのでもない。この新宗教運動の信者には、中産階級のかなりの人々や司祭や修道女たちがいた。そしておそらく、自らが支持する態度の暗黙の意味にほとんど気づくことなく、非国教徒的で不安な精神を表明し、また、最近二十年間に西洋の世俗社会を強く特徴づけてきた公式の手続き、尊厳さ、秩序と知的関与の多くを否定したのである。こうした運動は、宗教的礼拝が司祭や職業的牧師の奉仕なしに効果的に——おそらくはいっそう効果的でいっそう「本格的」に——なされうる点で、さらに広い意義をもつ。というのも、カリスマ刷新者たちは、神は人々に直接的に語りかけ、また人々を通して語りかけると信じているからである。カリスマ刷新者の中に、この運動がもつこうした反構造的な意味合いに十分気づいているものは少ないが、彼らの運動や成果が教会の組織や活動、さらに一般社会に与える影響が大きいのは、まさにこのためなのである。

六　スタイルと機能の多様性

カリスマ刷新運動は、既存の教会内部にとどまる点で、また、あらゆる年齢集団から信者を募る点で、西洋世界で生じる多くの新宗教運動とは大きく異なっている。この運動は、伝統宗教が内部から分裂することを示すよい例である。それはちょうど、他の社会から移入された運動が成功することが、伝統宗教が外部から侵食されることを示すのと同じである。こうした現象は、西洋世界や先進諸国だけに限定されるものではない。南アフリカ、ケニヤ、ラテンアメリカ、カリブといった第三世界にも、同じく宗教的伝統の分裂過程が生じており、イスラム社会さえもそれに対して十分に免疫があるというわけではない(18)。今日、これらのほとんどの国に、過去のどの時代に共存していたよりも多くの新宗教が存在し、それらの運動はかなり広く多様な志向を示しているが、信者のための基本的な機能は共通であり、超自然的なものに対して特別に近づけると主張する点は共通している。しかし、明確な相違もある。その相違は、個々の運動の間にだけではなく、包括的な類型の間にも存在し、おそらくたとえば日本のような特殊な社会で繁栄している運動と、アメリカ合衆国のような社会で繁栄している運動の類型の間にも見られる。

西洋では、このような運動の多くが、そして急速に発展した運動、組織的には分離して別の団体を構成した運動、またエキゾティックな起源をもつ運動の多くが、特に若者に受け入れられることはすでに述べた。一般に、このような運動は、加入者に非常に高度な献身、禁欲的でさえあるような献身を求めてきた。特に運動の初期の発展段階においてはそうである。この段階では、急激な発展によって強化された高尚な理想、果敢な主張、非現実的な期待が見られ、運動が信者に強い要求を課すのである。ある場合には、従来の諸関係と活動のすべての放棄を求めることもあり、二、三の知られた事例では、共同体生活に関わることを求めている。そのような厳格さに耐えるのは困難なことである。また、共同体的に組織された運動の多くは、経済的な財源のために（贈与を請い求め、生産物を売り、信者を全体社会に働きに出し、失業手当てを集めることによって）全体社会に依存しており、またときには社会的・道徳的支持を得るために全体社会に依存しているのであるから、実際は信者がさまざまに社会に関わることの利点を認識しているだろう。そうした運動は、ときには、ある階級の信者にはいくらかゆるやかな要求を課すこともある。こうした過程は、旧来のセクト——初期の新宗教運動——にはなじみ深いものである。ここで考えられている新宗教運動（クリシュナ意識運動、ディヴァイン・ライト・ミッション、統一教会など）とは多くの点でかなり異なるエホバの証人のようなセクトにおいてさえ、多様な関わりがよく制度化されている。年長の会員は、実際はドアからドアへと勧誘してまわる「パブリッシャー」にはならない。彼らは、他の信者に通常要求されるものを免じられているのである。また、勧誘にもっと時間を自由に使うためにパートタイムの仕事しかしない「パイオニア」がおり、さらに、非常に少ない収入に甘んじて、フルタイムを伝道、組織運動、運動のための出版と生産のために捧げる「スペシャル・パイオニア」もいる。このようなパターンが、もっと古いセクトや長く存在してきたセクトに見られるとなると、新宗教運動も、生き残ろうとすればそうした戦術をもつことが予想される。実際、ディヴァイン・ライト・ミッションや統一教会のようなエキゾティックな運動や、チルドレン・オブ・ゴッドのような急進的なキリスト教団、また合理性を志向するサイエントロジーにも、そうした戦略が見られる。信者は、徹底的にまた等しく献身的であるべきだという初期のビジョンも、長期にわたる存続が急務な時には必然的に背景に退くのである。

西洋の新宗教運動の中には、信者に多様な関与を許すことを妥協したにもかかわらず、禁欲的な倫理を要求したものもある。そこには、おそらくキリスト教本来の福音的伝統と驚くほど似たものが見られるだろう。その福音的伝統の内部に、ここ二世紀の間に多くの新宗教運動が発生したのである。しかし、旧来の福音主義的キリスト教の禁欲主義と、新宗教運動の禁欲主義との間には、重要な相違点がある。福音主義的キリスト教運動においては、救済を求める個々人の要求がつねに強調されたが、それは道徳的振る舞いによって検証されるべきであったし、道徳的行為はまた、他者への例示と見なされるとともに、それ自体、社会的安寧への貢献と見なされた。福音主義者たちは、その道徳的基準を全体社会に課そうとしたのであり、献身的な福音主義者たちは、「光を人々の間に輝かせよ」との句を個人的な道徳的振る舞いについての命令ととらえたのである。その結果、高尚な道徳規準が広められた。しかし、新宗教運動においては、道徳的厳格さと禁欲主義の要求は、個人にとって重要であるけれども、基本的には全体社会のためというよりは、むしろその運動のためである。全体社会がその運動に敵意をもっていない時には、運動はそれに対して無関心である。[19] 集団の結合力をもたらす自己抑制のパターンが修行であり、特に運動が共同体的な形態をもつ場合には修行が不可欠である。

一般に、西洋の新宗教は全体社会に対しては無関心であった。社会の道徳規準に影響を与えようともせず、公的政策に干渉しようともしなかった。この点で、日本の成功をおさめた大規模な新宗教とは異なっている。西洋の新宗教運動は、エコロジー、民族、性差別、軍備や核兵器、福祉経済、生産に対する経済的な関与の責任等の問題については、ほとんど発言してこなかった。一方、いくつかの日本の新宗教は、それらすべての問題について自由に発言している。この点で、西洋の新宗教運動は、福音主義的運動と共通する立場に立っている。この立場は、マスメディア、娯楽産業、広告や、(損をしないならば) ビッグビジネスのすべてが、寛大な道徳的態度の拡大を促進するような世俗社会内部の潮流とは対照的である。西洋の世俗道徳は、個人的振る舞いへの関心を衰退させているが、右に示したような公的問題を特に道徳的、あるいは政治道徳的関心にしだいに入り込ませようとする騒々しい圧力集団もある。しかし、こうした集団は新宗教ではない。

一方、日本では、それとは対照的に、新宗教運動は現代の政治政策の危険性に十分気づいており、平和と環境汚染を公共道徳と政治道徳の中心課題としている。日本の新宗教のこうした立場は、日本社会の特殊な文化的・構造的性格に由来するのかもしれない。また、独立した発言力をもつ大きな任意団体が他にほとんど存在しないので、新宗教運動がこの真空を埋めることになるのであろう。西洋においては、新たに移入された信仰は本質的に信者の個人的な問題にとらわれ、彼らに個人的利益を約束した。他方、さまざまなキリスト教教団は、公的諸問題に対しては今も伝統的な非政治的な立場を保持している。おそらく日本においては、個人道徳の問題は厳密に宗教的な源泉以外からも補強されるだろう。日本では、どの西洋諸国よりも単一的な文化の中で、道徳的振る舞いは宗教的に強化された道義的勧告を必要とせずに、はるかに高い水準を達成する。日本社会が抱える諸問題は、おそらく先の戦争と核戦争を体験したことによる劇的な衝撃の反映であり、国内政治・国際政治の明らかな潮流にはっきりと関わるものである。これらが広く意識された課題であるならば、日本の新宗教がそれらと折り合おうとすることも理解できよう。

したがって、日本の新宗教は、西洋の若者の間に伝播しているさまざまなセクトとはまったく異なる社会的機能を果たしてきたと思われる[20]。日本の大規模な新宗教は、日本社会の中で「媒介的構造」と呼ばれる役割を引き受け、孤立した諸個人と究極的な権威をもつ国家の間に存在する社会空間の中で、多くの人のために機能してきた。急速な都市化、工業化、技術化の過程の中で、諸個人は拡大家族集団や地域共同体の保護の大部分を失った。人々は、発展した巨大都市の中でいっそう孤立し、匿名の存在になったのである。社会がもっと伝統的で地域的に構成されていた時に人々が享受していた、旧来の地方的な地域や近隣、地域的な提携関係は「真空」を残したが、そこに新たな組織が発展する余地があった。個々人は、新しい組織の中で帰属の感覚を得て、共同体のよさをふたたび経験するだろう。この新しい共同体は、部族や近隣集団の共同体ではなく、同じ心をもつ人々の共同体である。[21] これらの機関は人間相互の関係を通して機能するので、過去の親密な関係で知られていた高度な道徳的関与のレベルを保ちながら、道徳的統合性という特別な感覚を維持する。こうした機関はデュルケムがギルド組織の再興として予測したような、道徳的コンセンサスのレベルを維持するための媒介的な機関となる。[22] しかし、それらの機関は、デュルケムが想像した以上のものである。再興したギルドは、究極的には物質的関心と経済的関心に結びつくだろう。しかし、現代国家において生じた影響力ある新しい機関にとっては、単に経済的関心を共有するよりは、もっと高いレベルの価値コンセンサスでの忠誠を命ずる必要があった。そのような高いレベルの価値を表現し普及させるために動員される焦点の一つは、明らかに宗教的なものである。それを通して私心のない善意が引き出され、利他主義、道徳的関与、道徳的関心といった広く行われている感覚が、明らかな目標として、またより広い潜在的な成果として引き出されるであろう。

今や、そうした課題は、日本の厳密に伝統的な宗教組織を超えるものと思われる。媒介的な機関が機能するとすれば、それらは宗教的であるだけでなく、現代世界に適応した新たな形態と新たなメッセージをもたなければならなかった。そうした運動が、道徳生活、市民生活、社会生活を活性化すべきであるならば、その基盤は、明らかに政治的でもないし経済的でもない。また、明らかに宗教的な存在理由を奮い起こさせる同じ目的をもった価値志向的な運動以外には、これらのより広い目的と関心に結びつく社会的基盤も存在しなかった。そうした運動にとっては、経済的繁栄や政治的・道徳的関心は副産物――日本の新宗教の潜在的な社会的機能の中では、かなり重要な副産物——であった。これらの新宗教運動は、人間をめぐる広範な問題に対して大きな関心をもった機関として、古い形態の諸関係が流行遅れになり、あるいは消滅してしまった、急速に発展する社会の中の真空地帯へ入り込んでいったのである。

日本にはかなり大規模な、成功した、実に強力な新宗教が存在するという点で、西洋の場合とは著しく異なる。西洋では、新宗教運動は小規模で、全体社会から見れば周辺的なものである。日本の新宗教は固有の伝統を源としており、広範な公衆に訴えかけるが、キリスト教史においては、十九世紀の新宗教運動が同じようなことを行った。現代西洋の新宗教運動は、西洋諸国で拡大した多元主義を反映しており、ある程度文化的多様性といった感覚を高めている。というのも、いくつかの運動は、それが展開した社会にとってまったく異質の哲学やイデオロギーを伝播したからである。そのことは、制約的な伝統文化とは対照的に、日常生活において休暇を単に私的に使うようなことを自由に容易に選択できる現代の状況を示している。しかし、そうした自由は文化的結合力の喪失を意味しており、人々が宗教やレクリエーションを選択するという事実は、現代社会では究極的な価値でさえも関心が払われないことを示しているのである。

われわれの新宗教研究が、あらゆる場所で見出されるあらゆる現象を一組の理論的諸命題によって説明する統一された理論を生み出さないとしても、そのような結論に驚くことはない。比較分析はつねに統一的な理論や普遍的に妥当な公式を導き出すべきだという考えは、社会学的な偏見であり、不当な偏見である。そうした結論は、経験的証拠の重要性や社会と文化の歴史的多様性を無視することによってのみ生み出され、また実際には多様な内容を、社会的現実について解明したかのような抽象化によって〔実際には〕曖昧にしたにすぎない、高度に抽象的な要約的命題のもとに包含することによってのみ導き出されるのである。世界中の新宗教がある共通の形態と機能をもつことは確かである。しかし同時に、それらはさまざまな相違点ももっており、それらが各々の社会で果たす役割は社会自体が異なるのと同様に異なるのである。

第六章　世俗化とその不満

一　世俗化テーゼの概要

社会学者にとって、世俗化とは、ただの記述的用語に等しい概念である。世俗化テーゼという述語は一組の命題を意味しており、しばしば曖昧に使われているが、特定の歴史的時代を超えて生起する社会変動の過程をめぐる理論体系と言える。その過程の詳細は、明らかに、世俗化過程を特定する度合いによって異なり、またいかなる歴史的事件に適用するかで異なる。私の基本的関心は、発達した西洋社会の近い過去にあるが、このテーゼ自体は、社会が「より世俗的になる」過程が存在することを意味している。この過程は、時間的には人類の長い歴史に遡るものであり、また、断続的に、しかもさまざまな範囲や速度で生起してきた。今日、社会学者がこの過程を記述する時、彼が世俗化を是認したり、いわんや擁護したり促進したりしているのではないことはいうまでもない。社会で起こっていることの説明として世俗化テーゼを提唱することは、世俗主義者であるということではないし、世俗主義を賛美することでもない。それは単に、社会変動を例証し、記述することであり、その証拠資料をある総合的パターンへと組織し、個々の事例を全体として説明しうる道具を提供することである。

世俗化は、社会の内部で起こる変化であるだけなく、社会の基本組織それ自体の変化でもある。それはさまざまな経過や状況で起こるとしても、根本的な社会変動に付随して起こるいくつかの過程のうちの一つである。世俗化への変化は、宗教機関から政治権力を剥奪した場合や、教会財産の国家への没収等のように、計画的で意識的な場合もあった。後者を記述するために、世俗化という用語が最初に用いられたのである。他の場合、たとえば日常生活において超自然的なものへの言及がしだいに減少することなどは、ほとんど意識的な働きかけなしに起こってきた（この点で、私は、世俗主義者や人文主義者、そして世俗社会を生み出そうと思想的に関わった人々の影響力は、世俗化過程の要因としてはせいぜい周辺的なものでしかなかったと割り引いて考えたい）。

世俗化は、宗教の社会的重要性が減少してきたことと関連がある。世俗化が意味する範囲は次のようなものである。すなわち、政治権力が宗教機関の財産や施設を没収すること。宗教がかつて担っていたさまざまな活動や機能が世俗的な統制に服するようになること。人々が超経験的なものへの関心に捧げる時間、エネルギー、資源の割合が減少すること。宗教的諸制度が衰退すること。人々の行動を規制してきた宗教的命令が、厳密な技術的規準に従った命令に取って代わられること。独特な宗教意識（呪文や儀式、魔力または祈禱への依存から、広い意味での霊的に啓発された倫理的関心まで）が、しだいに経験的、合理的、道具的志向性によって置き換えられること。自然や社会についての神話的、詩的、芸術的な解釈が捨てられて、事実の記述が好まれること。また、それに伴って、評価的、情緒的傾向が、認知的、実証的志向性と厳密に区別されること等々である。

これらの傾向には因果関係があるだろうが、それぞれが発生する順序や速度はさまざまである。どのような度合いで、またどのような順序でそれらが起こるかは、それぞれの特定の事例をめぐる経験的な問題であって、アプリオリに決めることはできない。社会生活の複雑性は、無数の不確定要素や解きほぐせない因果連鎖の存在を容認するよう命ずる。しかし、すべての因果連鎖の影響を正しい順序で明らかにすることが不可能であるからといって、少なくとも現実についての解釈可能な理解を与えてくれるような、広い社会的過程についての概念化を、われわれは放棄すべきではない。問題を明確にするために、私が数年前に初めて使用して以来、いまだに修正する必要を感じない世俗化の定義に訴えてよいならば、次のようにいいたい。すなわち、私は世俗化という用語によって、宗教的な諸制度や行為および宗教意識が、社会的意義を喪失する過程を意味するのであると。(1) この定義には、すべての人々が世俗化された意識を獲得するという意味合いはない。また、実際にそのような場合があるとしても、ほとんどの人々が宗教への関心をまったく捨て去ることを意味するわけでもない。この定義はただ、社会システムが働く上で宗教が重要でなくなることを主張しているにすぎないのである。もしそうであるなら、明らかに世俗化は、多くの個々人を、そうでもなければ遵守しなければならないと考える宗教的義務や関与から解放するだろう。すなわち、宗教の社会的意義の喪失は、人々に宗教からの心理的独立、または個人的独立を促すだろう。しかし、この問題はさらに深く探求しなければならない。というのも、人々を宗教制度に結びつけるような、または宗教的儀礼行為に仕向けるような、宗教以外の圧力が存在するかもしれないからである。私が用いてきた定義は、今述べたさまざまな概念のいくつか、またはすべてに適用するよう意図されている。たとえそれらの関係が必ずしも明言されなくても、それらが相互に関連した現象であることがわかるだろう。

世俗化概念が示す過程は、同時に、世俗的でなかった、あるいは少なくとも現代ほど世俗的でなかった時代の社会生活の諸状況について理念的に認めていると、しばしば反論された。しかしわれわれは、その考えを躊躇なく容認することができる。ただし、たとえ偉大な信仰の時代であっても、けっしてすべての人々が信心深かったわけではなく、また、信仰が最も効率的に組織化されていた時代、たとえば中世ヨーロッパの教会でさえ、内部の異端や外部の異教によって、また放縦や倦怠や腐敗によって悪魔にとりつかれていたことは明らかにされなければならない。これらの事実にもかかわらず、多くの規準からして、人間の生活行動に対する宗教の社会的意義は、今日よりはるかに大きかったのである。(2) 過去に遡れば遡るほど、その証拠はいっそうはっきりしてくる。より単純な文化、伝統的社会、そしてかつての共同体などは、考古学的遺物によって明らかにされたように、きわめて強く超自然的なものに占有されていたようである(超自然という呼称で明確に峻別されてはいなかったが)。より単純な人々は、彼ら自身や彼らの起源、社会的配置、そして運命などを、超自然的なものが投影された領域に照らし合わせて認識していたと思われる。彼らの究極的関心は、おそらく死の問題をめぐって最も強く表現されたであろうが、それは経験を超えたものであったし、そのような観念や存在、対象物、条件は、厳粛な配慮とおそらくは献身を求めた。日常生活は、超越的な仮説の領域との関係によってきわめて深く影響されていたし、ときには完全に組織されていたのである。

また伝統社会では、最大の建造物は宗教活動に捧げられたものであり、あるいは、超越的実在を意識して建てられたものであったことがわかる。生活上の掟の大半は、超自然的な(おそらく複数の)源泉と考えられるものから与えられた。また、人々が用いる同一性のシンボルや紋章は、すべてではないにしても、その多くが宗教的権威者によって与えられた。また、人々の究極目標は、誰でもが完全に理解でき体験できる領域を超えた世界に関係する、彼岸的な言葉で語られる。そのような現象の遺物は、最も進んだ国々においてすら現存し、政治体制や経済、または他の社会組織を指導する卓越性をもはや備えてはいないけれども、いまだに認知と敬意を要求しているのである。

したがって世俗化は、人間社会において長期にわたって生起する過程である。世俗化が顕在化する実際のパターンは、それぞれの文化的歴史的状況によって、また、以前に信奉された超自然的なものの観念の特殊性や、それらが祀られていた機関の性格にしたがって異なる。今日の西洋社会を考察するために、制度化された組織で起こっている事例をあげてみよう。スウェーデンにおいては、教会は事実上国家の一部門であり、税制面で援助されているので、礼拝への出席率は低いが、財政的には強固である。イギリスにおいては、国家との結合は幾分弱く、教会は公的な財源からの資金は受けていない。礼拝への出席率はさほど低くないが、自発的な献金はきわめて少ない。また、アメリカでは、教会と国家との分離が確立しているが、教会出席率は高く、寄付は莫大である。この三つの事例が示すように、教会への出席および教会への寄付がもつ意味は、社会が異なると違ってくる。関連する統計を直接的に比較したとしても、その統計を文化状況や歴史状況の中で解釈できないならば、それらは世俗化については何も語ってくれない。たとえば、アメリカにおいては、多数の移民と高い人口移動率のゆえに、教会は、人口が定着した社会での場合よりはるかに強く共同体のアイデンティティの中心として機能してきたのである。また、異なった観点から考察して、イギリスの主要教会で実際に行われている内容は、アメリカの教会で起こっていることよりも、はるかに「宗教的」であると考える人もいるだろう。すなわちアメリカでは、世俗化過程は教会の内部で起こっているように思われるので、宗教制度は維持されているが、それらの特殊宗教的な性格はしだいに希薄になってきているのである。このことが示すように、世俗化の指標はそれぞれの文化の特殊性に応じて異なるのである。(3)

世俗化の各局面が生起する速度も、異なっている。したがって、現代の多くの空っぽの教会が示すように、宗教制度(位階制、司祭職制、社会組織、具体的な設備)は、一般的な宗教意識が大きく変化する時代でも、ほとんど変化せずに存続するであろう。ときには、一つの領域における緩慢な変化が、他の領域で突然の変化を引き起こすこともある。一九六〇年代に多くの司祭が聖職を放棄したのはその例である。また、着実な衰退が短期間停止することもあるし、一九一〇年代のウェールズで短命ではあったが劇的な宗教復興が起こったように、一時的に逆行することすらあるだろう。宗教復興と新宗教運動は、高ぶった信仰を刺激する。したがって、それらは世俗化テーゼに対抗する証拠であると安易に考えられるかもしれない。しかし、より詳細に検討すると、各々の運動は宗教的に社会化されたことのない民衆の間で宗教的な傾向が広がったことを示すものであることがわかる。こうしたタイプの民衆運動、たとえば初期のメソディズムやペンテコステ派は、民衆の宗教的応答を動員する。しかしそれらはまた、そうした応答を規制もし、行き当たりばったりの迷信を根絶し、理解と参加の方法を合理化し、内在主義を確実に減らすために作用するのである。これらの運動は聖職尊重主義を除去し、神秘性を極小化する。そして、新たな情操教育を提供するのである。

西洋においては、実際、拡大する世俗化という見えない媒体によって大衆の宗教意識が着実に秩序づけられていく道筋が、一つの運動から他の運動へとたどれる。しかし、こうした一連の宗教復興の波の社会的影響力は衰退した。イギリスにおけるメソディズムの社会的影響を、のちの救世軍の、また世紀の転換期におけるペンテコステ派の、さらにここ数十年に見られたカリスマ刷新運動のそれと比較すれば明らかである(4)。そうはいっても、私は、メソディズムが救世軍より信ずべきものであるといっているのでもなければ、救世軍がペンテコステ派よりも信ずべきものであるといっているわけでもない。また私は、こうした運動に引き入れられた個々人の生活の変化の質について述べているわけでもない。私はただ、社会構造の変化という文脈の中で、宗教復興の影響が社会的にはあまり重要でなくなっていることを述べたにすぎない。社会の諸制度や組織、また諸個人の関係は、宗教的熱狂主義の影響からしだいに遮断されてきているのである。

二　世俗化の文脈

世俗化は、社会組織それ自体が、共同体に基盤を置いたシステムから、大規模な契約社会的なものに基盤を置いたシステムへと変化する過程と連動して生起する。議論を明確にするために述べておきたいことは、一般の人々のみならず社会学者が「社会」という用語を用いる時に、何らかの形で恒久的に結合し、内的に協同している人間の集合体を――二百人のドブ族であろうと二億人のアメリカ合衆国であろうと――、残念なことに区別なく指してきたことである。しかし、ゲマインシャフト（Gemeinschaft）とゲゼルシャフト〔訳注26〕（Gesellschaft）との、すなわち地域共同体と非人格的なアソシエーションとの区別は、長い間、社会学的分析の基本であった[5]。共同体を、氏族や村落に典型的に代表されるような、地域的で「顔と顔を突き合わせた」継続的な集団と考えるならば、これを大規模で非人格的な、政治的に結合された国家社会と対比させることができるだろう。西洋の歴史は、そしておそらくはいずこの歴史も、地域共同体が、より広範な諸関係のシステムへと融合していく過程を証明している。そのシステムの構造は、全人格的な個人同士の絆ではなく、役割遂行者間の結合が支配するのである。

当初は、契約社会のシステムは不確かな政治権力が伸展したものにすぎず、その権力も、断続的に、かつきわめて限られた局面で地域生活に影響を及ぼしたにすぎなかった。それが、しだいに地域生活を大規模なネットワークへと総体的に統合するようになり、政治活動、経済活動、司法活動、教育活動、余暇活動といったすべての側面に拡大していったのである。地域の工芸や生産物、慣習や方言までが、現代では急速に消滅してきた。このように共同体や個人の集合体が、それらの役割遂行が合理的に分節化されている複雑な相互依存関係へと引き込まれていく過程が、契約社会化（societalization）の過程である。[6] この過程の中で、人間生活は次第に、地域的にではなく、社会全体と網の目のように絡み合い、組織化されるようになる（そうした社会の中で、唯一ではないが最も明確なものは、国民国家である）。こうした契約社会化の過程に付随して起こるのが、「世俗化の過程」であると、私は考える。

この過程を異なった角度から論じよう。宗教は、共同体すなわち地域的で、かつ比較的安定した集団の持続的な諸関係から生まれ、そこから力を得るといえる。もちろん、キリスト教の歴史に関心のあるものなら必ず思い起こすように、ある環境のもとでは、宗教が地域的でローカルな、または国家的なレベルを越える、大規模な諸関係を組織する枠組みを獲得する場合があるのは明らかである。しかし、そのような構造は、世俗的領域から学んだ――キリスト教の場合は、借用または相続した――政治的装置にすぎない。要するに宗教は、個人と共同体のために機能する。悪くとも一人の患者のためには役立ち、良ければ仲間のために役立つ。宗教の信奉者は、一個の総体的人間として仕えるのであって、役割遂行者として仕えるのではない。同じ意味で、彼らの信仰が彼らに要求する奉仕は、誠実な全人格的献身なのである。

現代においては、個人生活の主な現場は共同体ではなく全体社会になったが、この発展過程で、宗教はかつてもっていた社会秩序を維持する機能や、社会的知識の源泉としての役割を剝奪されてしまった。もちろん、宗教が消滅したわけではなく、宗教の諸制度は存続しているし、宗教意識も生き残っている。宗教的な個人や集団も存続している。新しい宗教運動も発生し、より民衆的で合理化された形での宗教を提示することで、しばしば多くの信者を集めている。しかし、宗教がかつては共同体生活そのものを構成していたのに対し、現代社会において宗教はそのシステムの間隙で機能するにすぎない。現代の社会組織は、世俗的なものを前提として機能する。生産と消費の過程、諸活動の協同、統制のための諸機関、知識の伝達のための手段、知識の実質など、かつて宗教によって強力に条件づけられていたあらゆることがらが、現代社会においては、すべて実際的で経験的、合理的規制に基づいて組織される。契約社会の組織は、知的能力の動員を求める。これは、情緒的気質の動員と操作に依存する共同体的秩序とは対照的である。したがって、この二つの現象を「宗教的な共同体」と「世俗的な社会」として対置することができよう。

共同体での生活と契約社会での生活との著しい相違は、それ自体が宗教的ではないとしても、宗教的関与のもつ言外の意味にある。全体的個人の間の共同体的な関係は、信頼や忠誠、年長者への尊敬と、生物学的決定因に基づく明確な権威関係のパターンを必ず伴う。役割よりも個人自体が重視され、功績より善意が重視される。それに対して、契約社会は非人格的な役割関係と、さまざまな技能の協働、そして本質的に形式的で契約的な行動様式に基づいており、そこでは、役割義務と区別される個人的な美徳はあまり重要性をもたない。共同体における個人の義務は、究極的には超自然的なものから導かれる、あるいは超自然的な目標と関連する倫理的観念によって裏打ちされるが、他方、契約社会における職責と役割遂行は、究極的には合理的な構造の諸要求によって正当化される。その構造は、訓練された技能と保証された権限、割り当てられ調整されたさまざまな役割、計算された報酬、的確に計測され配分された時間によって成り立っているのである。

契約社会の組織は、それ自体が合理化過程の帰結である。そして、合理的な契約社会的システムが優勢となり、共同体的秩序の諸様式に取って代わるには、明らかに時間がかかる。合理的な社会システムは、新しい技術や計画された手順が採用され、慣行化されるにしたがって、より効率的に合理化されていく。科学技術は、実際、合理性がつまったカプセルである。機械や電気器具は最高に合理的であり、構造と機能にとって不必要なすべての要素は除去されている。諸手段は適切に特定化され、経験的に検査できる目標と可能なかぎり効率的に関係づけられる。攻撃の矛先は、偶発的なもの、気まぐれで一定しないもの、詩的なものや伝統的なものの根絶に向けられる。以上述べてきたことで、いかにわれわれの社会装置がますます純粋に機能的になり、経費的に効果的になってきているかを考えていただきたい。つい一世紀前までは、実用的なもの——鋤から家屋に至るまで、また小舟から工場に至るまで——の様式はすべて、美術的に装飾され、しばしば驚くべき時間と努力がかけられた。美学的な労作は社会的意味をもち、装飾品自体がしばしば文化的・宗教的意味に満ちていたのである。統制された感情——それは、しばしば直接的な宗教的観念や象徴の喚起によって統制されていた——は、最も単純な、あるいは最も高価でさえある人間の道具や装置の中に溶接されたり、縫い込まれ、または塗り込められ、刻まれていった。人間は、その生産物が第一義的にまた本質的に機能的なものである時ですら、その感情や不確かなもの、また生の喜び(joie de vivre)を手作業の中に込めた。人間の合理的な行為は、慣習や因習、伝統や儀式、芸術的効果や神への祈りといった、厳密に合理的な観点から見ればまったく無益な付着物であふれていたのである。

建築様式やデザインの分野での機能主義崇拝が近代社会の流行になったのは、ランダムで一時的な芸術様式として偶然にそうなったのではなかった。むしろ、機能主義の支配は合理的で経済的な、そして技術的秩序の論理への賛美であり、それはしだいに、人間のあらゆる活動領域における形式や内容、様式、エートスにも、その論理を強制していくのである。合理的な製造物の中では、芸術は無用の長物になり、伝統は時間の無駄となり、慣習は時代錯誤となり、(情緒的内容が抜け落ちた)儀礼は決まりきった慣例となる。さらに、うまく隔離された領域は別として、創造性さえも、合理的ニーズにぴったり合うことができなければ、社会システムが依存する統制的秩序への潜在的脅威と見なされるかもしれないのである。

合理的な規制は、経済システムに影響を与え、またそれを通して文化領域に影響を及ぼすのみでなく、社会生活の政治的組織化にも強い影響を与える。合理的に構成された経済ののちには、合理的に構成された社会が生まれ、やがてそれがしだいに近代国家の目標として意識されるようになる。社会的諸機能はしだいに体系化される。費用対効果の基準を一貫して適用することのみが、国家システム全体の行政手順の合理化を確実なものとするだろう。アイデンティティ意識や社会的結合意識といったものを満たすような、しばしば強力に働く潜在的機能を別にすれば、非合理的な要素は、どんな古式豊かなものであっても、システムがますます合理的に運営される中では正当化されえない。全体的な合理化への進展を妨げるものはすべて、それを排除したり縮小しようとする圧力をまねく。そのような圧力をもたらすものは、血気盛んな、または知的な装いを凝らした、悪意あるこわもての政治的に先鋭な人物ではなく、システム自体の要請なのである。もちろん、一つの国家体制は、何らかの本質的に独断的な目的に奉仕するといわれるかもしれないし、それらの目的は、自由、民主主義、平等といった政治的スローガンの形で表現されるかもしれない。しかし実際には、政治の趨勢は、経済の合理化に従いながら社会生活のさまざまな部門をさらに強制的に合理化したり、漸進的に合理化していくにすぎない。

もちろん、それでも、政治や経済では克服しえない限界が存在する。すなわち、合理性がいまだ到達していない領域である。人間の誕生、老化、死などの領域に関する諸事実がそれであり、また役割遂行者の全体的システムの交換、純粋に合理的な統制形態に対する人間の感情的な抵抗、さらに社会化の不確実性といった諸事実である。これらの現象はシステムの内部にいまだに住み着き、突き出た丘のようにシステムをゆがめたり、サンフランシスコのような都市における格子状の街路の合理性をところどころ破壊したりしているに違いない。しかし、実際の国家社会の合理化の度合いがさまざまだとしても、こうした障害のすべてを除去し、すべての社会的通路を合理化しようとする推進力は明らかに存在する。イギリスのように徐々に発展した国家は、歴史的な残存物が残っているために、アメリカやソ連のような意識的に形成された国家と比べると、一貫した合理性にやや欠ける。また、合理的な機構があっても、社会生活には不合理性が残ることもあり、たとえばアメリカで、憲法上平等な自由が規定されたのちも奴隷制が長く存続していたような劇的な例もある。また、合理的な社会形成が最もよく計画されたにもかかわらず、不合理なものによってそれがしばしば妨げられた例としては、ベルギーの場合がある。そのような計画は、しばしば自らを裏切る場合さえある。アメリカの法体系に組み込まれたチェック・アンド・バランスの機能がほとんど麻痺している例は、それである。このように、合理的な人間の眼から見れば不完全なものがいまだ存続してはいるが、合理化へ向かう社会変化の過程の進行方向、勢い、緊急性は、ほとんど否定しようがないのである。

いかなる人間社会においても、超自然的なものについての観念（それがいかなる形をとるにせよ）は合理性を越えた恣意的な仮定の上に成り立っている。完全に合理的な社会は、それがありうるならば、超自然的なものがなくてすむはずである。というのも、そのような合理的な構造は内的に完全に首尾一貫していて、しかも自律しており、いかなる外的な正当化の装置にも頼らないということを意味するからである。近代国家は、部族社会や共同体に生きた人々の間に広く見られた創造神話を必要としない。国民国家には、そのような神話が生き残るかもしれない。しかし、このようなタイプのイデオロギー上の武器が用いられるのは、国民の民族的アイデンティティを確認する一部としてであって、国家の合理的な創設を正当化するためではない。ましてや、さらに大きな集合体を形成しようとする諸国家連合は、統一や協同を象徴するためにそのような道具を必要とはしない。新たな国家あるいは新たな国家連合の創世神話は、定款や条項や規定を記した文書であり、それらの項目は原則的に修正可能なものである。つまり、合理性が増すにつれて、構成員が偶発的で不合理なことがら——経済的不調や社会統制の失敗、人々の間に適切な動機づけを広める社会化の失敗等——を、よりよく処理しようとする時に修正されうるのである。イギリスが、ストライキを頻繁に行う労働者やフットボール試合での暴徒を取り締まる時に頼るのは、合理的に計画された立法であり、アメリカが軍隊の薬物濫用者を規制するのも、またソ連が広くはびこるアルコール中毒症に対処しようとするのも、合理的に計画された立法によるのである。(7) いかなる国民国家も、国連やヨーロッパ連合すら、その存在を正当化するために天の命令を必要とはしない。それらは、各々の政治的・経済的目的という明らかな合理性に立脚しているのである。

三　共同体と慣習の崩壊

宗教とは超自然的なものへの祈りであると私は考えるが、そのような意味での宗教は共同体のイデオロギーであった。伝統的な生活のあらゆるところに、地域生活を祝福し正当化するための宗教的シンボリズムや宗教的行為が見られる。地域での定住を保持するための宗教的手続きがあったし、家族や部族、またその構成員たちが関係できる超自然的な機関があった。そして、人々は、宗教と関係することによって、その権力を保証され、その地位を保全され、その富を正当化され、その貧しさを慰められたのである。宗教は、子どもが多く生まれることを保証することができたし、豊かな生計手段を提供することもできた。また宗教は、若者に対し公けに認知され証明されるための適切な手段を提供できたし、さらに病気を癒し、年長者への尊敬を説き、死別に対処する手段を与えることができた。宗教は、これらの地域的なことがらに関係していたのである（もちろん、それらのいくつかは普遍的なことがらではあったが）。宗教は生物学的な関係性に基づいて成立し、その言語は、とりわけキリスト教の場合には、父、兄弟、母そして子のシンボリズムを伴ったしばしば情緒的な言語であった。少なくとも、さらに高度な形態においては、宗教は社会的態度のための倫理を暗に示し、共有された道徳的期待と道徳的訓戒を提供した。

かつて宗教が担っていたこれらすべての機能は、第一義的な人間関係が地域的なものではなくなり、人間相互の結合が共同体的なものでなくなるにつれて、重要性を失っていった。産業社会は、もはや地域の神々や聖人を必要としない。また地域の妙薬や治療、地域的な拠点も必要としない。生計を立てる手段も地域に依拠するものではなくなる。個人的利得が現代生活の常識であり、それ以上の正当化は必要ないのである。一方、社会が今日、貧しい人々に提供するものは、精神的な慰めではなく、物質的な事物である。子だくさんはもはや賞賛される美徳ではなく、奨励されるよりもむしろ反対されるものとなっている。大多数の人は、公的に認識されたり見分けられたりすることはできず、そうした匿名性を楽しむ人すらいる。人々はいかなる歴史的背景のある都市に住んでいるかを必ずしも知らないし、気にとめもせず、その居住地域の境界線についても知らないのである。今や、地域生活は祝祭を必要としない。その共同体でともに眠ることはあっても、ともに働いたり、ともに遊んだりすることはないとしたら、いったい何を祝えばよいのだろうか。人口学的な不均衡を生み出す、昼間の人口移動と地域生活という二重生活形態が、今や常態となっているのである。

職業別組合のような機能集団の組織化の原理は地域性を考慮に入れないが、そのような集団を基礎にした代替的な共同体でさえ、その特殊性を宣揚するために宗教的正当性を求めることはもはやない。たとえば法王が、銀行のマネージャーやカー・ディーラーのために守護聖人を指定するかもしれないが、これらの職業が何らかの特定の聖なる教えに基づいて運営されることはほとんどない。家族も、天国での保証とはまったく異なる種々の保険によって守られており、また、権力や地位、富も、もはやキリスト教的な自然法の概念によって正当化されることはない。神が人間の身分を決定するという考えは、おそらく英国国教会大執事・ペーリの没後さほど遅くない時代に死滅した。今日では、人々は「身分」(現在では社会的「差異」と呼ぶもの)に関して、教会の主張を受け入れることなく、むしろ大いに論議している。社会学者が「価値合意」と呼んでいるもののために、ハルシオン・デーにおいては事態はなおさら悪くなっている。今日、病気が宗教的行為に関係するものとなるのはごくまれであり、また喪に服する人々にとって、葬儀は慰めの源であるよりも、不快な機会であることが多いように思われる。

変動の少ない安定した共同体が衰退しているとすれば、それは、郊外通勤者に見られる日中の人口移動が一般化したためである。また、年々増える移住者や旅行者のためであり、専門職業人によく見られる家族ぐるみの引っ越しのためである。さらに、学校と家庭との分離といった、いわゆる「生活」と仕事のすべての面における分離のためである。であるならば、子どもを共同体に公式に受け入れ、加入させる必要があるだろうか。実際のところ、子どもはいったい何に加入されるというのか。また、加入させるための有効な手段はあるのだろうか。共同体が現実的なものでない以上、子どもの加入式は情緒的な懐旧趣味かはたまた戯画でしかない。堕胎が妊娠を終わらせるように、離婚が結婚生活を終わらせる一般に認められた方法となるならば、かつて定住社会に存在していた、赤ん坊と母と父というシンボリズムは、不変の究極的な真理としての響きを失ってしまう。われわれは、社会生活を解釈するいくつかの異なったカテゴリーを用いることを学んできた。それらのカテゴリーは、感情的な共鳴を喚起する特定の象徴ではなく、概念化された抽象物であって、それが意味する一般性や客観性は、しばしば統計上の指標によって裏打ちされてきた。そのようなカテゴリーとしては、階級や役割、年齢集団、労働単位などがある。われわれは、慣れ親しんできた旧来のシンボリズムではけっして理解できない非人格的で合理的な秩序を把握するために、こうした新たな概念を発展させるのである。

大規模な契約社会は、道徳的秩序には依存しないし、あるいは依存しようとしない。むしろ可能なかぎり、技術的な秩序に依存しようとする。この種の社会においては、個々人の気質、慣習的規律への服従、情操教育、若者を責任ある人道的な態度を身につけた個人へと社会化する過程は、それほど重要とは見なされない。結局のところ、もし、作業時間と作業動作との相関性の研究や、データ復旧システム、信用評価制度、ベルトコンベアー、電子アイなどによって、人間の活動や、特に人間の活発な経済的活動を規制できるならば、どうして道徳的な行動を引き出すための精神的に苦しく、時間がかかるやっかいな任務に悩まされる必要があるだろうか。子どもたちの社会化つまり訓育は、きわめて繊細で微妙な仕事であり、教師自身に説得力、感受性、細心さ、勇気、忍耐、高い道徳的水準などのすべてにおいてバランスのとれた能力をもつことが要求される。もし、社会統制のための効果的な疑似強制技術が手に入るなら、子どもの訓育過程を短縮し、そうした技術に依存せずにはいられないだろう。

さらにまた、われわれは、技術や道具的技法で対処できない道徳的問題が存在するとしたら、人種差別や性差別に関する規則のような、道徳問題を規制する法律を制定できると考える。道徳が存続しなければならないならば、それはたやすく政治化されうるし、国家の直接的な強制力に従属することになりうるのである。純粋に個人的な道徳は、過去の共同体においてはきわめて重要であったが、今や古くさい概念になってしまっており、現代人は、個人的道徳はもはや余計なものになってしまったのではないかと問うことだろう。現代の言葉では、道徳的であるということは「堅苦しい」ことであり、道徳的な態度をとることとは、現代人ならば自分自身のことを行う権利があると主張するだろうから、人々が「自分自身のことを行う」のを望む時にそれを禁じることに等しい。道徳が政治化されうる領域以外で、公共的な道徳が維持されているかを詳細に点検することは、明らかに検閲や抑圧に賛成することであり、またはある社会学者によれば、人々が本当に最も恐れていることは、自分の不安定な社会的地位を失うことだという事実を暴露することである。(8) それらを支持することは、現代的な「解放」のための多様なすべての勢力に反対する立場に立つことになるだろう。

共同体的秩序のバランスは、道徳的秩序の一部であった人格化された世界の中で保たれていた。個々人は、道徳的判断がものごとの判断の基準となっていた社会、または少なくともそう主張されていた社会に関与していた。だからといって、私は、そのような判断が正しいといっているわけではなく、それがものごとを決定する様式であったことを示唆しているにすぎない。世界はさまざまな価値で覆われていたのであり、それらの諸価値は、しばしば事実を覆いかくした。しかし契約社会のシステムにおいては、そうした判断は妥当性を失う。そして、多くの共同体的な価値が秘められ、部分的にしか表現されていなかった社会的規律としての慣習は衰退する。慣習は、もはや法の執行に伴う摩耗から人々を守る緩衝地帯としては役立たず、また、正直さというものの意味合いを伝えたり、仲間の善意（または悪意）を受ける言葉を語ることはなくなる。社会は、そのような価値によっては保障されず、ただ経験的事実と、その事実との合理的関係によってのみ保障されるのである。ものごとを処理するための、より早く、より安価で、より迅速な方法が発見されたならば、誰も慣習がよいなどとは思わないだろう。

伝統的な秩序のパターンは、最良の形では、超自然的なものについての共有された暗示や理解によって支えられていた。道徳的秩序は、究極的には、（いかに特殊なものであっても）超経験的な領域での暗示から導き出された秩序であった。しかし、進歩した契約社会のシステムにおける知覚され、経験され、制度化された秩序の中では、超自然的なものはいかなる役割も演じない。その環境は、超経験的なものにとって敵対的である。すなわち、契約社会は合理的で、人間が考え計画した手順に依拠しており、その社会の運営においては、経験を超えた命題や偶然的な霊的直感が入り込む余地はないのである。

四　道徳共同体と合理的社会

私が行ってきた共同体と契約社会との比較は、故意に誇張したものである。私は、両者の相違を先鋭に浮き彫りにしたが、両者の傾向を曲解したとは思わない。現代社会においても、明らかに、共同体の残存物が絶滅したわけではない。共同体的な諸関係や個人間の人格的結合を持続させようとする人間の意志は、国家や組合、巨大企業の官僚制的機構をものともしない。[9] 共同体として組織化された過去（「組織化された」という用語自体が、もちろん時代錯誤ではある）は、契約社会として組み立てられた現在にも生き残っている。しかし、共同体的なものは極端に衰退しており、もはや親密な人間関係すら技術的手段への依存によって侵害され（たとえば産児制限）、また、合理的に秩序づけられた行為が求められるという圧力によって侵害されているのである。

ある面では、共同体は、実際以上に生き残っているように見えるかも知れない。それは、共同体的な用語法（レトリック）が残っているからである。近代世界のいかなる組織といえども、ある人物──通常はその組織の責任ある立場にいる人物──が、自分の組織を「共同体」と呼べないほど、非人格的であったり、干からびていたり、あらゆる人間的感情に欠けているわけではない。たとえば、校長や大学の総長は、新入生の会合で、彼らが寄宿するコンクリート製の無味乾燥な建物が共同体であるかのように語るし、政治家は、顔のない官僚機構に共同体という言葉を用いることによって感情的な暖かさをかもし出そうとする。また労働組合は、かつての輝かしい共闘への郷愁と未来に直面する際の皮肉を混じえて、自分たちを兄弟と呼んだり、その地方組織を「チャペル」と呼んだりする。そして、ヨーロッパ共同市場の新しい超国家官僚たちは、その全体を「家族」とかヨーロッパ「共同体」と呼んでいたのである。このように、非人格的で合理的な社会構造に共同体の用語を用いる回帰現象が起こるのは、人々の忠誠心や善意を呼び起こす別の言語が見当たらないからにすぎない。合理的な社会システムですら、忠誠心や善意にやはり依存しなければならないのである（ここに本質的な問題が潜んでいる）。われわれは、そのレトリックに騙されてはならない。それは、今の現実とは関わりがない。そのようなレトリックが、誤ってであれ皮肉な意味であれ、利用されるのは、ただ人々の善意を必要としたり、人々の感情を動員しなければならない時に、合理的な社会システムはそれに代わるものを生み出さなかったからなのである。この点におそらく、契約社会という組織のアキレス腱（弱点）があり、その弱点を、人間自身に残された固有の財産以外のほとんどすべての場合に考慮に入れなければならない。

共同体と契約社会の差異を誇張して描いているからといって、私は過去の共同体が理想的に見えるように望んでいるわけではない。共同体は道徳の天国ではなかった。そこには道徳的であれという熱心な勧告があったのと同じほど、不道徳な人々もいたのであり、不道徳な人々がいなければ、熱心な道徳的訓戒もそんなに必要ではなかったろう。変節者もいれば、悪漢もいた。地域レベルでは悲惨な状況があったし、一時的な無秩序も存在したのである。私の関心は、むしろ、そのようなパターンの社会生活が営まれていたという仮説を示すことであり、その相違をできるかぎり明確にするということである。私が関心を抱いている問題は、（共同体における社会統制の）正当性の基礎が道徳だということである。私は、先進社会の大規模な内的協同システムの諸規範が基礎を置く暗黙の諸前提は、共同体が基礎を置く道徳的秩序とは異なることを明らかにしようとしているのである。

共同体は、威圧的な手段や暴力的強制から免れることはなかったとしても、道徳的感情がその内部にみなぎることに否応なしに依存していた。他方、近代社会は、ときおり強制力に頼らなければならないけれども、（原理的には）非人格的で、本質的に非道徳的な秩序に依存する。人間は、共同体において完全に道徳的ではなかったのと同じく、契約社会においても完全に合理的であるわけではない。私の関心は、両者の社会システムに内在している正当性の基礎を明らかにすることである。もちろん、今日の日常生活においては、われわれは両極の間のどこかにいることを認めた上でのことであるが。道徳性は、概念としてはまだ死滅したわけではなく、合理性もまた、計算可能な秩序を求める圧力が導くほど進展してはいないのである。

私の目的は、近代社会を見捨てて共同体を賞賛することではないし、道徳律が（その内容のいかんを問わず）合理的システムに対して本質的に優越的であると主張することでもない。明らかにしておきたいことは、次のことである。すなわち、非人格的に対応されることや、いわゆる個人的な鼻の上のいぼによって判断されないという点には、利点もあるということであり、われわれはそれに慣れ親しんでおり、また依存もしているということである。抽象的正義や法の支配、または普遍的規範の形式的平等性といったものを放棄しようとするものがいるだろうか。共同体が、親族や民族または地域性との関係で、自分たちの共同体に有益なように差別を排除もするし、導入もするということは、認められなければならない。すなわち、われわれ皆が住んでいる社会が「混合社会」――「混合経済」という用語からの造語を許してもらえるなら――であって、いまだに共同体的な諸要素がすたれていない社会であるとすれば、われわれすべてが、右に述べた差別の諸形態は望ましいか、少なくとも必要であると感じる瞬間や状況があるはずである。なぜなら、われわれは、親族や民族性、または同一言語集団や地域性などが生み出す帰属意識をいまだ完全に捨て去ってはいないからである。これらとの関連でわれわれが行う価値判断は、個人個人によって異なり、また、年齢集団によっても、階級によっても異なり、さらに残存する共同体から初期の利益集団までそれぞれ異なる。私が指摘したいのは、このような価値判断が現実に行われており、われわれは公的な行動だけでなく、日常の諸問題に対しても、行動や判断の正当性や拠って立つ根拠を求めるという事実を無視することはできないということである。現代ではますますそうであるが、共同体的規範が契約社会的規範によって圧倒されていく傾向も無視することはできない。道徳的なものが、合理的なもの、技術的なものによってますます置き換えられつつある。契約社会のシステムは、(地域共同体の光に照らせば)人々が善であることにますます依存しなくなる一方、増大する合理的秩序の要求にしたがって、ますます計算可能なものに依存していく。こうして、われわれの不満は、いまだ制度化されていない価値に対してではなく、置き換えられた価値へと向けられ、その不満は新しい合理性に我慢がならないことよりも、失われつつある古き道徳をいたむことなのである。

共同体における道徳と、契約社会における合理性は、ともに「価値体系」として描かれることが望ましいという考え方にも一理はある。確かに、社会の適切な構成や秩序に関する独断的に命じられた一連の宗教的な規則に深い感情をもって同調するのと同様に、合理的な諸価値に感情をこめて同意することもありうるだろう。しかし実際には、古い道徳体系は、秩序の合理的パターンを求める多くの人々にはあまり感じないような執着や愛情を示しているにすぎないように思われる。もちろん、法の支配や個人差のない公平な扱いを求める熱烈で情熱的な訴えも見られるが、それでも、感情に動かされない冷静さを求めて感情的に訴えようとする考え方には、どこか矛盾がある。つまり、合理的な方式を正当化する場合には、熱情が停止しなければならない地点があるのである。正当化するための形式は、合理的な論議自体と一致していなければならない。証拠が事実だと考えられ、論理的規則に従うことが可能なすべての「正しく考える」人々を納得させるに十分な理性が保たれるべきなのである。

それとは対照的に、古い道徳、慣習、伝統が課せられる時には、しばしば、合理的な思考になれた人間には理解困難な感情が伴う。道具的思考や「原因と意図した結果」という思考になれた人間は、慣習や伝統が喚起する内在的な感情を理解できないし、感受性や共感、尊敬や敬愛といった本質的に人間的な美徳に基づく規則や形式が帯びる深い感情的な要素をほとんど意識しない。このような相違の一部が、次のようなことと関連しているのは間違いない。すなわち、道徳体系は、しばしば特定の道徳監督者や年長者、あるいは善行を引き出そうとする専門的な勧告者（聖職者に多い）によって命じられることが多く、他方、合理的な手順は自明のものと考えられるので、本質的に手段的な命令に対して何らかの情緒的な色彩を与える必要はないということである。

古い道徳体系は、情熱的な問題を実質的に扱った。それらは、愛や信頼、忠誠や愛国心といった理念を取りあげる。つまり、それらが命ずる実質的な美徳は、感情と密接に結びついているのである。合理主義者であったエミール・デュルケムが、分業やそれに付随する職業倫理体系の進展に依存する新たな契約社会の秩序のもとで、人々は地域共同体ではなく全体社会への愛を抱かねばならないと要求した時、彼はこの問題の反面を見ていたのである。彼が要求したことは、共同体で生まれた旧来の感情的な献身は、合理的な倫理を命令する契約社会へのコミットメントへと転換されなければならないということであった。彼は理性に信頼をおいていたが、理性のみでは十分でなく、愛情も必然的に伴う問題であることには思い至らなかった。デュルケムは、進歩した社会の問題点を見てはいた——その社会が機能するためには、善意や私心のない愛情が必要であることを。しかし、彼は、新たな社会秩序の合理的な諸前提が、どの程度、道徳共同体の属性を破壊するかという点については、十分に気づいてはいなかったのである[10]。

古い道徳は、実体的な諸価値の体系を構成していた。他方、新たな合理性は手続き的な価値のみからなる体系を構成する。結局、合理性は目的を決定することはできず、ただ相互に矛盾する複数の目的を同時に遂行しないようにわれわれを導くだけであり、また、われわれが選択した目的の達成に最も効率的な手段を選ぶことを指示するだけである。契約社会システムの諸価値は、かつてないほどに手続き的な価値に満ちており、究極的な目的や全存在をかけた献身は、さし迫った目的を達成するための最良の手段を選択するという関心の前に、はるか彼方に押しやられてしまう。そして、そのさし迫った目的自体が、目標をさらに達成するための最良の手段と化すのである。もちろん、いくつかの古い実体的な価値がまだ役割を果たすこともあるが、先進社会で設定される目標はしだいに抽象的になる傾向にあり、目標自体が論争の対象となることも多い。そしてわれわれは、そうした論争を、可能な場合には技術的な土台の上にすえ、次の諸課題に進むのに必要な合意を得るために、一連の科学技術と官僚制の形式合理性に依存するのである。われわれの絶えまない論議は、(愛国心のような)各々の忠誠心の分裂の問題ではなく、疑問に対するさまざまな解答をめぐる人々の争い、つまり「誰にとって合理的なのか」という問題となる。次のような場合が、その例である。すなわち、社会全体の利益という観点から新しい技術が導入され、古い装置や手順または鉱山を撤去すべきという場合、社会の特定のセクション——労働者や管理者、鉱山労働者たち——の利益という観点からは、正反対の政策が要求される場合である。

しかしながら、現代社会においても、より積極的で実体的な価値を求める絶えまない底流があるように思われる。至るところに、科学技術信仰の崩壊の証拠が見られる。懐旧の念を呼び覚ますことはたやすく、それをあざけることもたやすい。しかし懐旧の念は、しばしば無力であるとしても、呪術からの解放を測定する基準として重要な社会現象と見なされなければならない。今日、われわれが環境を組織的、合理的に破壊していることへの関心が高まり、エコロジーという表題のもとで語られるさまざまな問題群として表われている。共同体が失われることや、隣人同士の親しい関係が消滅しつつあることへの不安が、ふたたび感じられている。そうした不安は、高層ビルに住んだり、その中で働いたり、また大規模でしだいに中央集権化される学校で学んだり、都市の非人格的な状況の中で生活の諸問題を交渉し解決していかなければならない人々にとっては切実である。われわれは、「介護サービス」と呼ばれるものの高い経費に怒り、その非能率さを非難する。そのような介護は、かつては親戚や地域共同体によってある程度効果的に行われていた。おそらく、技術的な効率の基準から見ても、新しく開発されたもののいくつかは、置き換えられた共同体の組織より効率の悪いものがあるだろう。それ以上に、新しく開発されたものは、人間を直接的に満足させるものは少ない。そして、われわれがまだほとんど認識していない、合理的に計算されたバランスシートに加えるべき結果が出るには、さらに長い期間がかかるかもしれない。

五　救済の性格

これまで価値と共同体について述べてきたが、その背後には宗教をめぐる諸問題がある。宗教は実体的な諸価値や任意的な諸価値、人はいかに生きるべきかを暗示する信仰によって確信されるような諸価値を正当化した。それらの価値は、人間が自然の秩序や社会の実際の秩序と考えるものについて指針を与えると思われた、ある超自然的秩序への献身という理念によって補強された。宗教の衰退は、何をなすべきかという命令と、そのような命令に正当性を与える方法をめぐる従来の理解が変化したことと関連していた。おそらく、ある宗教が他の宗教よりもいっそう包括的であるということはあっても、秩序の全枠組みを包みこむ宗教はなかっただろう。おそらく、地層のように互いに重なり合い、ときには相互に浸透し合う諸宗教の連続体、または継続する宗教復興が考えられるべきだろう。たとえば、西洋におけるキリスト教を「宗教」と同一視することは、確かに誤りである。なぜなら、キリスト教、とりわけプロテスタントの形でのキリスト教は、それ自体が世俗化を推進する機関だったからであり、それまで広く定着していた呪術と世界の神秘性の多くを除去してきたからである。宗教は、超自然的なものについて、したがって結果として道徳について告知する、実に多様な形態と見なされなければならない。このように宗教は、公式の神学体系や複雑精巧な諸儀礼、または超自然的な権威によって正当化された道徳律によって代表されるだけでなく、日常の中で語られる諸命題の中にも表現されているのである。たとえば、あの子どもは洗礼を受けられなくて「不幸」であるとか、金曜日に肉を食べるのは神の掟を破ることであるとか、よくないことが起こるから墓石の上を歩いてはいけないとか、死んだ人を悪くいってはいけないというようなことである。これらはフォークロアの要素かもしれないが、それでも、明らかに宗教と考えられるべき超自然的なるものの一部なのである。

社会学者たちは、一般的に宗教の存続を潜在的機能との関連で説明してきた。というのも、彼らは、宗教の顕在的な信念や主張は明らかに偽りに見えると考えていたからである(11)。社会学者たちは、宗教が遍在する理由を「意図せざる結果」として説明した。そして宗教は、信仰者から見ればきわめてよくない理由のために、社会機構の中での重要な位置へと高められた。宗教が説くことは真実でないかもしれないが、機能主義学派にとっては、宗教は確かに有効であったし、実際、宗教は必要不可欠なものであった。宗教は、共同体における忠誠の中心となったし、集団の団結を表現する機会を提供し、社会統制の基盤を提供した。また、集団の諸活動や政治・政策を正当化し、宇宙の秩序を解釈し、適切な感情表現を促進しかつ規制した。これらの機能は「社会的」機能と考えられたが、キリスト教がそうであったように、宗教制度が国際政治上の強力な存在となった場合でも、これらの機能は必然的にまず地域的なレベルで、つまり地域共同体において働いていたことは明らかであった。そして実際のところ、機能主義的分析の多くは、比較的小さな部族についての人類学的なデータに基づいていたのである。(12)

しかし契約社会化 (societalization) の過程は、本論ですでに述べたように、潜在的機能が顕在化する過程である。したがって、それが意味する内容を理解することが重要であり、当面の最重要課題である世俗化現象の基礎にあるものを簡単に振り返って見ることも意義がある。というのも、人間はもはや、社会生活を秩序づけるために意図せざる結果や偶然の副産物に依存してはいられないからである。自己認識や経営、プログラミング、計画などの重要性が強調されるようになったのである。人々の結合や団結は、もはやシンボルへの崇拝を共有することによっては表現されえない。個人が関係する集団はあまりにも大きく、その背景もあまりに多様で、必要とされる知識もきわめて広範囲でかつ細分化されており、一つのトーテムや一つの神、一人の救世主、一人の聖母、もしくは一人の聖人が、それらの多様な要素のすべてを担うことはできない。また、いわゆる「市民宗教」も、社会的結合の提供という宗教の潜在的機能の名残りをとどめるかすかな残存物であり、国家の誕生を祝うものというより、国家の制度的確立を祝う儀礼である。今日、愛国心を何よりも大切な美徳であると考えるものがいるだろうか。ひとたび地域共同体が死滅すれば、それまで同一言語集団や国民国家全体にみなぎっていた情緒も死滅するのである。愛国心やナショナリズムが、今日、発展の遅れた社会や、政治的に抑圧されていると考えているマイノリティの間でのみ強調されるのは、けっして偶然ではない。(ちょうど、西ヨーロッパの指導的な国々が、経済的利益のために国家的アイデンティティを弱めようとしている最中に、バスク人やブルターニュ人が、またスコットランド人やサルジニア人、カタロニア人やウェールズ人が、かつてないほどナショナリズムを主張していることにも、それは明らかである。)

社会統制は、もはや、神の怒りをほのめかすことや、現在の欺きはやがて罰せられるであろうという威嚇に依存することはできなくなった。現代の社会統制は、かつてないほど発展した法体系という装置に依存しており、それらの法の多くは、道徳的な事項よりも技術的な事項に関連している。社会的な諸活動や政治的な諸政策も、神の意志に注意を払うことはない。ヨーロッパ大陸のキリスト教政党でさえ、キリスト教を理由に他の政党と区別することはできないのである。宗教は、もはや世界を、ましてや宇宙を説明することはなく、また社会現象についての宗教の説明はまったく無視されている。実際、今日、カトリックや英国国教会の大司教が社会問題について見解を表明する時も、神の啓示や聖書に依拠することはない。彼らは、委員会を組織し、しばしば社会学者の助言に大いに依存する。ある感情を統制したり助長することがらをめぐってのみ、宗教の潜在的機能はまだ働くが、その時も、通常は私的な領域においてであり、結婚や喪に服する人々に対しての機能なのである。もっと一般的にいえば、現代社会は、異なった方法で感情的表現を呼び起こしたり沈黙させたりする。たとえば、ポップ・コンサートやポップ・フェスティバルは、感情表現を(申し分なく密閉された孤立した場所で)解放する機会である。また、情報を同時に広く伝達するマスメディア、特にテレビは、感情を麻痺させる機関であり、そこで感情の高揚を経験した人々は、きわめて効果的に相互に孤立させられ、生きている社会の脈絡からは引き離されてしまうのである。

潜在的機能を顕在化させること、そして潜在的機能を果たす諸機関を発展させることが、合理化過程の一部である。これまで私が論じてきたことは、宗教は、必ずしも潜在的な利益あるいは偶然の利益の調達者として現れるわけではないということである。そのような考えは、事実上まさに自己矛盾している。宗教は、顕在的な救済のための機関として自らを提示するのであり、その救済とは、すでに見てきたように、その文化的内容が何であれ、社会学的な観点からは「現在の再保証」として要約できる。もちろん高等宗教が、人間に恐怖を感じさせる悪の性質について、つねに正確に認識し定義してきたとはかぎらないが、つねに救済の教えを強調し、普遍化し、倫理化しようとはしてきた。呪術と宗教の相違は、宗教による功徳と再保証が、精神的、一般的、抽象的なものにとどまっているかどうかで決まる。呪術は、特殊な行為による特定の結果と効果を前提とし、自己充足的な保証という救済を用意してはいないので、実際的な検証の可能性に自らをさらすことになる。呪術は、高等宗教が提供するものよりももっと特殊な再保証を提供する。しかし、そうであったとしても、高等宗教が与えるものは、いかに普遍主義的に語られるとしても、地域で有効性をもつにすぎない。人々は、彼ら自身の共同体の中で救済すなわち再保証を求め、共同体生活の経験が、現在と未来における再保証への希望の内容と概念を提供してきた。現在の再保証の内容は、どのように語られようと、その人が生きた経験と感情から考えられたものであり、それらの経験と感情はまた、地域共同体の中で鍛錬されたものなのである。

したがって、影響力のある宗教は、その信仰が再保証を与えると人々に納得させることに成功しようとするならば、人々が地域や共同体で直面する現在のニーズに応えなければならないことにつねに気づいていた。このような状況は、高等宗教にある種の緊張を負わせることになる。高等宗教の精緻で抽象的な諸概念は、知識階級や専門家には魅力的であろうが、一般の人々の日常生活における理解からははるかに隔たったものになるからである。ゆえに大宗教は、その救済論の教理的一貫性を大きな危険にさらすことのない範囲で、在家信者のために、より具体的で特殊な祝福の約束をする必要があったし、定期的に神に祈る必要があった。救済をめぐる神学者や注釈者の高尚な理念とはほとんど関係のない、病気治癒や奇跡の逸話、簡素な祈りや物質的な恩恵についての逸話などが、信者の信仰を鼓舞するために保たれなければならなかった。学者によって生み出された抽象的な教理の一貫性がどの程度であったにせよ、ある宗教が生き残るのを可能にさせたものは、つねに、地域の信者のためのこうした聖職者や信仰助言者のもっともらしい、かつ不可欠な機能だったのである。知識人がキリスト教の教義を精緻なものに洗練させ、仏教の教理解釈者たちがゴータマの教えを近代的な心理学と物理学に妥当するように再解釈したとしても、その信仰をおびただしい数の在家信者に勧めたのは、けっしてそのような知的成果でもなく、ましてや教師でもなかった事実を忘れてはならない。同様に、キリスト教がローマ帝国から統治機構を継承したからといって、あるいは歴史家が法王と国王との闘争をくわしく研究したからといって、現実の宗教は、つねに地域レベルでの再保証の機関として存在する中にあることに気づくべきである。

こうして、教会組織の合理化と知的な合理化が、ついには世俗化を推進したのに対し、直接的な共同体が生活の営まれる最も有力な場であった間は、強力な対抗的な傾向が存続した（その傾向が、現代では衰退しているとしても）。教義体系があまりにも難解なものになり、救いが起こりそうもないものに思えたり、きわめて遠いものになったりした時、あるいはほとんどの在家信者にとって厳格すぎる条件になった時に――たとえば、天国に到達するには永遠の煉獄を通る必要があるとか、涅槃を達成するには何千回もの生まれ変わりを経なければならないとか――、在家信者たち（ときには僧侶さえも）は、救いのための近道やよりすみやかな救済への希望を要求するようになった。彼らは易者や占星術師、信仰療法者、予言者、救世主に頼ったり、永遠の至福は死後すぐに直接的に達成できるかのように振る舞ったりした。

教義の面からいえば、より確実な再保証を求める在家信者の要求が、高尚なスコラ哲学をつねに堕落させたのだというものもいるだろう。上座部仏教では、寺院の中にいる僧侶と、寺院の門にいる占星術者や易者が共存しており、ときには後者が僧侶から相談を受けることもあれば、僧侶自身が呪術的な技法を行うことすらあった。大乗仏教においても、タントラ呪術が、その宗教体系にさまざまに混入し、またさまざまな宗派に入り込んできたことがわかる。[13] キリスト教世界でも、民俗宗教とローカルな呪術は何世紀にもわたって残っていたし、ラテンアメリカの名目的なローマ・カトリック諸国には今でも残っている。人々は、正統派信仰を形式的に受け入れはするが、必ずしも正統派のみで十分であるとして受け入れているわけではない。そのような態度は、十九世紀のイギリス、リンカーンシャーの農場労働者の次のような応答に端的に示されている。彼は、地元の英国国教会の牧師に、「日曜礼拝には国教会の教会に来るのに、なぜ、夕方にはメソディストの礼拝に参加するのか」と問われた。その農民信徒は答えた。「朝方に教会に行くのはあなたを喜ばせるためですが、夕方は私たちの魂を救うために礼拝にいくんです[14]」と。

一方で地域の俗信と呪術への関心が減少し、他方で知的な発展と中央集権化した宗教組織が成立したことは、ウェーバーに従えば、世俗化の方向への合図といえるかもしれない。教会の組織や教義が位階制や体系へと発展したからといって、超自然的なものが地域レベルでは働いて欲しいという期待に完全に取って代わることはできず、その地域レベルでの働きを規制したり制限するだけである。すべての高等宗教においては、地域の司祭や牧師から得られる救済への助けは、いずこにおいても等しく効果的でなければならない。また、上級聖職者が中央で提供するものは、通常、すべての信者が地域の機関を通して得られる便宜を補完するものでしかない。それでも、教会の統制が実施されている限り、奇跡が地域で勝手に出現してはならない（中央の統制に従った、きわめて希な例外だけが認められる）という原則が、これら高等宗教にとってはきわめて重大であった。[15]

教義や教会組織が中央集権化され、位階制化され、しだいに整理されてくるにつれ、宗教的な力は、基本的に形式化された方法と特定のチャンネルを通してのみ働くと考えられるようになる。内在論は超越論に道をゆずり、一般の人々の日常生活から超自然的な力がますます除去されていく。世界は呪術の園から抜け出す。しかし、大多数の人々が親戚、親族、そして隣人とともに生きかつ死んでいく地域共同体が生活の場であるかぎり、中央集権化や知性化、そして世俗化の傾向への根強い障害はつねに存在した。今や、地域の宗教——都市の住民からは荒野や村の宗教、異教あるいは「迷信」と呼ばれる——は、公式な宗教が存在するところではどこでも、その公式宗教は地域的な要請に妥協すべきであると要求した。しかし、人々が共同体に住むことを止め、少なくとも大多数の人々の生活が非人格的で機能的な状況の中で営まれるようになった時、宗教が最も繁栄した地域も、もはや宗教を歓待するところではなくなった。たとえ、どんなに折衷主義やシンクレティズム、そして迷信を好む傾向が強くても、また司祭階級や知識階級が地域共同体の宗教をどんなに蔑もうと、宗教への需要が最も強いのは地域共同体においてであった。われわれが、世俗化を説明する重要な要因を探し当てるのは、人々が実際にその人生の大半を生き、生活活動の大部分を行う自然的共同体の消滅という点においてである。その際、世俗化という用語は、宗教意識の変容を意味するのである。

六　不満の原因

近代の社会システムは、究極的な救済という概念を受け入れる余地をまったく残していないが、それは、近代の解剖学が個人の魂の存在を受け入れる余地を残さなかったこと以上である。現代人が救済に近いものを求めようとするかぎり、社会システムの中で制度化された合理的手順にますます頼らざるをえなくなっている。今日、宗教的な認識の世界は不安定で縮小しつつある境界領域を合理的な教訓と共有している。生き残るために、大宗教は特に組織の問題をめぐって、合理性の要求に多くの譲歩をしてきた。伝統宗教界の内部にも、成功へのいちるの望みをかけて、近代性を把握し、その運営方式を合理化し、世俗的制度の様式を借りて再組織化や再建をはかる必要性を熱心に論じる人々がいる。その際、最も好んで利用されたモデルは軍隊であった[16]。これらの急進的な人々は、時間を超えた真理を覆う皮膜となっていた昔ながらの慣習を取り除こうとしている。

一方、伝統に拘束されることが少ない新宗教は、彼らの信仰のメッセージを伝えるために、さらに精力的に現代的で合理的な手段と、その特殊な宗教的メッセージのもつ実質的で任意的な諸価値とを結合させてきた。しかしその場合でも、新宗教の個々の信者の意識から、信仰と理性の潜在的緊張が完全に払拭されたわけではない。現代社会における日常生活が、かつてないほど合理的手順への委託を求めるにつれて、真に宗教的な人間が抱く人格的で宗教的に啓発された警告は、しだいに（前近代的なものの）痕跡にすぎなくなり、その人間は、自分自身が現代社会にあって周辺的な存在であるかのように意識するだろう。きわめて多くの外的な事項に関しては合理的な組織化の必要性に従う新宗教の信奉者ですら、現代社会から攻撃されていると感じるかもしれない。なぜなら、彼らの信仰の核心部分には、現代の合理的な社会システムの暗黙の基準から見て、反啓蒙主義的であるとか、非合理的で情緒的、または呪術的とすら断言されるような諸要素が存在しているからである。

宗教が生み出す意識や価値、行為、諸関係と、現世への合理的な態度との間にある緊張の類型について、手短に例示してみよう。救済はつねに、他者――神であれ人間であれ――に対して行為をする中で、人間関係によって仲介されてきた。キリスト教においては、「救世主」自身が一人の人間として知られており、救世主への信仰や、信徒仲間に対する行動が、信仰者として善し悪しを判断する基準である。仏教においては、「法による人間の救済」という、より抽象的な原理が主張されるにもかかわらず、他者への義務も同様に明確に説かれている。そして、たとえ仏教の教理に個人的な神性という概念が存在しなくても、それにもかかわらず、特定の仏陀や菩薩を神格化しようとする傾向はしばしば見られたし、民衆に広まった仏教には古い神々が生き残っている。ゴータマ・ブッダでさえも、そうした神々への崇拝を押さえつけようとはしなかったのである。こうしたさまざまな関係や、慈善や善意の行為、真剣な魂の探求は、信者が自分自身をその宗教の中での単なる役割遂行者と見なすのではなく、全体的な存在、全人格的に献身する存在ととらえることを要求する。この要求は、現代的な生活が要求するものとは鋭く対立する。現代生活のあらゆる場面において、ある種の親族関係への関心を除けば、個人はある一つの役割を演じるにすぎない。すなわち、つねにその属性や能力のごく一部を選んで役立てることが期待されているのである。

宗教への関与は全人格的な献身であるべきだという期待は、キリスト教の司祭や牧師などのような、宗教的役職者の事例に明らかである。この職は、単なる一つの仕事または専門職をはるかに超えたものとして与えられる。すなわちそれは、一つの倫理への、またある生き方および信仰の諸価値に対する終わりのない義務への、絶対的な忠誠を暗黙のうちに前提としている。その任務は、すべての契約的な拘束を超えるものであって、古代的秩序に属し、共同体に根ざした関係に属している。宗教的な職務に適用される基準は、効率やコスト、速さ、機能的整合性といったものではなく、また、特定の目的達成のための最大の費用対効果を追求するものでもない(17)。その基準は、人間に関するあらゆる領域に広く関係している。したがって、この職務が意味するものを、現代生活における他のすべての領域を支配する考え方から類推することはできないだろう。聖職者にとっては、人間はそれ自体が究極的な目的であり、それはちょうど、宗教的行為それ自体が目的そのものであるのと同様である。しかし現代社会においては、人間それ自体が目的となってはいない。人間は役割遂行者として機械の付属物となり、人間以上に重要な一つのシステムの入力端子にすぎなくなっている。人々の個人的な属性、感性、生まれながらの性質、純粋に個人的な欲求などは、現代社会での役割遂行には不適切なものとなる。人間は、そのようなシステムにおける単なる手段でしかないのである。人間であること、そして人間の責任についての宗教的概念と、現代の社会システム（資本主義であろうと共産主義であろうと）が提供するそれらの概念ほど、鋭い対照をなしているものはないだろう。

したがって、発達した科学技術社会は、宗教的世界観にとっては相性の悪い社会である。宗教集団は、ますます不利になる条件下で、時間やエネルギー、富などの人間の資源を動員し操作しようとする他の諸機関と競争しなければならない。他の諸機関は、伝統的な宗教よりはるかに効率的に、現代科学や現代組織のあらゆる技術を取り入れることができる。つまりそれらは、〔新しい技術を取り入れている〕新宗教においてすら見られる合理的体系化の採用に対するある種の抵抗に制約されないのである。宗教的な認識や目標、宗教的に喚起された感受性、宗教的に啓発された道徳、そして宗教的な社会化は、現代の社会システムの運営には何ら直接の関連はないように思われる。経済問題や政治問題、法的諸問題、教育問題、家族関係の問題、余暇に関する問題といったすべての社会問題にとって要求される解決策は、非宗教的なものであるばかりでなく、技術的な専門的意見や官僚制的組織に依存した解決策である。啓示ではなく計画が、霊感ではなく合理的な道理が、そしてカリスマ的行為または伝統的行為ではなくシステム化された機械的操作が、かつてなく拡大している公的生活の領域で要請されているのである。

しかし、すでに見てきたように、合理的なシステムだけでは十分ではない。もし人間が、積み重ねられてきた専門的技能を用いて、際限のない、かつてないほど冷徹な合理的社会組織を築き上げたとしても、その合理的秩序の背後には、それ以上の何かを探し求める人間の不満が潜んでいるのである。非合理的な存在である人間が、性質を異にする合理的社会に住んでいるのである。その合理的社会は、個々人から合理的に計算された役割遂行を引き出す分業の積み重ねによって生み出された社会である。現代人の不満は、ある合理的秩序が誘発する疎外感と大いに関係している。その背景にある諸前提と、成熟した経験との間の障害の原因を明らかにするのは難しいことではない。子どもが社会化されていく基盤は、合理的手順では処理しにくい感情的機能に依存する。人間は個人間の信頼や親子の愛、個人的な親しみ、そして地域への参加との関連で、世界に対処する方法を学ぶ。人間は幼年期に親密な関係と絶えまなく注がれる愛情に満ちた、安定した小さな共同体の中で過ごす。かつて、子どもが社会化された世界と、子ども時代に植え付けられた性質を保って生きていく大人の世界とは、強い連続性が保たれていた。ときには、まったく同じ人々とともに住んでいたのである。しかしながら現代世界では、社会化されていく場と、個人がその人生の大半を過ごす非人格的な関係の間には、深い断絶がある。後の人生において秩序ある人格的関係を維持するために必要な人間的資質を引き出す幼少期の訓練は、現在の世界には適合しなくなる。育成された道徳的・人間的な諸能力は弱められたり修正され、そしておそらくある面では、合理的効率という技術的な基準に完全に置き換えられてしまう。人格的諸関係は、非人格的な役割遂行よりも重要でなくなっていく。かつて人々に与えられていた信頼は、システムと技術の中で眠りにつかされてしまうのである。

それでは、最も合理的なシステムすら必要とするこうした最小限の要求は、信頼もなく、人間同士の相互依存もなく、ほんの少しのもろい人間関係しかなくて、どのように満たされていくのだろうか。それなくしては合理的な社会システムですら働かないような市民意識や私利にとらわれない善意は、どこから生まれてくるのだろうか。私は、契約社会化の過程は世俗化と道徳の衰退をもたらすと考えるが、その過程はまた、いかなる種類の人間社会も依存する基本的な条件の持続を危うくするだろう。

人間は、社会秩序についてつねに不安を感じ、懸念するものである。歴史とは、変化するできごとや、習俗の変更、慣習の消滅、不道徳の増加を嘆く旧世代の人々が再現する物語である。人々が回顧主義や悲観論に浸ることは、仕方のないことだろう。年齢を重ねるということが何を意味するかを、割り引いて考えなくてはならない。というのも、年長者は、若い頃に規律を破ったことを思い出すよりも、規律によって縛られていた社会をよいものとして思い起こすものだからである。同様にまた、あらゆる変化の過程がつねに引き起こす一般的な不安も考慮されなければならない。しかし、これらの点で譲歩したとしても、契約社会化と世俗化が生み出す顕著な破壊について認識することはできるだろう。こうした不安は多種多様である。その不安には、かつてないほど広範で複雑に組織された都市における、道徳の衰退や市民的秩序の崩壊への関心も含まれる。その不安は、新たな社会統制の技術、公的な監視体制、プライバシーの侵害を認識し、またそれらによって警告される。それはまた、人々が昔からの尊敬の念を失ってしまった自然環境の開発と汚染への意識の高まりによっても増幅される。その不安はまた、暴力が政府やテロリストによってすら、かつてない規模で組織的に遂行されることを知ったことへの反応でもある。そこには、欺瞞や汚職によって民主主義の原理が何度も脅かされたことによって広く生じた疑惑も含まれる。

われわれが現代に抱く不満には、公的な領域に属するこれらすべてのことがらが含まれている。その不満にはまた、個人的な人間関係の性質が変化してきたことへの認識も含まれる。つまり、共同体生活が失われてしまったという認識や、個人生活がいかに市場や工場を管理する功利的規則によって侵害されているか、またいかに人間的な感受性が失われてしまったかを知る時に感じる迷夢からの覚醒の意識などである。われわれが抱くさまざまな不満は、ある種の規範的秩序や超越的な目標、より広い目的意識に関する理想が崩壊し、またそれらに意味を与える社会的文脈が崩壊してしまったことに起因しているように思われる。

西洋および西洋以外の十分に近代化された諸国の伝統宗教は、社会組織の変容に屈服してしまった。現代世界のどこにおいても、伝統的な信仰は社会の合理的運用の残余部分に対して偶然的な影響を及ぼすだけであり、大多数の人間に対しても、日常生活の経験に質の異なった影響を及ぼすだけである。他方、新宗教運動においては、宗教的な生活をよみがえらそうとの試みや、現代社会の非人格性や匿名性を克服し、どんなにわずかであっても共同体感覚が回復しうるような社会的文脈を形成しようとの試みがなされている。きわめて多くの新宗教が、小集団や座談会、コミューン、またはわりあい少人数からなる結合を重要な原理とする組織構造を強調するのは驚くべきことではない。それらの集合体は、必ずしも地域的なものではなく、また永続性がないわけではない。しかし、新宗教は、強力な相互行為の中で、少なくとも何らかの共同体生活に類似した効果をふたたび創造しているのである。新宗教は、現代世界における強力な知的・合理的傾向となった普遍主義と、地域主義の強味とを、新たに総合しようとしているのである。たとえその地域主義が、かつての地域共同体で共有されていた近接した生活環境を補強したり、共同体へ全面的に参加することなしに、規模の小ささがもたらす有益さのみをふたたび創造するものにすぎないとしても。

今までのところ、そのような努力は、少なくとも西洋では、不満を示す周辺的な証拠であり、不満を緩和するための周辺的な試みでしかない。人間は、失った世界をふたたび作りなおすことはできないだろう。また人々が、精神の大幅な変化や、思考と感情における文字通りの革命、現代生活や現代的組織がもたらす多くの便利さを進んで捨て去ることがないならば、別な方法では改変することのできない契約社会的秩序のパターンが、いかにしたら宗教的な着想で満たされるかを知ることは困難だろう。今までのところ、周辺的な領域や隙間の部分においてのみ、また、原理的には私的生活の領域でならば、そのような宗教的努力は有効であった。すなわち、少なくともある人々の現在の不満を超越させ、善意や献身の精神を広めることによって、社会秩序を支えるのに必要な「地の塩」を生み出すことにおいてのみ有効なのである。

訳注

1　実証主義（positivism）　啓蒙期フランスの思想家に端を発し、サン＝シモンを経てコントによって体系化された。認識論・科学方法論的な立場。科学的な命題・仮説・理論は経験的事実に基づいて構成されるべきであり、それらの真偽は観察され経験的に確認された事実に照らして検証されなければならないとする。コントは『実証哲学講義』全六巻の中で、実証的という語に現実的・有用的・確定的・明確的・積極的・相対的の六義を認め、特に積極的と相対的の二義を重視している。また、人知の三段階的発展（神学的↓形而上学的↓実証的）を区別し、人知は第三の実証的段階に至って完成するとする。そして、「事実の観察こそ人知の唯一の堅固な基礎であり、事実の記述に還元できない一切の命題は現実的意味をもちえない形而上学的なものにすぎず、科学的理論はすべて実証的でなければならない」として、科学的＝実証的という根本基準を設定した。この立場は、ミル、スペンサー、デュルケム、フォイエルバッハ、デューリングたちによって支持され、十九世紀後半の科学思想の主潮流となった。

2　機能主義（functionalism）　十九世紀末から台頭してきた科学方法論上の立場。実体概念を排して、事物をその流動的で可変的な諸要素との関連において捉えようとし、事物を構成する諸要素の相互関係の把握を重視する。経済学・法律学・生物学・心理学・社会学などの各分野で提唱されたが、社会学では、ジンメルなどによって事物を構成する諸要素のはたらきを重視する本源的な機能主義が唱えられた。また、デュルケムの機能主義を継承した、人類学者マリノフスキーやラドクリフ゠ブラウンの機能主義に関する見解は、社会学における機能主義の考え方に大きな影響を与えた。すなわち、生物有機体とのアナロジーを強調し、全体への部分の貢献をもって機能と見る考え方である。その流れの中に、マートンの機能主義やパーソンズの構造─機能分析が位置するといってよい。

3　モルモン教（The Mormons）　正式名は末日聖徒イエス・キリスト教会改革派（The Reorganized Church of Jesus Christ of Latter-day Saints）。一八三〇年、創始者ジョーゼフ・スミス（Joseph Smith）が夢の中で大天使モロニからの啓示を受けたと主張したところから始まった。ニューヨーク州北部の農民の間に広まったが、当時主張していた一夫多妻制や原始共産制的共同体を建設したため、周辺のキリスト教徒から異端として迫害され、信徒たちは安全な地を求めて転々とした。その途上、スミスはイリノイ州で暴徒に殺害された。その後、シドニー・リグドンに率いられてユタ州に入り、そこに定住した。現在の本部もユタ州ソルト・レイク・シティにある。大天使モロニから授かった金版に書かれた文字をスミスが翻訳したとされる『モルモン経典』を聖典とし、再臨思想、至福千年的教義を説き、異言、預言、啓示、幻、神癒を信じている。信徒は一九八〇年には四百万人を超し、日本を含む世界各国に宣教師を送っている。

4　理念型（Idealtypus）　M・ウェーバーの社会科学方法論の基礎的概念。ウェーバーは多様な歴史的事象の個性を文化科学の認識目標であると考えるが、同時に、文化科学においては抽象的概念が可避性であると考える。理念型は、現実の多様な個性を抽象するための概念装置である。すなわち、多様な個性を価値関心に従って特定の観点から抽出し、諸要素を論理整合的に構成したものが理念型なのである。理念型は、現実の姿を認識し、比較するための手段として発見的な価値をもつとともに、因果帰属の手段として、歴史的固体を発生的に理解するのに役立つ。たとえば、ウェーバーが資本主義の精神やプロテスタンティズムの理念型を構成し、それに基づいて資本主義の成立を説明しようとしたのがその例である。このように、理念型はあくまで現実を認識し、比較するための道具であり、その検証は、真実かどうかではなく、有用かどうかという点でなされなくてはならない。理念型は、いくつかも問題点を残しながらも、その後の社会科学方法論に大きな影響を与えた。

5　ヒンドゥー教　インドで古来から伝承されてきた宗教で、バラモンを担い手とする儀礼主義的な信仰や、宗教的・倫理的・社会的行為の規範であるダルマ（法）、民衆的な神信仰を含む。創唱宗教ではなく、インド人の形成とともに成立した自然宗教で、その骨組が完成したのは紀元前七世紀から紀元後二世紀頃といわれる。この頃、ヴェーダ聖典が完成し、司祭職としてのバラモンの権威が確立したのである。聖典としては一群のヴェーダ聖典の他に、『マハーバーラタ』『ラーマーヤナ』の叙事詩や「プラーナ」等の国民的な伝承がある。ヴィシュヌとシヴァおよびその眷属や化身がヒンドゥーの神々として崇拝される。基本的教義としては、業に基づく輪廻からの解脱が説かれ、その方法として①カースト義務の遵守と神々の祭祀、②「梵我一如」の覚知、③神にバクティ（信愛）を捧げることによる神との合一があげられる。現在、インド共和国、パキスタン、スリランカその他の地域に三億数千万人のヒンドゥー教徒がいる。

6　道教　中国古代の民間信仰を基盤として、神仙思想を中心としてまとめられた、呪術的な傾向の強い自然宗教。老子が説いた道家の思想は、道教の教理を補強するために後から取り入れられたものである。二世紀の前半に成立した太平道と五斗米道は道教教団の源流である。太上老君、関帝、呂祖のような人物神、あるいは家神、土地神、自然神などが廟に祀られ、仏教の寺院に当たる道観では道士が儀礼を執り行う。教義は時代によってかなり異なるが、窪徳忠によれば、『雲笈七籤』（七世紀初）に現れた道教の内容は四つに大別できる。すなわち、①教学的部門（宇宙生成観、道の起源とその展開、天界の種類、神々や仙人たちの説明）、②方術的部門（呪い、おふだ、お祓いや祈禱の儀式・儀礼）、③養術部門（不老長生を目指す医術の部門で、辟穀、服餌、調息、導引、房中など）、⑤倫理・戒律の部門がある。聖典である『道蔵』は十一世紀初めに編集されている。十二世紀には民衆を基盤とするいわゆる新道教教団が出現するが、この頃から、道教教団は儒仏道三教一致の立場に立つようになる。現代でも、台湾やアジアの華人社会を中心に道教の信仰は活発に行われている。

7　儒教　中国春秋時代の孔子の思想に基づいた、社会のあり方や人間の生き方についての理論および人格修養の体系。基本的な教義は、①五倫五常（君臣・父子・夫婦と兄弟・朋友の三綱五倫の身分血縁的関係をあるべき人倫秩序とし、この人間関係を支える道徳が仁・義・礼・智・信であるとする）、②修己治人（五常を修養し、五倫秩序の実現につとめることが君子の任務であるとする）、③天人合一（仁・礼の根拠は自然の理法である「天」にあるとする）、④世俗的合理主義、である。これらの教義は、『経書』――易・書・詩・礼・春秋の五経――に述べられている。儒教思想は、社会の変化に応じて、仏教・道教と対抗あるいは受容し、教義を豊かにしてきた。宋代には朱子に代表される新儒教（宋学）の運動が展開し、支配層・中間層の道徳的自覚を強く促した。宋学が拠ったのは、『大学』『中庸』『論語』『孟子』の四書である。儒教思想は、中国だけでなく朝鮮・日本の思想や社会制度に大きな影響を与えた。

8　メソディスト（Methodist）　イギリスのジョン・ウェズレー（John Wesley）が創始したプロテスタント最大教派の一つ。名称の由来は、彼がオックスフォード大学で教えていた時、弟チャールズらとともに聖書に示されている方法（method）にしたがって宗教行事を行ったためといわれている。ウェズレーはアメリカのジョージアで伝道を行ったのち、一七三八年にロンドンの集会で啓示を受け、熱心に伝道活動を行うようになった。彼の死後、この運動が英国国教会から分離してメソディスト監督教会となる。メソディストは、人間の自由意志を強調し、禁酒などの禁欲主義と結びついた勤勉な倫理生活を推進し、急速に教会員を増やしていった。特にアメリカでは、信徒の努力もあって大いに教勢を伸ばし、一九九〇年現在約千二百万人の教会員がいる。日本にも宣教師を送り、青山学院と関西学院に神学部を置いて伝道者を養成している。

9　アルミニウス主義（Arminianism）　オランダの神学者でライデン大学教授であったアルミニウス（Jacob Arminius）が唱えた、反カルヴァン主義の神学説。アルミニウスはアムステルダムの改革派協会の牧師になったが、カルヴァンの予定説に疑問をもつようになり、大学の同僚の厳格なカルヴァン主義者ゴマルスと論争を起こした。彼は論争中に死去し、エピスコピウス、グロティウスらのこの派の有力者たちが『抗議書』を提出した。その内容は、神の救いは特定の一部の人間にではなく、全人類に向けられ、これを拒むのは人間の自由意志によるとして、神の恩恵の普遍性と人間意志の自由を強調するものであった。ゴマルス派からも『反抗議書』が出されて論争は紛糾し、解決のためドルト会議が開かれて、アルミニウス主義は排斥される。アルミニウス派は近代オランダおよびヨーロッパのプロテスタント神学に大きな影響を及ぼし、イギリスではメソディスト運動に影響を与えた。

10　クリスチャン・サイエンス（Christian Science）　メアリー・ベイカー・エディ（Mary Baker Eddy）がアメリカのボストンに創設したキリスト教の信仰治療主義の教団。生まれつき種々の病気で悩み、治療法を模索していた彼女は、新約聖書を読むうちに霊的な光に満たされ癒しを経験する。そして、病気は精神的な妄想であり、信仰によってその妄想を断ち切れば病気は癒されると考えた。彼女はそれを「キリスト教科学」と名づけ、一八七九年に、聖職者もいない平信徒の教会をボストンに設立したのである。その礼拝式では、聖書とエディの著作が読まれ、賛美歌が歌われる。またウィークデーには会員によって治療が行われる。また、日刊紙『クリスチャン・サイエンス・モニター』をはじめとする出版物による伝道に力を注いでいる。現在、二十〜三十万人の教会員がいるとされる。

11　セブンスデイ・アドベンティスト（Seventh Day Adventist）　週の七日目である土曜日を安息日として厳守し、キリストの再臨を強調する教派。わが国では安息日再臨教団と呼ばれることもある。ウィリアム・ミラーの再臨運動の後、ジョーゼフ・ベーツ、ジェームズ・ホワイト夫妻らによって、アメリカのニュー・ハンプシャー州で結成された（一八四五年）。ホワイト夫人を預言者と認めている。信仰による救いを主張するとともに、キリストの再臨、安息日の厳守、全身の洗礼（バプティスマ）、十分の一献金を強調する。土曜安息日の主張で社会生活に困難があったが、土曜就業を主張する企業との裁判闘争に勝訴するなどして熱心に伝道し、世界各地に宣教師を送っている。わが国には一八九六（明治二十九）年、W・C・グレンジャーらが初めて伝え、第二次大戦中の一九四三（昭和十八）年には治安維持法違反の容疑で全教職、有力信徒が検挙され、翌年解散を命じられたが、戦後再建された。

12　エホバの証人（Jehova's Witnesses）　一八七〇年、アメリカのペンシルバニアで、ウィリアム・ミラーの影響をうけたチャールズ・タゼ・ラッセル（Charles Taze Russell）が始めたキリスト再臨運動に端を発する教派。彼は、ミラーが一八四四年を終末の時と定めたことを誤りとし、キリストが隠れた帰還をする時を一八七四年と主張した（後に一九一四年に変更）。彼は聖書の注釈を広範に行い、救済がエホバに従う人々のみに与えられ、すべての創造物の目的はエホバの名前と言葉を擁護することであると主張し、それを記した文書を頒布しながら信奉者を増やしていった。一九一四年には何事も起こらず、二年後に彼は没したが、ミズリーの法律家ジョーゼフ・ラザフィールドが後を継ぎ、聖書研究者の地方集会と、出版事業の国際的実行本部に支配された諸支部から構成される組織を設立した。彼らの運動はきたるべき再臨の日に備えるため、定期刊行物『ものみの塔』と『めざめよ』を売り歩き、神の言葉を広めることであり、戸口から戸口へと回るセールスマン的運動として有名になった。一九五〇年以降の三十年間に急発展し、アメリカ、ドイツ、カナダ、メキシコ、南アフリカ、ザンビア等々、世界各国に信奉者を擁し、その数は二百万人と推定されている。

13　憲章（charter）　機能主義的立場を主張した人類学者B・K・マリノウスキーの概念。彼は文化の心理学的な機能に着目し、文化を人間の欲求充足を条件づける装置であるとする「文化装置論」の立場に立っていた。彼によると文化とは「道具、消費財、種々の社会的集団の憲章、観念や技術、信念、慣習からなる統合的全体」であり、この中の「憲章」は、「規範制度」に相当する。泉靖一氏の要約によれば、「規範制度の根本は協力であって、協力は、共同生活のために個人の行動を制御する制度であ」り、規範制度は「強制と権力の行使を暗に意味しており、すべての集団には、組織の力が用意されている」とするものである。

14　アーミッシュ・メノナイト（Amish Mennonites）　キリスト教プロテスタントのメノー派の分派で、スイス人アマン（Jacob Ammann）が十七世紀末に開始した。この派の信仰の中心的真理は、「無抵抗、世俗の回避、現世への同調の拒否、自己否定、教会と真理への服従、道徳的模範者としてのキリストへの信仰」（ウィルソン）である。初期にはスイスのベルン州、アルザスなどに広がったが、のちヨーロッパ内部や北アメリカに展開した。アメリカへは一七二七年頃から多くの信徒がペンシルバニアに入植し、オハイオ、インディアナ、ミシガンなどに移動し住み着いた。特徴的なのは保守的な生活様式で、自動車や電気は使わず、ボタンではなくフックを用いた服を着て、男性はつばの広い黒い帽子をかぶり、ひげを蓄え、女性は黒の靴下、靴をはく。現在、ヨーロッパには存続しておらず、アメリカに約四万四千人いるといわれる。

15　フッター兄弟団（Hutterian Bretheren）　再洗礼派（アナバプテスト）に属する教派。再洗礼派とは、宗教改革に伴って現れたさまざまな急進派の中で、幼児洗礼を否定し成人洗礼を行ったいくつかの教派である。ヨーロッパの各地できびしく迫害された再洗礼派の多くはモラビアへ避難したが、ここに各種の再洗礼教派が集まり、展開した。フッター派もその一つであった。フッター派はチロル出身のフッター（Jacob Hutter）を指導者とする派で、財産の共有を基盤とした共同生活を営み、平和主義を標榜した。のち、カトリック教徒による迫害を受け、スロバキア、トランシルバニア、ロシアへと放浪するが、のち北アメリカに移住し、そこに住み着いた。一九六五年までに、カナダでは約一万二千五百人、アメリカで五千人以上に信徒を増やしている。

16　救世軍（The Salvation Army）　イギリスのメソディスト教会牧師ウィリアム・ブース（William

Booth）によって一八六五年に始められた教団。彼は、妻キャサリンとともに、ロンドンのイーストエンドの貧民地区の貧民や犯罪者、飲酒者のために「クリスチャン・ミッション」と呼ばれる伝道組織を創設したが、七八年には「救世軍」と改称した。その特徴は軍隊組織によって運営されることで、軍旗や軍楽隊、軍服型の制服をもって独自の伝道活動を行った。礼拝や聖餐の儀式は行われない。当時の社会状況に対応したその活動は大きな反響を呼び、各国に本営、連隊、小隊、分隊等の組織をもつ国際的団体へと発展した。特に女性の活躍が目立ち、フランスやスウェーデンは女性によって運動が開始された。日本では一八九五年のライト大佐一行の来日によって日本救世軍が創立され、山室軍平の指揮の下、廃娼運動や病院開設など、伝道活動と社会事業とを結ぶ活発な社会奉仕活動を行った。慈善運動の「社会鍋」は、一九一九年に開始された。

17　サイエントロジー教会（The Church of Scientology）　ＳＦ作家として知られるアメリカ人ラファイエット・ロナルド・フバード（L. Ronald Hubbard）の創唱に始まる運動で、一九五〇年に彼が出版した『ダイアネティックス——精神治療の近代科学』がベストセラーになったことから有名になった。同年に彼は「フバード・ダイアネティック研究財団」を設立し、新しい精神療法ダイアネティックスの普及活動を始めた。しかし、この精神療法は心理学者や精神分析学者、それらの団体からさまざまな批判を浴び、その後も反カルト論争の焦点となっている。五二年、純粋に心理学的であったダイアネティックスを、再生や地球外生物などの概念と合体させた宗教的性格の強い霊的治療体系として発展させ、「サイエントロジー」を設立し、五五年に「サイエントロジー教会」として法人登録された。一九七七年には全米で二十八教会を設立し、九十八の海外伝道組織をもっている。フバードの理念の特徴は、青年時代に中国やベトナム、インド、日本などの東洋諸国を旅し、その宗教的霊性や世界観に強く惹かれた経験をもち、さらに大学で自然科学を学んだことから、西洋の科学と東洋の霊性とを結合させた点にある。したがって、「業の思想」などを取り入れてはいるが東洋宗教とはいいがたく、かといって欧米流の心理療法とも異なる点で、アメリカでもなかなか理解されにくい理念体系を基礎にしている。

18　チルドレン・オブ・ゴッド（Children of God）　ジーザス・ムーブメントの中でもっとも過激で攻撃的といわれる運動。のち「愛の家族（The Family of Love）」と改称し、現在は「家族」（The Family）と称している。カリフォルニア州ハンチントンビーチで、コーヒーハウスの伝道施設「キリストを信じる十代」として始まった運動であり、一九六八年に福音主義牧師のデヴィッド・バーグ（David Berg）によって改編されたものである。ヒッピー的スタイルを踏襲し、共同生活を営みながら、地域教会の活動を妨害するような行動で注目を集めた。バーグは、モーゼまたはダビデ王の再来と称し、キリストの再臨とこの世の終末を予言する。一九七二年に「モーゼ」バーグは出エジプト、すなわちアメリカからの脱出を指示し、ヨーロッパ諸国をはじめ、ラテンアメリカ、オーストラリア、アジア、アフリカへと運動は展開した。現在、世界中で四、五千人の信徒と約六百のコロニーをもつといわれている。

19　クリシュナ意識運動（Krishna Consciousness Movement）　正式名称は「国際クリシュナ意識協会」（International Society of Krishna Consciousness, 略称ＩＳＫＣＯＮ）。インド人商人バクティヴェーダーンタ（A.C. Bhaktivedanta Swami Prabhupada）が、一九六六年にニューヨークで始めた運動。翌年、サンフランシスコのハイト・アシュベリに移ってヒッピーなどの若者に積極的にアピールし、当時の対抗文化運動の旗手となった。全米で三、四千人の信者がいるといわれており、西ヨーロッパや日本でも展開している。クリシュナ神信仰そのものはヒンドゥーの聖者チャイターナ・マハプラーバによって熱心に提唱されたことに始まり、インドに一つの伝統として存続している。バクティヴェーダンタの導師はクリシュナ信仰を西洋世界に広める使命を彼に与えたという。古典ヒンドゥー教でブラフマ、シヴァ、ヴィシュヌとして知られる絶対神の三化身のうち、クリシュナはヴィシュヌの化神とされ、その哲学と信仰は聖典バガヴァド・ギーター（神の歌）に記されている。しかし、ISKCONの神学では、クリシュナ神を最高神と見なし、この神への愛、帰依、または真の合一こそが輪廻を脱却し、業（カルマ）の影響を脱する道であると説き、それが人類の最も崇高な宗教的義務、人間の幸福のための基本的要件と捉える。

20　ペンテコステ派（Pentecostals）　聖パウロのコリント人への第一の手紙に記された聖霊の賜物を授かったと称する現象は、信仰復興運動の歴史でしばしば散見されるが、聖霊の賜物の中で最も頻繁に示された現象である異言（グロサレリア）を、崇拝の永続的特徴として教会生活の規範としたのが、近代ペンテコステ派であった。一九〇〇年、ホーリネス運動の福音伝道者であったチャールズ・F・パーハムとその信奉者たちは、カンザス州のトピーカに新しく設立された聖書学校ベッセル・カレッジにおいて、「異言は聖書によって証明された霊体験の証拠である」ことを決定した。この運動は初期から多大の反響を呼び起こして広がり、信仰復興運動の集会でかずかずの異言を語る現象が頻発した。ヒューストンやロサンゼルスなどの急速に発展した都市においてその運動は顕著な発展を示し、一九五〇年代の半ばまでには約百五十万のアメリカ人が、約一万九千の教会を有する三十六のペンテコステ派のデノミネーションに属していた。特に、多くの黒人の会衆と貧しい白人のいる南部諸州、および西海岸の諸州で盛んである。ペンテコステ派と称される主な教派は、一九〇七年頃、ペンテコステの教義を受け入れた、初期の代表的セクトであるチャーチ・オブ・ゴッド、黒人のセクトとして最大であったチャーチ・オブ・ゴッド・イン・クライスト、アメリカ最大のペンテコステ団体であるアセンブリーズ・オブ・ゴッド教会、その他がある。

21　超越瞑想（Transcendental Meditation, 略称ＴＭ）　一九五八年にインド人のヒンドゥー教グル、マハリシ・マヘシ・ヨギ（Maharishi Mahesh Yogi）がアメリカで始めた運動で、一九六八年にビートルズやローリングストーンズが弟子になったため注目されるようになった。毎日数分間、マントラを唱えて瞑想するだけで、ストレスに悩まされない幸福な生活が送れるとし、特定の宗教運動ではなく、人々に瞑想の効果を教える心理療法の啓蒙運動と自称している。一九七八年には七千人の教師と四百のセンターがあり、九〇万人以上の人々が受講し、実践したといわれている。日本では、一九六八年にマハリシ・マヘシ・ヨギが来日し、一九七四年には国際ＴＭ協会が設立されている（一九八二年にインターナショナルＴＭアカデミーと改称）。

22　統一教会（The Unification Church）　公式名称は世界基督教統一神霊協会。一九五四年、韓国で教主・文鮮明により設立された。統一協会または統一教会として知られている。教義としては、文鮮明の啓示を基礎として、創造原理・堕落論・復帰原理が説かれる。創造原理では、神の実在証明と宇宙の根本的諸法則が解明され、堕落論では、アダムとイブ以来の人間の罪の原因と理由が述べられ、復帰原理では、人間の救いの道と地上天国を実現する法則が示されている。アメリカでは一九五九年に西海岸地方で活動を開始したが、一九七一年に文鮮明が渡米し、アメリカで集中的に布教活動を進めた。七〇年代末には五千から七千人の中核会員と二万人以上の準会員がいると公表されている。

23　ジーザス・ムーブメント（Jesus Movement）　対抗文化の勃興とともに起こった宗教的復興の中で、西洋の宗教的伝統に基づいた新しい宗教運動が発生した。そのうち、Jesus People を代表的なものとして、外に Campus Crusade for Christ, Youth for Christ 等の、若者を中心とした運動を総称してジーザス・ムーブメントという。この運動に含まれるグループは総じてファンダメンタルで福音主義的な信条を掲げ、イエスに帰れと主張する点で共通しているが、運動のスタイルはさまざまで、ヒッピー的スタイルを継承し、左翼的主張を掲げるものもあれば、規則正しく整然として知的なスタイルをもつものもある。この運動は遅くとも一九六七年の早い時期に、アメリカ太平洋岸、およびテキサスで始まった。それより以前、ヒッピー文化の華やかなりし一九六〇年代初期において、イエスは既成の教会文化への対抗の象徴として再解釈されてヒッピーや学生間に登場していた。イエスをモチーフにしたポスターや詩や歌が作られ、イエスに帰れという主張がさまざまになされた。このような現象と雰囲気がジーザス・ムーブメントの苗床である。その後、一九六〇年代の後半に入ると、ヒッピー文化やコミュニティは麻薬やフリー・セックス、暴力等によって荒廃し、衰退し始めた。その時期に、ヒッピーに失望し、その代替物を求めた若者たちがジーザス・ムーブメントを形成し始めたのである。したがって、この運動のメンバーは以前ヒッピーだった者が多い。主な活動としては、出版活動、コーヒー・ハウス経営、コミューンまたはクリスチャン・ハウスにおける共同生活等がある

24　ディヴァイン・ライト・ミッション（Divine Light Mission）　インドのグルであるマハラジュ・ジの

教えを信奉する運動で、アメリカには一九七一年にもたらされ、数年で八万人以上のアメリカ人が信徒になったという。コロラド州デンバーに本部があり、全米の活動の中心となっている。マハラジュ・ジは一九五八年に生まれ、八歳の時に父の跡を継いだグルで、キリストやブッダと等しい神の化身であって、神の光を啓示すると主張する。瞑想によって「完全なる知」に達することができると説き、アラムシュという聖なる共同体における救済の思想をもつ。会員は独身で、菜食主義者であり、禁酒禁煙を守っている。彼らは外に職をもち、服従を約束し、あてがわれた仕事は余暇を利用してどんなことでもやり遂げる。一九七一年以降、毎年一回世界大会が各地で行われているが、それには世界中の信徒が招待されるという。

25　ヘルシー・ハッピー・ホーリー・オーガニゼーション（Health-Happy-Holy Organization）　一九六九年、ヨギ・バヤン（Yogi Bhajan）によってロサンゼルスで始められた運動である。ヨギ・バヤンは北部インドの出身で、いくつかのヨガの伝統に通じ、シク教の聖職者でもあった。彼は当初、教師になるためにカナダに渡ったが成功せず、ロサンゼルスに移って、クンダリーニ・ヨガを教え始めた。はじめは中年の主婦層が相手であったが、しだいにヒッピーや「フラワー・チルドレン」等の対抗文化の担い手たちに広がっていき、ヨギ・バヤン自身も伝道を意識するようになった。その後、都市を中心に全米に広がり、一九七三年には八十のアシュラムと二十七のセンター、数千人の会員を有する組織となった。クンダリーニ・ヨガ、タントラ・ヨガ、シク教という北部インドの三つの伝統に根ざし、白衣とターバンをまとい、パンジャブ語の名を呼び合い、髪を切らず、ときには菜食主義をとるなど、シク教徒的なヨガ中心の共同生活を送る。彼らは二千年続いた物質主義的・党派的・個人主義的な魚座時代が終わりつつあり、二十一世紀からは、精神的・人間的・集団的な水瓶座の時代、すなわち真に霊的でグローバルな文化が始まると信じ、来たるべきその時代の生活様式を実践していると主張している。

26　ゲマインシャフト、ゲゼルシャフト（Gemeinschaft, Gesellschaft）　テンニースが提示した共同生活に関する対概念で、社会学の全領域で広く用いられている。ゲマインシャフトは有機的な生命体に似た共同生活で、「本質意志」によって結合されている。一方、ゲゼルシャフトは機械をモデルに構成されたもので、「選択意志」によって結合されている。ゲマインシャフトでは、人々の関係はパーソナルで全人格的で、人々はあらゆる分離にもかかわらず本質的に結びついている。その典型的な集団としては、①家族と民族（血縁社会）、②村落と地域自治体（地縁社会）、③（中世的）都市と教会（友情社会）がある。それに対し、ゲゼルシャフトにおける人間関係はインパーソナルで打算的で、人々はあらゆる結合にもかかわらず分離している。①大都市、②国民国家、③コスモポリタン的知識人共和国が、その典型的集団である。さらにテンニースは、メーンの「身分から契約へ」という図式に示唆されて、人類の歴史は「ゲマインシャフトからゲゼルシャフトへ」向かう過程であるとした。また、この概念は、農村と都市、伝統的社会と近代社会といった社会構造を対比的に浮き彫りにするために、一般化した形でも用いられる。

訳者あとがき

本書は、Bryan R. Wilson, *Religion in Sociological Perspective*, Oxford University Press, 1982. の全訳である。原著の序文でも述べられているように、本書は、一九七九年初頭に東京で五回にわたって行われた連続講演を下地として出版されたものである。前年の暮れに、二年ごとに主としてヨーロッパの各地で開催される国際宗教社会学会（Conference Internationale de Sociologie des Religions）の地域大会が、定期大会の合間をぬって東京で開催された。そのスピーカーの一人としてウィルソン博士が招待された。この国際学会の会長も務めた（現在は、終身名誉会長）ウィルソン博士は、セクト論や世俗化論でヨーロッパを代表する宗教社会学者であり、この機会に彼の所説をできる限り聴いておこうということで講演会の企画が持ち上がった。当時、筑波大学哲学思想学系の教授で、訳者・中野毅の大学院での指導教官であった井門富二夫先生や、現國學院大學学長の阿部美哉先生らと相談して講演テーマを決め、主催者として四回分を財団法人東洋哲学研究所に、一回を創価大学にお願いして、この連続講演会が実現したのである。

この講演原稿に加筆され、さらに最後の章の世俗化に関する論文を加えて、本書がオックスフォード大学出版局から刊行されたのは、一九八二年であった。この発刊の時以来、いずれ邦訳を出すことを著者と約束していたが、訳者の中野がウィルソン博士のオックスフォード大学オール・ソウルズ・カレッジに在外研究に出たり、帰国後の学務その他の所用に追われ、はや二〇年が経過してしまった。その間、一九九七年の秋には、ウィルソン先生を創価大学文学部の客員教授にお招きして、二ヶ月間講義をしていただくこともできた。

原著出版から今日までの間に、宗教社会学の研究も進み、世界の宗教界も大きく展開し、本書が扱っていない課題も生起したが、改めて翻訳を完成させ、その内容と分析、著者の見解を改めて精読してみて、本書が依然として宗教社会学の重要なテキストであることを再確認した。本書のもつ高い学問的意義は、一読していただければ理解していただけると思うが、以下、少々記しておきたい。

本書の第一の意義は、ウィルソンの研究方法がきわめて明確に表現されていることにある。ウィルソンは機能主義的宗教理解を批判的に捉え、基本的にはウェーバー的立場に立って実体的な宗教概念を採用すべきことを提唱している。その立場から、セクトや新宗教運動を経験科学的に調査し、その実証的データの上に議論を展開している。その調査手法、分析、研究態度は、特に第一章や第二章から明瞭に読みとることができる。従って、機能主義的定義に立ったR・N・ベラーの「市民宗教論」やTh・ルックマンの「見えない宗教」などの同時代人の諸論にくらべると華々しさはなかったが、その手堅い論証は説得力に満ちており、宗教社会学的分析のひとつのメルクマールを示すものである。

とくに、研究対象である宗教への方法的態度ともいえる「共感的デタッチメント」(sympathetic detachment)(本書一五頁以降)は、宗教研究者が失念してはならない、今日でも重要な概念である。現在、いくつかの新宗教運動が「カルト」「セクト」とメディアや政治家、一般社会からラベリングされて批判されているが、そうした新奇な宗教運動であっても、その発生の経緯と歴史、掲げる理念、担い手や組織構成などの諸要素を適切に把捉することから出発しなければならない。その上で、その運動のリーダーや一般信徒などの担い手たちが構成する、彼ら自身の宗教的世界を、彼ら自身の文脈において「共感的に」理解するよう努める必要がある。この理解なくしては研究者自身の恣意的な解釈枠組みにおいて、または一般社会の「常識的」判断から当該現象を解釈してしまうことになりかねない。

しかしながらまた、「共感的理解」のみで終わってしまっては当該運動の主観的世界に入り込むのみで、対象との適切な距離をおいた客観性を保つことが困難になる。結果として、その運動にのみ込まれてしまい、広告塔またはスポークスマンとして利用されてしまうという危険性が常にある。従って、最後に必要な作業は、その運動と研究者自身、それらを取り巻く周辺社会、あるいは一般社会との関係性や距離を的確に把握することである。ここにウィルソンのいうデタッチメントの必要性がある。attach の反意語である detach に由来するこの用語によって、「共感的理解に始まるが、あくまでも社会科学的分析を行う」という、彼の方法の重要性が理解できる。それには周辺社会からの反応や評価、周辺社会の一般的な「宗教的世界」との距離、対立や緊張を把握して、広い社会的文化的文脈の中で当該運動を位置づけることにほかならない。個々の宗教運動や宗教的世界をその固有性においてとらえるのみでなく、それらを、その発生と展開の文化的社会的背景の中に位置づける、または当該社会の文化的社会的構造と個別運動との関係を分析するマクロな視点と研究方法が改めて必要となっているのである。

第二の意義は、この一連の講演が日本で行われたことにもよるが、西洋で誕生した宗教社会学が、非西洋世界である東洋の宗教と社会をいかにとらえうるかという一大課題に本書は挑戦している点にある。その論議はまず、社会学という学の体系がいかに「西洋近代」に固有の刻印を背負っているかを明らかにすることから出発している。社会学がサン-シモンやコントにおける萌芽的段階から、神学的な世界解釈にとって代わる「科学の女王」たろうとしていたことや、セクトやカルト、カリスマ、預言者など、宗教社会学における分析上の主要概念が、主として西洋のキリスト教やその神学から借用したものが多いことに、それは端的に現れている。それればかりか、そもそも宗教現象を「合理的に」解釈しようとすること自体が、西洋的合理主義の陥穽に陥っていることを率直に語っている。こうした宗教社会学の方法論上の「西洋中心主義」を批判的に語った後、第三章では西洋と東洋の文化的社会的比較が宗教伝統を軸として展開されている。西洋社会がいかにキリスト教の一神教的排他主義の影響をうけているかなど、やや厳しすぎるほどに西洋の文化社会を相対化し、対して東洋が仏教などの影響で倫理的に寛容な文化社会が展開したと論じている。筆者から見ると、東洋の宗教への過大な評価が感じられて面はゆく感じるが、西洋社会の知的エリートとしての著者の真価を自ら問う力作であると思われる。

第三の意義は、宗教社会学の重要な概念であり、研究対象である「セクト」「セクト運動」「新宗教運動」、さらにマクロな視座である「世俗化論」の専門家としての著者が、それらの長年にわたる研究成果をもっとも洗練し、かつ整理した内容で、本書で提示している点であろう。第四章の「セクトの社会学」において、ウェーバーやトレルチ、ニーバーと古典的社会学で扱われてきたセクト論の意義と限界を整理した後、従来のセクト論はチャーチ型と対比させた「信徒の集団」「抗議する集団」という性格に焦点を当ててきたが、現代の宗教的多元社会が一般化するにつれて、そうした性格づけは妥当性を失っている。むしろ人々のエネルギーや献身、能力を、他のいかなる形態の運動や組織よりも、有効にかつ無償で引き出している自発的集団としての特徴こそが社会学的に重要であり、かつ入信者にとっての魅力にもなっている点を重視すべきと、ウィルソンは主張する。宗教の実体論的定義を採用したウィルソンの分析の有効性が明確に示されている。そしてその延長に、セクト論は、現代ではむしろ「新宗教運動」として研究されるべきとして第五章へと進む。

ウィルソンは世俗化論の提唱者として、宗教は衰退し、社会的意義を喪失するという宗教否定論的な初期の論調が研究者や宗教界に記憶され、筆者がオール・ソウルズ・カレッジに滞在していたときに、イギリス国教会の神学者から、ウィルソンの研究は「きわめて危険な学問だ」と評されて驚いた経験があるほどであった。しかし、アフリカやアジア、そして日本に何度も訪れて、それらの地域における新宗教運動に親しく接するにつれ、これらの運動が、前述のように、人々のエネルギーや情熱を動員するのみでなく、他者や環境への深い関心と愛情、善意や献身意欲を引き出していることを評価するようになり、過度に合理化され、「鉄の檻」となりつつある現代社会では、それらの人間的な資質や情熱を薫発する数少ない源泉として、むしろ評価する論調が前面に出てきたと感じている。

最終章は、やはり著者の「世俗化論」の集大成といえる論文であるが、そこにおいても、合理的に編成され運用される現代社会はもはや宗教制度や宗教的論理の影響を受けず、世俗化している。しかしそれは社会全体の基本秩序や制度、特に国家制度が合理化され、非宗教化されたのであって、宗教全体の存在意義がなくなったわけではない。国家と結びつき、または庇護をうけて制度化した宗教は確かに衰退する、または存在意義はなくなるが、新宗教運動は前述のような人間的感情の啓発とともに、共同体感覚を創出させ、合理的システムとローカルな共同体生活とを総合する社会的役割も果たしていると捉えている。

世俗化論は、一見、言い尽くされた論のように思われるが、一〇年に一度ほどの頻度で論争が起こっている。原著が出版された後も、八〇年代半ばと九〇年代半ばに、主としてアメリカ合衆国の宗教社会学者からウィルソンらの世俗化論を批判する論陣が張られた。最近の世俗化論批判の代表が「合理的選択理論」にもとづいたものであり、それについての再批判は、著者が「日本語版への序文」で述べている。これら最近の論争の内容と背景については、山中弘「世俗化論とイギリス宗教史」『哲学・思想論集』第二七号（筑波大学哲学思想学会、平成一三年度）が見事に整理しているので参照していただきたい。論争がイギリスやヨーロッパの社会学者とアメリカの学者の間で執拗に繰り返さていることは、山中氏が指摘するように、彼らの生きる社会の宗教的文化的風景の相違が反映されているようであり、社会科学の議論の文化的相対性を示していて興味深いものがある。本書の意義と重要性は語り尽くせないが、あとは読者の判断を仰ぐ次第である。

ウィルソン博士は、ロンドン・スクール・オブ・エコノミクスで学位（Ph.D）を取得したのち、オックスフォード大学オール・ソウルズ・カレッジの研究員（Fellow）、オックスフォード大学社会学教授（senior reader）として長らく研究・教育を続け、その間、カリフォルニア大学バークレー校や、ガーナ大学、ベルギー・ルーバン大学、トロント大学、創価大学などの客員教授として教育・研究に従事している。主要な業績は以下のとおりである。

［主要著作一覧］

Sect and Society, London: Heinemann; and Berkeley: University of California Press, 1961 (reprinted, by Greenwood Press, Westport, Connecticut, 1978).

Religion in Secular Society, London: Watts, 1966; Harmondworth: Penguin Books, 1968.

Patterns of Sectarianism, London: Heinemann, 1967 (Editor).

Religious Sects, London: Weidenfeld; Paris: Hatchette; Munich: Kindler Verlag; Madrid: Guadarrama; Stockholm: Bonners/Aldus 1970; Tokyo: Heibonsha, 1973（池田昭訳『セクト』平凡社、一九七二年、『宗教セクト』恒星社厚生閣、一九九一年）。

The Universities and The Youth Culture, London: Faber, 1970.

Rationality, Oxford: Blackwell; New York: Harper & Row, 1970 (Editor).

Magic and The Millennium, London: Heinemann; and New York: Harper & Row,1973; London (paperback) Paladin, 1975.

The Noble Savages, Berkeley & Los Angeles: University of California Press, 1975; Dutch edition, Uirocht: Het Spectrum, 1978.

Education, Equality & Society, London: Allen & Unwin, 1975 (Editor).

Contemporary Transformation of Religion, London: Oxford University Press, 1976（井門富二夫・中野毅訳『現代宗教の変容』ヨルダン社、一九七九年）。

Religion in Sociological Perspective, Oxford & New York: Oxford University Press, 1982（邦訳・本書）。

The Social Dimensions of Sectarianism, Oxford: Clarendon Press, 1990.

A Time to Chant-The Soka Gakkai Buddhists in Britain, Oxford: Clarendon Press, 1994 (coauthor with Karel Dobberaere)（中野毅訳『タイム・トゥ・チャント』紀伊国屋書店、一九九七年）。

本書の翻訳は、第一、二、六章を中野が、第三、五章を栗原が、第四章を創価大学非常勤講師の粟津賢太氏に第一稿の訳をお願いし、全体を通して中野が整理校正した。また栗原氏には訳注や索引の作成という繁雑な作業を引き受けていただいた。

本書の出版に当たっては、創価大学文学部社会学科の同僚・桑山敬己教授に法政大学出版局を紹介していただき、早速お願いに伺ったところ、平川俊彦編集長から快諾をいただき念願の出版にこぎつけた次第である。また、編集の労をとっていただいた藤田信行氏にも大変にお世話になった。すべての方々に、ここで厚く御礼申し上げる次第である。

二〇〇二年七月二六日

中野　毅

		(頁)
700 マリア〈処女・母親・女主人〉	K.シュライナー／内藤道雄訳	678
701 マルセル・デュシャン〈絵画唯名論〉	T.ド・デューヴ／鎌田博夫訳	350
702 サハラ〈ジル・ドゥルーズの美学〉	M.ビュイダン／阿部宏慈訳	260
703 ギュスターヴ・フロベール	A.チボーデ／戸田吉信訳	470
704 報酬主義をこえて	A.コーン／田中英史訳	604
705 ファシズム時代のシオニズム	L.ブレンナー／芝健介訳	480
706 方　法　4．観念	E.モラン／大津真作訳	446
707 われわれと他者	T.トドロフ／小野, 江口訳	658
708 モラルと超モラル	A.ゲーレン／秋澤雅男訳	
709 肉食タブーの世界史	F.J.シムーンズ／山内昶監訳	682
710 三つの文化〈仏・英・独の比較文化学〉	W.レペニース／松家, 吉村, 森訳	548
711 他性と超越	E.レヴィナス／合田, 松丸訳	200
712 詩と対話	H.-G.ガダマー／巻田悦郎訳	302
713 共産主義から資本主義へ	M.アンリ／野村直正訳	242
714 ミハイル・バフチン　対話の原理	T.トドロフ／大谷尚文訳	408
715 肖像と回想	P.ガスカール／佐藤和生訳	232
716 恥〈社会関係の精神分析〉	S.ティスロン／大谷, 津島訳	286
717 庭園の牧神	P.バルロスキー／尾崎彰宏訳	270
718 パンドラの匣	D.&E.パノフスキー／尾崎彰宏, 他訳	294
719 言説の諸ジャンル	T.トドロフ／小林文生訳	466
720 文学との離別	R.バウムガルト／清水健次・威能子訳	406
721 フレーゲの哲学	A.ケニー／野本和幸, 他訳	308
722 ビバ　リベルタ！〈オペラの中の政治〉	A.アーブラスター／田中, 西崎訳	478
723 ユリシーズ　グラモフォン	J.デリダ／合田, 中　訳	210
724 ニーチェ〈その思考の伝記〉	R.ザフランスキー／山本尤訳	440
725 古代悪魔学〈サタンと闘争神話〉	N.フォーサイス／野呂有子監訳	844
726 力に満ちた言葉	N.フライ／山形和美訳	466
727 産業資本主義の法と政治	I.マウス／河上倫逸監訳	496
728 ヴァーグナーとインドの精神世界	C.スネソン／吉水千鶴子訳	270
729 民間伝承と創作文学	M.リューティ／高木昌史訳	430
730 マキアヴェッリ〈転換期の危機分析〉	R.ケーニヒ／小川, 片岡訳	382
731 近代とは何か〈その隠されたアジェンダ〉	S.トゥールミン／藤村, 新井訳	398
732 深い謎〈ヘーゲル, ニーチェとユダヤ人〉	Y.ヨベル／青木隆嘉訳	360
733 挑発する肉体	H.P.デュル／藤代, 津山訳	702
734 フーコーと狂気	F.グロ／菊地昌実訳	164
735 生命の認識	G.カンギレム／杉山吉弘訳	330
736 転倒させる快楽〈バフチン, 文化批評, 映画〉	R.スタム／浅野敏夫訳	494
737 カール・シュミットとユダヤ人	R.グロス／山本尤訳	486
738 個人の時代	A.ルノー／水野浩二訳	438
739 導入としての現象学	H.F.フルダ／久保, 高山訳	470
740 認識の分析	E.マッハ／廣松渉編訳	182
741 脱構築とプラグマティズム	C.ムフ編／青木隆嘉訳	186
742 人類学への挑戦	R.フォックス／南塚隆夫訳	
743 宗教の社会学	B.ウィルソン／中野, 栗原訳	270
744 非人間的なもの	J.-F.リオタール／篠原, 上村, 平芳訳	
745 異端者シオラン	P.ボロン／金井裕訳	
746 ポール・ヴェーヌ自伝	P.ヴェーヌ／鎌田博夫訳	
747 天使の伝説	M.セール／及川馥訳	
748 近代政治哲学入門	A.バルッツィ／池上, 岩倉訳	

			（頁）
650	知の全体史	C.V.ドーレン／石塚浩司訳	766
651	法の力	J.デリダ／堅田研一訳	220
652 653	男たちの妄想（I・II）	K.テーヴェライト／田村和彦訳	I・816 II
654	十七世紀イギリスの文書と革命	C.ヒル／小野，圓月，箭川訳	592
655	パウル・ツェラーンの場所	H.ベッティガー／鈴木美紀訳	176
656	絵画を破壊する	L.マラン／尾形，梶野訳	272
657	グーテンベルク銀河系の終焉	N.ボルツ／識名，足立訳	330
658	批評の地勢図	J.ヒリス・ミラー／森田孟訳	550
659	政治的なものの変貌	M.マフェゾリ／古田幸男訳	290
660	神話の真理	K.ヒュプナー／神野，中才，他訳	736
661	廃墟のなかの大学	B.リーディングズ／青木，斎藤訳	354
662	後期ギリシア科学	G.E.R.ロイド／山野，山口，金山訳	320
663	ベンヤミンの現在	N.ボルツ，W.レイイェン／岡部仁訳	180
664	異教入門〈中心なき周辺を求めて〉	J.-F.リオタール／山縣，小野，他訳	242
665	ル・ゴフ自伝〈歴史家の生活〉	J.ル・ゴフ／鎌田博夫訳	290
666	方　法　3．認識の認識	E.モラン／大津真作訳	398
667	遊びとしての読書	M.ピカール／及川，内藤訳	478
668	身体の哲学と現象学	M.アンリ／中敬夫訳	404
669	ホモ・エステティクス	L.フェリー／小野康男，他訳	496
670	イスラームにおける女性とジェンダー	L.アハメド／林正雄，他訳	422
671	ロマン派の手紙	K.H.ボーラー／髙木葉子訳	382
672	精霊と芸術	M.マール／津山拓也訳	474
673	言葉への情熱	G.スタイナー／伊藤誓訳	612
674	贈与の謎	M.ゴドリエ／山内昶訳	362
675	諸個人の社会	N.エリアス／宇京早苗訳	308
676	労働社会の終焉	D.メーダ／若森章孝，他訳	394
677	概念・時間・言説	A.コジェーヴ／三宅，根田，安川訳	448
678	史的唯物論の再構成	U.ハーバーマス／清水多吉訳	438
679	カオスとシミュレーション	N.ボルツ／山本尤訳	218
680	実質的現象学	M.アンリ／中，野村，吉永訳	268
681	生殖と世代継承	R.フォックス／平野秀秋訳	408
682	反抗する文学	M.エドマンドソン／浅野敏夫訳	406
683	哲学を讃えて	M.セール／米山親能，他訳	312
684	人間・文化・社会	H.シャピロ編／塚本利明，他訳	
685	遍歴時代〈精神の自伝〉	J.アメリー／富重純子訳	206
686	ノーを言う難しさ〈宗教哲学的エッセイ〉	K.ハインリッヒ／小林敏明訳	200
687	シンボルのメッセージ	M.ルルカー／林捷，林田鶴子訳	590
688	神は狂信的か	J.ダニエル／菊地昌実訳	218
689	セルバンテス	J.カナヴァジオ／円子千代訳	502
690	マイスター・エックハルト	B.ヴェルテ／大津留直訳	320
691	マックス・プランクの生涯	J.L.ハイルブロン／村岡晋一訳	300
692	68年－86年　個人の道程	L.フェリー，A.ルノー／小野潮訳	168
693	イダルゴとサムライ	J.ヒル／平山篤子訳	704
694	〈教育〉の社会学理論	B.バーンスティン／久冨善之，他訳	420
695	ベルリンの文化戦争	W.シヴェルブシュ／福本義憲訳	380
696	知識と権力〈クーン，ハイデガー，フーコー〉	J.ラウズ／成定，網谷，阿曽沼訳	410
697	読むことの倫理	J.ヒリス・ミラー／伊藤，大島訳	230
698	ロンドン・スパイ	N.ウォード／渡辺孔二監訳	506
699	イタリア史〈1700－1860〉	S.ウールフ／鈴木邦夫訳	1000

			(頁)
550	ハイデガーと実践哲学	O.ペゲラー他,編／竹市,下村監訳	584
551	彫　像	M.セール／米山親能訳	366
552	人間的なるものの庭	C.F.v.ヴァイツゼカー／山辺建訳	852
553	思考の図像学	A.フレッチャー／伊藤誓訳	472
554	反動のレトリック	A.O.ハーシュマン／岩崎稔訳	250
555	暴力と差異	A.J.マッケナ／夏目博明訳	354
556	ルイス・キャロル	J.ガッテニョ／鈴木晶訳	462
557	タオスのロレンゾー〈D.H.ロレンス回想〉	M.D.ルーハン／野島秀勝訳	490
558	エル・シッド〈中世スペインの英雄〉	R.フレッチャー／林邦夫訳	414
559	ロゴスとことば	S.プリケット／小野功生訳	486
560 561	盗まれた稲妻〈呪術の社会学〉(上・下)	D.L.オキーフ／谷林眞理子,他訳	上・490 下・656
562	リビドー経済	J.-F.リオタール／杉山,吉谷訳	458
563	ポスト・モダニティの社会学	S.ラッシュ／田中義久監訳	462
564	狂暴なる霊長類	J.A.リヴィングストン／大平章訳	310
565	世紀末社会主義	M.ジェイ／今村,大谷訳	334
566	両性平等論	F.P.de ラ・バール／佐藤和夫,他訳	330
567	暴虐と忘却	R.ボイヤーズ／田部井孝次・世志子訳	524
568	異端の思想	G.アンダース／青木隆嘉訳	518
569	秘密と公開	S.ボク／大沢正道訳	470
570 571	大航海時代の東南アジア(I・II)	A.リード／平野,田中訳	I・430 II・598
572	批判理論の系譜学	N.ボルツ／山本,大貫訳	332
573	メルヘンへの誘い	M.リューティ／高木昌史訳	200
574	性と暴力の文化史	H.P.デュル／藤代,津山訳	768
575	歴史の不測	E.レヴィナス／合田,谷口訳	316
576	理論の意味作用	T.イーグルトン／山形和美訳	196
577	小集団の時代〈大衆社会における個人主義の衰退〉	M.マフェゾリ／古田幸男訳	334
578 579	愛の文化史(上・下)	S.カーン／青木,斎藤訳	上・334 下・384
580	文化の擁護〈1935年パリ国際作家大会〉	ジッド他／相磯,五十嵐,石黒,高橋編訳	752
581	生きられる哲学〈生活世界の現象学と批判理論の思考形式〉	F.フェルマン／堀栄造訳	282
582	十七世紀イギリスの急進主義と文学	C.ヒル／小野,圓月訳	444
583	このようなことが起こり始めたら…	R.ジラール／小池,住谷訳	226
584	記号学の基礎理論	J.ディーリー／大熊昭信訳	286
585	真理と美	S.チャンドラセカール／豊田彰訳	328
586	シオラン対談集	E.M.シオラン／金井裕訳	336
587	時間と社会理論	B.アダム／伊藤,磯山訳	338
588	懐疑的省察ABC〈続・重大な疑問〉	E.シャルガフ／山本,伊藤訳	244
589	第三の知恵	M.セール／及川馥訳	250
590 591	絵画における真理(上・下)	J.デリダ／高橋,阿部訳	上・322 下・390
592	ウィトゲンシュタインと宗教	N.マルカム／黒崎宏訳	256
593	シオラン〈あるいは最後の人間〉	S.ジョドー／金井裕訳	212
594	フランスの悲劇	T.トドロフ／大谷尚文訳	304
595	人間の生の遺産	E.シャルガフ／清水健次,他訳	392
596	聖なる快楽〈性,神話,身体の政治〉	R.アイスラー／浅野敏夫訳	876
597	原子と爆弾とエスキモーキス	C.G.セグレー／野島秀勝訳	408
598	海からの花嫁〈ギリシア神話研究の手引き〉	J.シャーウッドスミス／吉田,佐藤訳	234
599	神に代わる人間	L.フェリー／菊地,白井訳	220
600	パンと競技場〈ギリシア・ローマ時代の政治と都市の社会学的歴史〉	P.ヴェーヌ／鎌田博夫訳	1032

叢書・ウニベルシタス

			(頁)
451	エコロジーの新秩序	L.フェリ／加藤宏幸訳	274
452	想念が社会を創る	C.カストリアディス／江口幹訳	392
453	ウィトゲンシュタイン評伝	B.マクギネス／藤本，今井，宇都宮，髙橋訳	612
454	読みの快楽	R.オールター／山形，中田，田中訳	346
455	理性・真理・歴史〈内在的実在論の展開〉	H.パトナム／野本和幸，他訳	360
456	自然の諸時期	ビュフォン／菅谷暁訳	440
457	クロポトキン伝	ピルーモヴァ／左近毅訳	384
458	征服の修辞学	P.ヒューム／岩尾，正木，本橋訳	492
459	初期ギリシア科学	G.E.R.ロイド／山野，山口訳	246
460	政治と精神分析	G.ドゥルーズ，F.ガタリ／杉村昌昭訳	124
461	自然契約	M.セール／及川，米山訳	230
462	細分化された世界〈迷宮の岐路III〉	C.カストリアディス／宇京頼三訳	332
463	ユートピア的なもの	L.マラン／梶野吉郎訳	420
464	恋愛礼讃	M.ヴァレンシー／沓掛，川端訳	496
465	転換期〈ドイツ人とドイツ〉	H.マイヤー／宇京早苗訳	466
466	テクストのぶどう畑で	I.イリイチ／岡部佳世訳	258
467	フロイトを読む	P.ゲイ／坂口，大島訳	304
468	神々を作る機械	S.モスコヴィッシ／古田幸男訳	750
469	ロマン主義と表現主義	A.K.ウィードマン／大森淳史訳	378
470	宗教論	N.ルーマン／土方昭，土方透訳	138
471	人格の成層論	E.ロータッカー／北村監訳・大久保，他訳	278
472	神　罰	C.v.リンネ／小川さくえ訳	432
473	エデンの園の言語	M.オランデール／浜崎設夫訳	338
474	フランスの自伝〈自伝文学の主題と構造〉	P.ルジュンヌ／小倉孝誠訳	342
475	ハイデガーとヘブライの遺産	M.ザラデル／合田正人訳	390
476	真の存在	G.スタイナー／工藤政司訳	266
477	言語芸術・言語記号・言語の時間	R.ヤコブソン／浅川順子訳	388
478	エクリール	C.ルフォール／宇京頼三訳	420
479	シェイクスピアにおける交渉	S.J.グリーンブラット／酒井正志訳	334
480	世界・テキスト・批評家	E.W.サイード／山形和美訳	584
481	絵画を見るディドロ	J.スタロバンスキー／小西嘉幸訳	148
482	ギボン〈歴史を創る〉	R.ポーター／中野，海保，松原訳	272
483	欺瞞の書	E.M.シオラン／金井裕訳	252
484	マルティン・ハイデガー	H.エーベリング／青木隆嘉訳	252
485	カフカとカバラ	K.E.グレーツィンガー／清水健次訳	390
486	近代哲学の精神	H.ハイムゼート／座小田豊，他訳	448
487	ベアトリーチェの身体	R.P.ハリスン／船倉正憲訳	304
488	技術〈クリティカル・セオリー〉	A.フィーンバーグ／藤本正文訳	510
489	認識論のメタクリティーク	Th.W.アドルノ／古賀，細見訳	370
490	地獄の歴史	A.K.ターナー／野﨑嘉信訳	456
491	昔話と伝説〈物語文学の二つの基本形式〉	M.リューティ／高木昌史，万里子訳	品切 362
492	スポーツと文明化〈興奮の探究〉	N.エリアス，E.ダニング／大平章訳	490
493 494	地獄のマキアヴェッリ（I・II）	S.de.グラツィア／田中治男訳	I・352 II・306
495	古代ローマの恋愛詩	P.ヴェーヌ／鎌田博夫訳	352
496	証人〈言葉と科学についての省察〉	E.シャルガフ／山本，内藤訳	252
497	自由とはなにか	P.ショーニュ／西川，小田桐訳	472
498	現代世界を読む	M.マフェゾリ／菊地昌実訳	186
499	時間を読む	M.ピカール／寺田光徳訳	266
500	大いなる体系	N.フライ／伊藤誓訳	478

			(頁)
352	倫理・政治的ディスクール	O.ヘッフェ／青木隆嘉訳	312
353	モーツァルト	N.エリアス／青木隆嘉訳	198
354	参加と距離化	N.エリアス／波田,道簱訳	276
355	二十世紀からの脱出	E.モラン／秋枝茂夫訳	384
356	無限の二重化	W.メニングハウス／伊藤秀一訳	350
357	フッサール現象学の直観理論	E.レヴィナス／佐藤,桑野訳	506
358	始まりの現象	E.W.サイード／山形,小林訳	684
359	サテュリコン	H.P.デュル／原研二訳	258
360	芸術と疎外	H.リード／増渕正史訳	品切 262
361	科学的理性批判	K.ヒュプナー／神野,中才,熊谷訳	476
362	科学と懐疑論	J.ワトキンス／中才敏郎訳	354
363	生きものの迷路	A.モール,E.ロメル／古田幸男訳	240
364	意味と力	G.バランディエ／小関藤一郎訳	406
365	十八世紀の文人科学者たち	W.レペニース／小川さくえ訳	182
366	結晶と煙のあいだ	H.アトラン／阪上脩訳	376
367	生への闘争〈闘争本能・性・意識〉	W.J.オング／高柳,橋爪訳	326
368	レンブラントとイタリア・ルネサンス	K.クラーク／尾崎,芳野訳	334
369	権力の批判	A.ホネット／河上倫逸監訳	476
370	失われた美学〈マルクスとアヴァンギャルド〉	M.A.ローズ／長田,池田,長野,長田訳	332
371	ディオニュソス	M.ドゥティエンヌ／及川,吉岡訳	164
372	メディアの理論	F.イングリス／伊藤,磯山訳	380
373	生き残ること	B.ベテルハイム／高尾利数訳	646
374	バイオエシックス	F.ダゴニェ／金森,松浦訳	316
375 376	エディプスの謎（上・下）	N.ビショッフ／藤代,井本,他訳	上・450 下・464
377	重大な疑問〈懐疑的省察録〉	E.シャルガフ／山形,小野,他訳	404
378	中世の食生活〈断食と宴〉	B.A.ヘニッシュ／藤原保明訳	品切 538
379	ポストモダン・シーン	A.クローカー,D.クック／大熊昭信訳	534
380	夢の時〈野生と文明の境界〉	H.P.デュル／岡部,原,須永,荻野訳	674
381	理性よ，さらば	P.ファイヤアーベント／植木哲也訳	454
382	極限に面して	T.トドロフ／宇京頼三訳	376
383	自然の社会化	K.エーダー／寿福真美監訳	474
384	ある反時代的考察	K.レーヴィット／中村啓,永沼更始郎訳	526
385	図書館炎上	W.シヴェルブシュ／福本義憲訳	274
386	騎士の時代	F.v.ラウマー／柳井尚子訳	506
387	モンテスキュー〈その生涯と思想〉	J.スタロバンスキー／古賀英三郎,高橋誠訳	312
388	理解の鋳型〈東西の思想経験〉	J.ニーダム／井上英明訳	510
389	風景画家レンブラント	E.ラルセン／大谷,尾崎訳	208
390	精神分析の系譜	M.アンリ／山形頼洋,他訳	546
391	金《かね》と魔術	H.C.ビンスヴァンガー／清水健次訳	218
392	自然誌の終焉	W.レペニース／山村直資訳	346
393	批判的解釈学	J.B.トンプソン／山本,小川訳	376
394	人間にはいくつの真理が必要か	R.ザフランスキー／山本,藤井訳	232
395	現代芸術の出発	Y.イシャグプール／川俣晃自訳	170
396	青春　ジュール・ヴェルヌ論	M.セール／豊田彰訳	398
397	偉大な世紀のモラル	P.ベニシュー／朝倉,羽賀訳	428
398	諸国民の時に	E.レヴィナス／合田正人訳	348
399 400	バベルの後に（上・下）	G.スタイナー／亀山健吉訳	上・482 下・
401	チュービンゲン哲学入門	E.ブロッホ／花田監修・菅谷,今井,三国訳	422

				(頁)
303	平等原理と社会主義	L.シュタイン／石川,石塚,柴田訳		676
304	死にゆく者の孤独	N.エリアス／中居実訳		150
305	知識人の黄昏	W.シヴェルブシュ／初見基訳		240
306	トマス・ペイン〈社会思想家の生涯〉	A.J.エイヤー／大熊昭信訳		378
307	われらのヨーロッパ	F.ヘール／杉浦健之訳		614
308	機械状無意識〈スキゾ-分析〉	F.ガタリ／高岡幸一訳		426
309	聖なる真理の破壊	H.ブルーム／山形和美訳		400
310	諸科学の機能と人間の意義	E.パーチ／上村忠男監訳		552
311	翻　訳〈ヘルメスIII〉	M.セール／豊田,輪田訳		404
312	分　布〈ヘルメスIV〉	M.セール／豊田彰訳		440
313	外国人	J.クリステヴァ／池田和子訳		284
314	マルクス	M.アンリ／杉山,水野訳	品切	612
315	過去からの警告	E.シャルガフ／山本,内藤訳		308
316	面・表面・界面〈一般表層論〉	F.ダゴニェ／金森,今野訳		338
317	アメリカのサムライ	F.G.ノートヘルファー／飛鳥井雅道訳		512
318	社会主義か野蛮か	C.カストリアディス／江口幹訳		490
319	遍　歴〈法,形式,出来事〉	J.-F.リオタール／小野康男訳		200
320	世界としての夢	D.ウスラー／谷　徹訳		566
321	スピノザと表現の問題	G.ドゥルーズ／工藤,小柴,小谷訳		460
322	裸体とはじらいの文化史	H.P.デュル／藤代,三谷訳		572
323	五　感〈混合体の哲学〉	M.セール／米山親能訳		582
324	惑星軌道論	G.W.F.ヘーゲル／村上恭一訳		250
325	ナチズムと私の生活〈仙台からの告発〉	K.レーヴィット／秋間実訳		334
326	ベンヤミン-ショーレム往復書簡	G.ショーレム編／山本尤訳		440
327	イマヌエル・カント	O.ヘッフェ／藪木栄夫訳		374
328	北西航路〈ヘルメスV〉	M.セール／青木研二訳		260
329	聖杯と剣	R.アイスラー／野島秀勝訳		486
330	ユダヤ人国家	Th.ヘルツル／佐藤康彦訳		206
331	十七世紀イギリスの宗教と政治	C.ヒル／小野功生訳		586
332	方　法　2．生命の生命	E.モラン／大津真作訳		838
333	ヴォルテール	A.J.エイヤー／中川,吉岡訳		268
334	哲学の自食症候群	J.ブーヴレス／大平具彦訳		266
335	人間学批判	レペニース,ノルテ／小竹澄栄訳		214
336	自伝のかたち	W.C.スペンジマン／船倉正憲訳		384
337	ポストモダニズムの政治学	L.ハッチオン／川口喬一訳		332
338	アインシュタインと科学革命	L.S.フォイヤー／村上,成定,大谷訳		474
339	ニーチェ	G.ピヒト／青木隆嘉訳		562
340	科学史・科学哲学研究	G.カンギレム／金森修監訳		674
341	貨幣の暴力	アグリエッタ,オルレアン／井上,斉藤訳		506
342	象徴としての円	M.ルルカー／竹内章訳		186
343	ベルリンからエルサレムへ	G.ショーレム／岡部仁訳		226
344	批評の批評	T.トドロフ／及川,小林訳		298
345	ソシュール講義録注解	F.de　ソシュール／前田英樹・訳注		204
346	歴史とデカダンス	P.ショーニュー／大谷尚文訳		552
347	続・いま,ここで	G.ピヒト／斎藤,大野,福島,浅野訳		580
348	バフチン以後	D.ロッジ／伊藤誓訳		410
349	再生の女神セドナ	H.P.デュル／原研二訳		622
350	宗教と魔術の衰退	K.トマス／荒木正純訳		1412
351	神の思想と人間の自由	W.パネンベルク／座小田,諸岡訳		186

				(頁)
253	言語の牢獄	F.ジェームソン／川口喬一訳		292
254	失望と参画の現象学	A.O.ハーシュマン／佐々木,杉田訳		204
255	はかない幸福—ルソー	T.トドロフ／及川馥訳		162
256	大学制度の社会史	H.W.プラール／山本尤訳		408
257 258	ドイツ文学の社会史（上・下）	J.ベルク,他／山本,三島,保坂,鈴木訳		上・766 下・648
259	アランとルソー〈教育哲学試論〉	A.カルネック／安斎,並木訳		304
260	都市・階級・権力	M.カステル／石川淳志監訳		296
261	古代ギリシア人	M.I.フィンレー／山形和美訳	品切	296
262	象徴表現と解釈	T.トドロフ／小林,及川訳		244
263	声の回復〈回想の試み〉	L.マラン／梶野吉郎訳		246
264	反射概念の形成	G.カンギレム／金森修訳		304
265	芸術の手相	G.ピコン／末永照和訳		294
266	エチュード〈初期認識論集〉	G.バシュラール／及川馥訳		166
267	邪な人々の昔の道	R.ジラール／小池健男訳		270
268	〈誠実〉と〈ほんもの〉	L.トリリング／野島秀勝訳		264
269	文の抗争	J.-F.リオタール／陸井四郎,他訳		410
270	フランス革命と芸術	J.スタロバンスキー／井上尭裕訳		286
271	野生人とコンピューター	J.-M.ドムナック／古田幸男訳		228
272	人間と自然界	K.トマス／山内昶,他訳		618
273	資本論をどう読むか	J.ビデ／今村仁司,他訳		450
274	中世の旅	N.オーラー／藤代幸一訳		488
275	変化の言語〈治療コミュニケーションの原理〉	P.ワツラウィック／築島謙三訳		212
276	精神の売春としての政治	T.クンナス／木戸,佐々木訳		258
277	スウィフト政治・宗教論集	J.スウィフト／中野,海保訳		490
278	現実とその分身	C.ロセ／金井裕訳		168
279	中世の高利貸	J.ル・ゴッフ／渡辺香根夫訳		170
280	カルデロンの芸術	M.コメレル／岡部仁訳		270
281	他者の言語〈デリダの日本講演〉	J.デリダ／高橋允昭編訳		406
282	ショーペンハウアー	R.ザフランスキー／山本尤訳		646
283	フロイトと人間の魂	B.ベテルハイム／藤瀬恭子訳		174
284	熱　狂〈カントの歴史批判〉	J.-F.リオタール／中島盛夫訳		210
285	カール・カウツキー 1854-1938	G.P.スティーンソン／時永,河野訳		496
286	形而上学と神の思想	W.パネンベルク／座小田,諸岡訳		186
287	ドイツ零年	E.モラン／古田幸男訳		364
288	物の地獄〈ルネ・ジラールと経済の論理〉	デュムシェル，デュピュイ／織田,富永訳		320
289	ヴィーコ自叙伝	G.ヴィーコ／福鎌忠恕訳	品切	448
290	写真論〈その社会的効用〉	P.ブルデュー／山縣熙,山縣直子訳		438
291	戦争と平和	S.ボク／大沢正道訳		224
292	意味と意味の発展	R.A.ウォルドロン／築島謙三訳		294
293	生態平和とアナーキー	U.リンゼ／内田,杉村訳		270
294	小説の精神	M.クンデラ／金井,浅野訳		208
295	フィヒテ-シェリング往復書簡	W.シュルツ解説／座小田,後藤訳		220
296	出来事と危機の社会学	E.モラン／浜名,福井訳		622
297	宮廷風恋愛の技術	A.カペルラヌス／野島秀勝訳		334
298	野蛮〈科学主義の独裁と文化の危機〉	M.アンリ／山形,望月訳		292
299	宿命の戦略	J.ボードリヤール／竹原あき子訳		260
300	ヨーロッパの日記	G.R.ホッケ／石丸,柴田,信岡訳		1330
301	記号と夢想〈演劇と祝祭についての考察〉	A.シモン／岩瀬孝監修．佐藤,伊藤,他訳		388
302	手と精神	J.ブラン／中村文郎訳		284

叢書・ウニベルシタス

				(頁)
203	秩序と無秩序	J.-P.デュピュイ／古田幸男訳		324
204	象徴の理論	T.トドロフ／及川馥, 他訳		536
205	資本とその分身	M.ギヨーム／斉藤日出治訳		240
206	干　渉〈ヘルメスII〉	M.セール／豊田彰訳		276
207	自らに手をくだし〈自死について〉	J.アメリー／大河内了義訳		222
208	フランス人とイギリス人	R.フェイバー／北條, 大島訳	品切	304
209	カーニバル〈その歴史的・文化的考察〉	J.カロ・バロッハ／佐々木孝訳	品切	622
210	フッサール現象学	A.F.アグィーレ／川島, 工藤, 林訳		232
211	文明の試練	J.M.カディヒィ／塚本, 秋山, 寺西, 島訳		538
212	内なる光景	J.ポミエ／角山, 池部訳		526
213	人間の原型と現代の文化	A.ゲーレン／池井望訳		422
214	ギリシアの光と神々	K.ケレーニイ／円子修平訳		178
215	初めに愛があった〈精神分析と信仰〉	J.クリステヴァ／枝川昌雄訳		146
216	バロックとロココ	W.v.ニーベルシュッツ／竹内章訳		164
217	誰がモーセを殺したか	S.A.ハンデルマン／山形和美訳		514
218	メランコリーと社会	W.レペニース／岩田, 小竹訳		380
219	意味の論理学	G.ドゥルーズ／岡田, 宇波訳		460
220	新しい文化のために	P.ニザン／木内孝訳		352
221	現代心理論集	P.ブールジェ／平岡, 伊藤訳		362
222	パラジット〈寄食者の論理〉	M.セール／及川, 米山訳		466
223	虐殺された鳩〈暴力と国家〉	H.ラボリ／川中子弘訳		240
224	具象空間の認識論〈反・解釈学〉	F.ダゴニェ／金森修訳		300
225	正常と病理	G.カンギレム／滝沢武久訳		320
226	フランス革命論	J.G.フィヒテ／桝田啓三郎訳		396
227	クロード・レヴィ=ストロース	O.パス／鼓, 木村訳		160
228	バロックの生活	P.ラーンシュタイン／波田節夫訳		520
229	うわさ〈もっとも古いメディア〉増補版	J.-N.カプフェレ／古田幸男訳		394
230	後期資本制社会システム	C.オッフェ／寿福真美編訳		358
231	ガリレオ研究	A.コイレ／菅谷曉訳		482
232	アメリカ	J.ボードリヤール／田中正人訳		220
233	意識ある科学	E.モラン／村上光彦訳		400
234	分子革命〈欲望社会のミクロ分析〉	F.ガタリ／杉村昌昭訳		340
235	火, そして霧の中の信号—ゾラ	M.セール／寺田光徳訳		568
236	煉獄の誕生	J.ル・ゴッフ／渡辺, 内田訳		698
237	サハラの夏	E.フロマンタン／川端康夫訳		336
238	パリの悪魔	P.ガスカール／佐藤和夫訳		256
239 240	自然の人間的歴史（上・下）	S.モスコヴィッシ／大津真作訳		上・494 下・390
241	ドン・キホーテ頌	P.アザール／円子千代訳	品切	348
242	ユートピアへの勇気	G.ピヒト／河井徳治訳		202
243	現代社会とストレス〔原書改訂版〕	H.セリエ／杉, 田多井, 藤井, 竹宮訳		482
244	知識人の終焉	J.-F.リオタール／原田佳彦, 他訳		140
245	オマージュの試み	E.M.シオラン／金井裕訳		154
246	科学の時代における理性	H.-G.ガダマー／本間, 座小田訳		158
247	イタリア人の太古の知恵	G.ヴィーコ／上村忠男訳		190
248	ヨーロッパを考える	E.モラン／林　勝一訳		238
249	労働の現象学	J.-L.プチ／今村, 松島訳		388
250	ポール・ニザン	Y.イシャグプール／川俣晃自訳		356
251	政治的判断力	R.ベイナー／浜田義文監訳		310
252	知覚の本性〈初期論文集〉	メルロ=ポンティ／加賀野井秀一訳		158

				(頁)
153	エクスタシーの人類学	I.M.ルイス／平沼孝之訳		352
154	ヘンリー・ムア	J.ラッセル／福田真一訳		340
155	誘惑の戦略	J.ボードリヤール／宇波彰訳		260
156	ユダヤ神秘主義	G.ショーレム／山下, 石丸, 他訳		644
157	蜂の寓話〈私悪すなわち公益〉	B.マンデヴィル／泉谷治訳		412
158	アーリア神話	L.ポリアコフ／アーリア主義研究会訳		544
159	ロベスピエールの影	P.ガスカール／佐藤和生訳		440
160	元型の空間	E.ゾラ／丸小哲雄訳		336
161	神秘主義の探究〈方法論的考察〉	E.スタール／宮元啓一, 他訳		362
162	放浪のユダヤ人〈ロート・エッセイ集〉	J.ロート／平田, 吉田訳		344
163	ルフー, あるいは取壊し	J.アメリー／神崎巌訳		250
164	大世界劇場〈宮廷祝宴の時代〉	R.アレヴィン, K.ゼルツレ／円子修平訳	品切	200
165	情念の政治経済学	A.ハーシュマン／佐々木, 旦訳		192
166	メモワール〈1940-44〉	レミ／築島謙三訳		520
167	ギリシア人は神話を信じたか	P.ヴェーヌ／大津真作訳	品切	340
168	ミメーシスの文学と人類学	R.ジラール／浅野敏夫訳		410
169	カバラとその象徴的表現	G.ショーレム／岡部, 小岸訳		340
170	身代りの山羊	R.ジラール／織田, 富永訳	品切	384
171	人間〈その本性および世界における位置〉	A.ゲーレン／平野具男訳		608
172	コミュニケーション〈ヘルメスI〉	M.セール／豊田, 青木訳		358
173	道　化〈つまずきの現象学〉	G.v.バルレーヴェン／片岡啓治訳	品切	260
174	いま, ここで〈アウシュヴィッツとヒロシマ以後の哲学的考察〉	G.ピヒト／斎藤, 浅野, 大野, 河井訳		600
175 176 177	真理と方法〔全三冊〕	H.-G.ガダマー／轡田, 麻生, 三島, 他訳		I・350 II・ III・
178	時間と他者	E.レヴィナス／原田佳彦訳		140
179	構成の詩学	B.ウスペンスキイ／川崎, 大石訳	品切	282
180	サン=シモン主義の歴史	S.シャルレティ／沢崎, 小杉訳		528
181	歴史と文芸批評	G.デルフォ, A.ロッシュ／川中子弘訳		472
182	ミケランジェロ	H.ヒバード／中山, 小野訳	品切	578
183	観念と物質〈思考・経済・社会〉	M.ゴドリエ／山内昶訳		340
184	四つ裂きの刑	E.M.シオラン／金井裕訳		234
185	キッチュの心理学	A.モル／万沢正美訳		344
186	領野の漂流	J.ヴィヤール／山下俊一訳		226
187	イデオロギーと想像力	G.C.カバト／小箕俊介訳		300
188	国家の起源と伝承〈古代インド社会史論〉	R.=ターパル／山崎, 成澤訳		322
189	ベルナール師匠の秘密	P.ガスカール／佐藤和生訳		374
190	神の存在論的証明	D.ヘンリッヒ／本間, 須田, 座小田, 他訳		456
191	アンチ・エコノミクス	J.アタリ, M.ギヨーム／斎藤, 安孫子訳		322
192	クローチェ政治哲学論集	B.クローチェ／上村忠男編訳		188
193	フィヒテの根源的洞察	D.ヘンリッヒ／座小田, 小松訳		184
194	哲学の起源	オルテガ・イ・ガセット／佐々木孝訳	品切	224
195	ニュートン力学の形成	ベー・エム・ゲッセン／秋間実, 他訳		312
196	遊びの遊び	J.デュビニョー／渡辺淳訳	品切	160
197	技術時代の魂の危機	A.ゲーレン／平野具男訳	品切	222
198	儀礼としての相互行為	E.ゴッフマン／広瀬, 安江訳	品切	376
199	他者の記号学〈アメリカ大陸の征服〉	T.トドロフ／及川, 大谷, 菊地訳		370
200	カント政治哲学の講義	H.アーレント著, R.ベイナー編／浜田監訳		302
201	人類学と文化記号論	M.サーリンズ／山内昶訳		354
202	ロンドン散策	F.トリスタン／小杉, 浜本訳		484

				(頁)
104	言語芸術作品〔第2版〕	W.カイザー／柴田斎訳	品切	688
105	同時代人の肖像	F.ブライ／池内紀訳		212
106	レオナルド・ダ・ヴィンチ〔第2版〕	K.クラーク／丸山,大河内訳		344
107	宮廷社会	N.エリアス／波田,中埜,吉田訳		480
108	生産の鏡	J.ボードリヤール／宇波,今村訳		184
109	祭祀からロマンスへ	J.L.ウェストン／丸小哲雄訳		290
110	マルクスの欲求理論	A.ヘラー／良知,小箕訳		198
111	大革命前夜のフランス	A.ソブール／山崎耕一訳	品切	422
112	知覚の現象学	メルロ=ポンティ／中島盛夫訳		904
113	旅路の果てに〈アルペイオスの流れ〉	R.カイヨワ／金井裕訳		222
114	孤独の迷宮〈メキシコの文化と歴史〉	O.パス／高山,熊谷訳		320
115	暴力と聖なるもの	R.ジラール／古田幸男訳		618
116	歴史をどう書くか	P.ヴェーヌ／大津真作訳		604
117	記号の経済学批判	J.ボードリヤール／今村,宇波,桜井訳	品切	304
118	フランス紀行〈1787,1788&1789〉	A.ヤング／宮崎洋訳		432
119	供　犠	M.モース,H.ユベール／小関藤一郎訳		296
120	差異の目録〈歴史を変えるフーコー〉	P.ヴェーヌ／大津真作訳	品切	198
121	宗教とは何か	G.メンシング／田中,下宮訳		442
122	ドストエフスキー	R.ジラール／鈴木晶訳		200
123	さまざまな場所〈死の影の都市をめぐる〉	J.アメリー／池内紀訳		210
124	生　成〈概念をこえる試み〉	M.セール／及川馥訳		272
125	アルバン・ベルク	Th.W.アドルノ／平野嘉彦訳		320
126	映画　あるいは想像上の人間	E.モラン／渡辺淳訳		320
127	人間論〈時間・責任・価値〉	R.インガルデン／武井,赤松訳		294
128	カント〈その生涯と思想〉	A.グリガ／西牟田,浜田訳		464
129	同一性の寓話〈詩的神話学の研究〉	N.フライ／駒沢大学フライ研究会訳		496
130	空間の心理学	A.モル,E.ロメル／渡辺淳訳		326
131	飼いならされた人間と野性的人間	S.モスコヴィッシ／古田幸男訳		336
132	方　法　1. 自然の自然	E.モラン／大津真作訳	品切	658
133	石器時代の経済学	M.サーリンズ／山内昶訳		464
134	世の初めから隠されていること	R.ジラール／小池健男訳		760
135	群衆の時代	S.モスコヴィッシ／古田幸男訳	品切	664
136	シミュラークルとシミュレーション	J.ボードリヤール／竹原あき子訳		234
137	恐怖の権力〈アブジェクシオン〉試論	J.クリステヴァ／枝川昌雄訳		420
138	ボードレールとフロイト	L.ベルサーニ／山縣直子訳		240
139	悪しき造物主	E.M.シオラン／金井裕訳		228
140	終末論と弁証法〈マルクスの社会・政治思想〉	S.アヴィネリ／中村恒矩訳	品切	392
141	経済人類学の現在	F.プイヨン編／山内昶訳		236
142	視覚の瞬間	K.クラーク／北條文緒訳		304
143	罪と罰の彼岸	J.アメリー／池内紀訳		210
144	時間・空間・物質	B.K.ライドレー／中島龍三訳	品切	226
145	離脱の試み〈日常生活への抵抗〉	S.コーエン, N.ティラー／石黒毅訳		321
146	人間怪物論〈人間脱走の哲学の素描〉	U.ホルストマン／加藤二郎訳		206
147	カントの批判哲学	G.ドゥルーズ／中島盛夫訳		160
148	自然と社会のエコロジー	S.モスコヴィッシ／久米,原訳		440
149	壮大への渇仰	L.クローネンバーガー／岸,倉田訳		368
150	奇蹟論・迷信論・自殺論	D.ヒューム／福鎌,斎藤訳		200
151	クルティウス－ジッド往復書簡	ディークマン編／円子千代訳		376
152	離脱の寓話	M.セール／及川馥訳		178

叢書・ウニベルシタス

				(頁)
1	芸術はなぜ心要か	E.フィッシャー／河野徹訳	品切	302
2	空と夢〈運動の想像力にかんする試論〉	G.バシュラール／宇佐見英治訳		442
3	グロテスクなもの	W.カイザー／竹内豊治訳		312
4	塹壕の思想	T.E.ヒューム／長谷川鉱平訳		316
5	言葉の秘密	E.ユンガー／菅谷規矩雄訳		176
6	論理哲学論考	L.ヴィトゲンシュタイン／藤本，坂井訳		350
7	アナキズムの哲学	H.リード／大沢正道訳		318
8	ソクラテスの死	R.グアルディーニ／山村直資訳		366
9	詩学の根本概念	E.シュタイガー／高橋英夫訳		334
10	科学の科学〈科学技術時代の社会〉	M.ゴールドスミス，A.マカイ編／是永純弘訳		346
11	科学の射程	C.F.ヴァイツゼカー／野田，金子訳		274
12	ガリレオをめぐって	オルテガ・イ・ガセット／マタイス，佐々木訳		290
13	幻影と現実〈詩の源泉の研究〉	C.コードウェル／長谷川鉱平訳		410
14	聖と俗〈宗教的なるものの本質について〉	M.エリアーデ／風間敏夫訳		286
15	美と弁証法	G.ルカッチ／良知，池田，小箕訳		372
16	モラルと犯罪	K.クラウス／小松太郎訳		218
17	ハーバート・リード自伝	北條文緒訳		468
18	マルクスとヘーゲル	J.イッポリット／宇津木，田口訳	品切	258
19	プリズム〈文化批判と社会〉	Th.W.アドルノ／竹内，山村，板倉訳		246
20	メランコリア	R.カスナー／塚越敏訳		388
21	キリスト教の苦悶	M.de ウナムーノ／神吉，佐々木訳		202
22	アインシュタイン ゾンマーフェルト往復書簡	A.ヘルマン編／小林，坂口訳	品切	194
23 24	群衆と権力（上・下）	E.カネッティ／岩田行一訳		440 356
25	問いと反問〈芸術論集〉	W.ヴォリンガー／土肥美夫訳		272
26	感覚の分析	E.マッハ／須藤，廣松訳		386
27 28	批判的モデル集（I・II）	Th.W.アドルノ／大久保健治訳	〈品切 品切〉	I 232 II 272
29	欲望の現象学	R.ジラール／古田幸男訳		370
30	芸術の内面への旅	E.ヘラー／河原，杉浦，渡辺訳	品切	284
31	言語起源論	ヘルダー／大阪大学ドイツ近代文学研究会訳		270
32	宗教の自然史	D.ヒューム／福鎌，斎藤訳		144
33	プロメテウス〈ギリシア人の解した人間存在〉	K.ケレーニイ／辻村誠三訳	品切	268
34	人格とアナーキー	E.ムーニエ／山崎，佐藤訳		292
35	哲学の根本問題	E.ブロッホ／竹内豊治訳		194
36	自然と美学〈形体・美・芸術〉	R.カイヨワ／山口三夫訳		112
37 38	歴史論（I・II）	G.マン／加藤，宮野訳	I・品切 II・品切	274 202
39	マルクスの自然概念	A.シュミット／元浜清海訳		316
40	書物の本〈西欧の書物と文化の歴史．書物の美学〉	H.プレッサー／轡田収訳		448
41 42	現代への序説（上・下）	H.ルフェーヴル／宗，古田監訳		220 296
43	約束の地を見つめて	E.フォール／古田幸男訳		320
44	スペクタクルと社会	J.デュビニョー／渡辺淳訳	品切	188
45	芸術と神話	E.グラッシ／榎本久彦訳		266
46	古きものと新しきもの	M.ロベール／城山，島，円子訳		318
47	国家の起源	R.H.ローウィ／古賀英三郎訳		204
48	人間と死	E.モラン／古田幸男訳		448
49	プルーストとシーニュ（増補版）	G.ドゥルーズ／宇波彰訳		252
50	文明の滴定〈科学技術と中国の社会〉	J.ニーダム／橋本敬造訳	品切	452
51	プスタの民	I.ジュラ／加藤二郎訳		382

著者

ブライアン・ウィルソン
(Bryan Wilson) 1926年イギリスに生まれる．1955年当該学術年度の最優秀学位論文（PH.D）と認められ，ロンドン・スクール・オブ・エコノミクスよりハチンソン・メダルを授与される．1963年よりオール・ソウルズ・カレッジの研究員（Fellow）．71-75年国際宗教社会学会会長．93年オックスフォード大学オール・ソウルズ・カレッジ名誉教授となる．実証的な宗教社会学研究の第一人者として，長らく指導的な役割を果たし，多くの研究者を育てた．現在も国際宗教社会学会の終身名誉会長として活躍している．

訳者

中野　毅（なかの つよし）
1947年生まれ．東京大学文学部西洋史学科卒業．筑波大学大学院哲学思想研究科単位取得退学．現在，創価大学文学部教授，（財）東洋哲学研究所主任研究員．博士（文学）．著訳書に，『宗教とナショナリズム』（共編著：世界思想社），『比較文化とは何か』（編著；第三文明社），『タイム・トウ・チャント』（訳書：紀伊國屋書店），『宗教の復権』（東京堂出版，近著）などがある．

栗原淑江（くりはら としえ）
1952年生まれ．創価大学文学部社会学科卒業．創価大学大学院文学研究科社会学専攻博士課程修了．現在，（財）東洋哲学研究所主任研究員，創価大学講師．専門は社会学，女性学．著訳書に『マックス・ウェーバー宗教社会学関係文献目録』（共編著；文化書房博文社，1985年），『イギリス革命と千年王国』（共著；同文舘），『社会学のプロフィール』（共著；八千代出版），『女性学へのプレリュード』（共著；北樹出版）などがある．

《叢書・ウニベルシタス　743》
宗教の社会学　東洋と西洋を比較して

2002年9月10日　初版第1刷発行

ブライアン・ウィルソン
中野　毅／栗原淑江 訳
発行所　財団法人　法政大学出版局
〒102-0073 東京都千代田区九段北3-2-7
電話03(5214)5540/振替00160-6-95814
製版，印刷　平文社／鈴木製本所

Printed in Japan

ISBN4-588-00743-2

索　引

（ ）内は原注ページを示す.

〔サ〕

〔タ〕

〔ナ〕

〔ハ〕

原注

第一章　科学としての宗教社会学

1．コントの思想は，彼の著作である *Course de philosophie positive* 1830-42. に詳述されている．現在でも有益な解説書として John Stuart Mill, *Auguste Comte and Positivism*（1865）Ann Arbor : University of Michigan Press, 1961（村井久二訳『コントと実証主義』木鐸社，1978年）がある．また，E. E. Evans-Prichard, *The Sociology of Comte : An Appreciation Manchester* : Manchester University Press, 1970. も参照のこと．

2．Herbert Spencer, *First Principles*, London, rev. edn, 1900（沢田謙訳『第一原理』春秋社，1927年）; and idem, *The Principles of Sociology*, London, 1885-1896（乗竹孝太郎訳『社会学之原理』上下，経済雑誌社，1892年）; L. T. Hobhouse, *Morals in Evolution*（1915）London, Chapman and Hall, 7 th edn, 1951 ; idem, *Social Development*, London, 1924. を参照．

3．カール・マルクスとフリードリヒ・エンゲルスの著作には，宗教についてのおびただしい論及があるが，断片的なものが少なくなく，分散している．彼らの著作集の索引を調べるよう読者に希望する．フロイトの宗教に関する論述も，また彼の著作全体に拡散しているが，特に，Sigmund Freud, *The Future of an Illusion*, London : Standard Edn., 1953-74, Vol. XXI（土井正徳・吉田正巳訳『幻想の未来』日本教文社，フロイド選集 8，1970年）; idem, *Civilization and its Discontents*, XXI ; idem, *Moses and Monotheism*, XXIII. 一般的解説書としては Philip Rieff, *Freud : The Mind of the Moralist*, London : Gollancz, 1959 ; and idem, *The Triumph of the Therapeutic : The Uses of Faith after Freud*, London : Chatto and Windus, 1966. を参照のこと．精神分析学的見解の宗教への今日的な適用例としては，C. R. Badcock, *The Psychoanlysis of Culture*, Oxford : Blackwell, 1980. を参照．

4．マックス・ウェーバーの著作にはさまざまな英訳版が出ている．本稿の議論にとって最も重要な著作は，*Wirtschaft und Gesellschaft*, Tübingen : Mohr, 2nd edn, 1925, および *Gesammelte Aufsätze zur Religionssoziologie*, Tübingen : Mohr, 1920-1. である．

5．Emil Durkheim, *The Elementary Forms of the Religious Life*,（1912),（translated by J. W. Swain）Glencoe, Ill. : The Free Press, 1954（古野清人訳『宗教生活の原初形態』上下，岩波文庫，1975年），有益な編書としては，W. S. G. Pickering, *Durkheim on Religion*, London : Routledge, 1975 ; Steven Lukes, *Emile Durkheim : His Life and Work*, London : Allen Lane The Penguin Press, 1975. がある．

6．Kingsley Davis, *Human Society*, New York : Macmillan, 1948（西岡健夫訳『人間社会論』晃洋書房，1985年），特に pp. 509-48 を参照．

7．機能主義については，なかでも次の論書を参照のこと．Kingsley Davis, 'The Myth of Functional Analysis as a Special Method in Sociology and Anthropology,' *American Sociological Review*, 24（1959），pp. 757-73 ; Robert K. Merton, *Social Theory and Social Structure*, Glencoe, Ill. : The Free Press, rev. edn., 1957（森東吾ほか訳『社会理論と社会構造』みすず書房，1961年）特に pp. 241-307 ; W. W. Isajiw, *Causation and Functionalism in Sociology*, London : Routledge, 1968.

8．この主題についての初期の論述については，Charles Y. Glock, "The Role of Deprivation in the Origin and Evolution of Religious Groups," in Robert Lee and Martin E. Marty（eds.），*Religion and Social Conflict*, New York : Oxford University Press, 1964, pp. 24-36. を参照のこと．また，この主題にもとづいて調査したものとしては，C. Y. Glock, B. B. Ringer, and E. R. Babbie, *To Comfort and to Challenge*, Berkeley : University of California Press, 1967. がある．

9．この方法論的立場は，マックス・ウェーバーの著作からかなりの程度支持されるであろう．英訳された次の二書を参照のこと．Max Weber, *The Methodology of the Social Sciences*（translated by Edward A. Shils and Henry A. Finch）Glencoe , Ill. : The Free Press, 1949 ; Max Weber, *Basic Concepts in Sociology*,（translated by H. P. Secher），London : Peter Owen, 1962（阿閉吉男・内藤莞爾訳『社会学の基礎概念』恒星社厚生閣，1987年）．

10. この論稿は，*Encyclopaedia Britannica* の現行版に収められている．

11. 方法論的個人主義についての論議は以下を参照．Karl Popper, *The Open Society and Its Enemies*, London : Routledge, 1945（内田詔夫・小河原誠訳『開かれた社会とその敵』１・２，未来社，1980年）; and idem, *The Poverty of Historicism*, London : Routledge, 1957（久野収・市井三郎訳『歴史主義の貧困』中央公論社，1961年）; Steven Lukes, *Individualism*, Oxford, Blackwell, 1973（間宏監訳『個人主義』 御茶の水書房，1981年），特に pp. 110-22.

12. 宗教学（Religionswissenschaft）の分野における最近の代表的著作としては，Jacques Waardenburg, '*Religionswissenschaft* New Style : Some Thoughts and Afterthoughts', *Annual Review of the Social Sciences of Religion*, 2, 1978, pp. 189-220. があげられる．

13. この学派の第一人者は，ガブリエル・ル・ブラ（Gabriel Le Bras）であった．この学派の最近の成果としては，F. Boulard, *An Introduction to Religious Sociology*（translated by Michael Jackson）London : Darton, Longman, and Todd, 1960. がある．

第二章　現代社会における宗教の機能

1．最近のヒンドゥー教についての明快な説明としては，Louis Dumont, *Homo Hierarchicus*, London : Weidenfeld and Nicolson, 1970（田中雅一・渡辺公三訳『ホモ・ヒエラルキクス——カースト体系とその意味』みすず書房，2001年）を参照．それほど社会学的ではない説明は，Sir Charles Eliot, *Hinduism and Buddhism : An Historical Sketch*, London : Routledge 1921, 3 vols. に見られる．

2．仏教については，次にあげる短い概説が有用だろう．Edward Conze (ed.), *Buddhist Scriptures*, Harmondsworth : Penguin, 1959 ; idem, *Buddhism : Its Essence and Development*, London : Faber, 1951 ; Walpola Rahula, *What the Buddha Taught*, New York : Grove Press, 1959 ; Hand Wolfgang Schumann, *Buddhism: An Outline of its Teaching and Schools*, London : Rider, 1973 ; Arthur F. Wright, *Buddhism in Chinese History*, Stanford : Stanford University Press, 1959.

3．キリスト教による呪術の除去についてのすぐれた研究としては，Keith Thomas, *Religion and the Decline of Magic*, London : Weidenfeld and Nicolson, 1971（荒木正純訳『宗教と魔術の衰退』法政大学出版会，1993年）がある．また Bryan R. Wilson, *Magic and the Millennium : Religious Movements of Protest among Tribal and Third-World Peoples*, London : Heinemann, 1973, pp. 105ff. も参照のこと．

4．この問題については，James N. Lapsley, *Salvation and Health*, Philadelphia : Westminster Press, 1972 を参照せよ．

5．両者の区別については，次の書で詳述されている．Robert K. Merton, *Social Theory and Social Structure*, Glencoe, Ill. : The Free Press, revd. edn. 1957, pp. 20–84.（森東吾訳『社会理論と社会構造』みすず書房，1961年）

6．Emile Durkheim, *The Elementary Forms of the Religious Life* (1915) (translated by J. W. Swain), Glencoe : Ill. : The Free Press, 1954（古野清人訳『宗教生活の原初形態』上下，岩波文庫，1975年）を参照．

7．Hans Mol, *Identity and the Sacred : A Sketch for a New Social-Scientific Theory of Religion*, Oxford : Blackwell, 1976 を参照．

8．キングスレイ・デーヴィスは，きわめて明白にこの立場をとった．彼は，「宗教的信念は確かに，科学的な意味ではまったく真実ではない．しかし，それらの社会的機能は，それらが真実であることに依っているのではない」と述べている．Kingsley Davis, op. cit..（前掲『人間社会論』）参照．

9．イギリスで引き続き行われている国民世論調査は，地獄を信じている人々の割合が，長いプロセスを経て確実に減少していることを示している．D. P. Walker, *The Decline of Hell : Seventeenth Century Discussions of Eternal Torment*, London : Routledge, 1964. を参照．

10. アメリカ合衆国の中西部や南の州では，断続的に，公立学校で聖書の天地創造論が教えられるべきだという要請がある．しかし，こうした敬虔な聖書主義は，社会システムが基づく過程にはほとんど影響を与えてこなかったように思われる．これは，現代の科学研究におけるすべての方法に反対するものとして現れている．

11. 現代の社会システム論の主要な理論家であるタルコット・パーソンズは，宗教が（少なくとも西洋の）現代社会の核心的な価値を提供したという思想に関与し続けた．次のものを参照せよ．Talcott Parsons, *Structure and Process in Modern Societies*, New York : The Free Press, 1960, 特に pp. 295-321. idem, 'Christianity and Modern Industrial Society', in E. A. Tiryakian (ed.) *Sociological Theory, Values and Sociocultural Change*, New York : The Free Press, 1963 ; and idem, 'On the Concept of Value-Commitments', *Sociological Inquiry*, 38, 2 (1968), pp. 135-60.

12. Robert N. Bellah, 'Civil Religion in America', in William G. McLoughlin and R. N. Bellah (eds.), *Religion in America*, Boston : Houghton Mifflin, 1968, pp. 3-23（R・ベラー「アメリカの市民宗教」，河合秀和訳『社会変革と宗教倫理』未來社，1973年に所収）を参照．

13. Thomas Luckmann, *The Invisible Religion*, New York : Macmillan, 1967（赤池憲昭・ヤン・スィンゲドー訳『見えない宗教』ヨルダン社，1976年）を参照．

14. Hans Mol の前掲書．

15. ここでいう合理性の概念は，（実質的合理性あるいは価値合理性とは対照的な）形式合理性，目的合理性，あるいは道具的合理性である．その相違についての議論は，Max Weber, *Wirtschaft und Gesellschaft*, Part I, あるいはその英訳，Max Weber, *Theory of Social and Economic Organization* (translated by A. P. Henderson and Talcott Parsons), London : Hodge, 1947（武藤一雄・薗田宗人・薗田担訳『宗教社会学』創文社，1976年），pp. 31 ff. を参照．この概念に含まれるいくつかの問題についてのさらに詳細な議論としては，Bryan R. Wilson (ed.), *Rationality*, Oxford : Blackwell, 1970を参照のこと．

16. 現代社会における宗教をめぐって起こる問題の一つは，宗教的実践――礼拝や儀礼――は必然的に繰り返され，再現される必要があるということである．それは，人々がコミットメントの感覚をもつためであり，忠誠が強化され新たにされるためであり，さらに，宗教が人々にふたたび保証を与えるという機能を満たすためである．しかし，現代生活においては，多くの活動が必然的に日常化しており，娯楽産業に促されて，人々は刺激と目新しさを与える娯楽時間の方に目を向ける傾向がある．明らかに，娯楽産業には大きな難点がある．たとえば，テレビは，センセーション，刺激と目新しいものを果てしなく提供

する（ついでながら，これは，ますます増大する卑しい動物本能に訴えるような，物質的な促しの要因なのである）．同時に，宗教は，ある意味でつねに同じでなければならず，宗教が慰安と社会化を斡旋するという機能を果たそうとすれば，しだいに困難になる土台の上で，さまざまな娯楽提供者たちと競争をすることになる．それらの娯楽提供者たちは，少なくとも，つねに人々に新たな素材と新たな体験を提供していると主張するのである．

17．ちなみに，技術と「調査」への信念が，宗教的領域さえも侵してきたということが見られる．西洋の新宗教運動は，ときおり，科学的に発見された新たな技術であるとする療法を強調する．「サイエントロジー」は，この種の最も主要な運動である．しかし，呪術的理念が科学理論で裏打ちされた疑似宗教的療法には，さまざまなものがある．日本の例としては，Winston Davis, *Dojo : Magic and Exorcism in Modern Japan*, Stanford : Stanford University Press, 1980. を参照せよ．これらの運動にとっては，現実の科学的技術よりも，心理学の装置や，自然科学の（およびＳＦの）レトリックの方が展開しやすい．その結果，マインド・コントロールや，ＳＦ言語における超自然的世界の表現が，共通して強調されるのである．後者については，Roy Wallis, 'The Aetherius Society', in Roy Wallis (ed.), *Sectarianism*, London : Peter Owen, 1975, pp. 17-34を参照のこと．

第三章　文化と宗教——東洋と西洋

1．さらなる議論については，次の文献を参照せよ．Bryan R. Wilson, 'Aspects of Secularization in the West', *Japanese Journal of Religious Studies*, 3, 4, (Dec., 1976) pp. 259-76, idem, 'The Return of the Sacred', *Journal of the Scientific Study of Religion*, 18, 3 (September, 1979), pp. 268-80.

2．David A. Martin, *A General Theory of Secularization*, Oxford : Blackwell, 1978 ; Owen Chadwick, *The Secularization of the European Mind in the Nineteenth Century*, Cambridge : Cambridge University Press, 1976. を参照せよ．

3．Keith Thomas, *op. cit*.（前掲『宗教と魔術の衰退』を参照）．

4．「作法の書」の影響については，Nobert Elias, *Über dem Prozess der Zivilization*, vol. I, Basel : Haus zum Falken, 1939 (English Trans. by Edmund Jephcott, *The Civilizing Process*, Oxford : Blackwell, 1978)．を参照せよ．

5．たとえば，Arthur F. Wright, *Buddhism in Chinese History*, Stanford : Stanford University Press, 1959. における説明を参照せよ．

6．スリランカについては，K. Malalgoda, *Buddhism in Sinhalese Society 1750-1900*, Berkeley and Los Angeles : University of California Press,

1976. を参照せよ.

7. もちろん，このことはただちに，禅仏教の歴史において明らかである．禅においては，解決されることとはかけ離れた矛盾と逆説が，宗教的関心の顕著な特徴へと高められたのである．Heinrich Dumoulin, *A History of Zen Buddhism*, London : Faber, 1963. を参照せよ.

8. これらの点は，E. R. Sarachandra, 'Traditional Values and the Modernization of Buddhist Society : The Case of Ceylon' in Robert N. Bellah (ed.), *Religion and Progress in Modern Asia*, New York : The Free Press, 1965 (佐々木宏幹訳『アジアの近代化と宗教』金花社，1975年), pp. 109-23. において，適切に表現されている.

9. スリランカの仏教については，Richard Gombrich, *Precept and Practice : Traditional Buddhism in the Rural Highlands of Ceylon*, を参照せよ．また，タイについては，Jane Bunnag, *Buddhist Monk, Buddhist Layman*, Cambridge : Cambridge University Press, 1973. を参照せよ.

10. もちろん，これは理想である．実際には，上座部仏教諸国における僧侶たちは，つねに政治活動と距離をとっているわけではない．特に，問題がサンガにかかわる時はそうである．宮廷が僧侶の影響を受けやすかった時代の，日本の僧侶もそうであった.

11. こうした議論は，S. J. Tambiah, *World Conqueror and World Renouncer : A Study of Buddhism and Polity in Thailand against a Historical Background*, Cambridge : Cambridge University Press, 1976. において展開されている.

12. 自然法のもとでは完全な正義と平等が普及するだろうが，人間は堕落した状態にあるので，現代の世界の条件においては不正が残存しているのであると，カトリックの神学者たちは論じた．(神の法が回復されるまでの合間と見なされる) この時代における教会の役割は，富めるものや権力のあるものに，慈悲と慈愛をもって行動するように熱心に勧めることである．また，貧しいものが，神がふたたび人間を審判する時に正義が報いられるだろうと知って，その運命に満足するよう説得することである.

13. タイの仏教組織については，Kenneth E. Wells, *Thai Buddhism : Its Rites and Activities*, Bangkok : published by the author, 1960. を参照せよ.

14. A. F. ライトの前掲書，110頁以下を参照せよ．一般的な議論については，K. マラゴダの前掲書を参照せよ.

15. Donald E. Smith, 'The Sinhalase Buddhist Revolution', pp. 453-88 in Donald E. Smith (ed.), *South Asian Politics and Religion* (p. 474), Princeton : Princeton Univsersity Press, 1966.

16. 「実践宗教」という用語は，次の書で用いられている．Edmund R. Leach (ed.), *Dialectic in Practical Religion*, Cambridge : Cambridge Univer-

sity Press, 1968.

17. カリスマ刷新運動については，さらに文献がある．カトリシズム内のその運動については，たとえば，Killian McDonnell, 'The Catholic Charismatic Renewal: Reappraisal and Critique', *Religion in Life* (Summer 1975), pp. 138-54. を参照せよ．また，より一般的な説明については，Richard Quebedeaux, *The New Charismatics*, New York: Doubleday, 1976. を参照せよ．

18. この命題にとっての典拠は，Max Weber, *The Protestant Ethic and the spirit of Capitalism* (English translation by Talcott Parsons), London: Allen and Unwin, 1930（梶山力・大塚久雄訳『プロテスタンティズムの倫理と資本主義の精神』上下，岩波文庫，上・1955，下・1962年）である．また，Max Weber, *The Sociology of Religion* (English translation by Ephraim Fischoff), London: Methuen, 1963（武藤一雄・薗田宗人・薗田担訳『宗教社会学』創文社，1976年）を参照せよ．ウェーバーの命題を，従来十分に検証されてこなかった文脈で，特に興味深く再検討したものとしては，Gordon Marshall, *Presbyteries and Profits*, Oxford: Clarendon Press, 1980. を参照せよ．

19. 初期に書かれた，ピューリタニズムと科学との関係についての適切な言説，およびその後の多くの文献への刺激となった言説としては，Robert Merton, op. cit.（前掲『社会理論と社会構造』1961年), chapter XVIII, pp. 574-606. を参照せよ．

20. ここで手短かに示した二つの過程は，もちろん，多くの文献が扱っている．しかし，一方では制度化と文化的増大の力と，他方では偶像破壊主義と体系的な否認の間のリズムは，いまだ十分に注目されていない．いくつかの予備的な示唆は，次の文献に見られるだろう．T. F. O'Dea, 'Five Dilemmas in the Institutionalization of Religion', *Social Compass*, 7, I, (1960), pp. 61-7; B. R. Wilson, 'American Religion: Its Impact on Britain', in A. N. J. den Hollander (ed.), *Contagious Conflict: The Impact of American Dissent on European Life*, Leiden, E. J. Brill, 1973, pp,. 233-63; B. R. Wilson, 'American Religious Sects in Europe', in C. W. E. Bigsky (ed.), *Superculture: American Popular Culture and Europe*, London: Paul Elek, 1975, pp. 107-22.

21. もちろん，知的階層の間には，普遍的な救済という理念は古代に由来するものであるとの考えがある．しかし，これは，別の民衆宗教運動のもとにはならなかったように思われる．それらは，理念としては，中国の禅仏教が新たな民衆運動として明瞭になる以前の初期の支持者たちに見られるだろう．

22. カトリックの注釈者たちは，彼らの教会における最近の変化を，躊躇なく「プロテスタント化」として描いてきた．

23. この表現は，ロイ・ハロッド卿（Sir Roy Harrod）が用い，次の諸文献で引用されている． E. H. Phelps Brown, 'Sir Roy Harrod -- A Memoir',

Economic Journal, 90, 375 (March 1980), p. 32.

24. ヨーロッパにおけるプロテスタント倫理の影響と対応して，アジアにおける文化的作因を研究したものは，さまざまな研究を刺激した．Robert N. Bellah, 'Reflections on the Protestant Ethic Analogy in Asia', *The Journal of Social Issues*, 19, 1963, pp. 52-60 ; R. N. Bellah, *Religion and Progress in Modern Asia*, op. cit., (前掲『アジアの近代化と宗教』) ; S. N. Eisenstadt (ed.), *The Protestant Ethic and Modernization : A Comparative View*, New York : Basic Books, 1968, Part iii, pp. 243-383. を参照せよ．

25. さまざまなキリスト教神学者の著作に見られる異なった志向性については，H. Richard Niebuhr, *Christ and Culture*, New York : Harper, 1951. を参照せよ．

26. フロイトの宗教分析および文化分析を，さらに広く適用した最近の試み(極東の諸宗教までは言及していない) としては，C. R. Badcock, *The Psychoanalysis of Culture*, Oxford : Blackwell, 1980. を参照せよ．

27. 当時オックスフォード大学にいたその哲学者は，マッキンタイアー (Alasdair MacIntyre) である．哲学的パースペクティヴからの，寛大な道徳への批判としては，C. H. and W. M. Whiteley, *The Permissive Morality*, London : Methuen, 1964. を参照せよ．また，道徳の変化の分析については，Christie Davies, *Permissive Britain*, London : Pitman, 1975. を参照せよ．

第四章　セクトの社会学

1．最初の議論は，Ernst Troeltsch, *Die Soziallehren der christlichen Kirchen und Gruppen*, Tubingen : Mohr, 1912 (trans. O. Wyon., *The Social Teaching of the Christian Churches*, New York : Macmillan, 1931, 2 vols.). に見られる．トレルチの理論に対するローマ・カトリックからの反駁については，次の熱心な議論を参照せよ．Werner Stark, *The sociology of Religion : A Study of Christendom*, vol. III, *The Universal Church*, London : Routledge 1967 (杉山忠平・杉山泰一訳『宗教社会学』未来社，1979年)，特に pp. 95-6.

2．第二ヴァチカン公会議で制定されたローマ教会法典は，聖職者の概念として，もはや特定の階級に限定せず，「敬虔である」ことが聖職者の資格であると認めている．より率直で抜本的な見解については，たとえば次のものを参照せよ．Hans Kung, *Why Priests?*, London : Collins Fontana, 1972. Herve Legrand O. P., in *Pro Mundi Vita*, 'New Forms of Ministries in Christian Communities', 50 (1974). Joseph A. Jungmann, *The Mass of the Roman Rite*, New York : Benziger, 1959.

3．この点を，ベントン・ジョンソンはだいぶ前に認識していた．Benton Johnson, 'Do Holiness Sects socialize in dominant values?', *Social Forces*, 39, 4 (1961), pp. 309-16. この事例は，ホーリネス運動以外のセクトからも例

証することができるだろう．

4．理念型については，Max Weber, *The Methodology of the Social Sciences*, (trans. by E. Shils and H. A. Finch), Glencoe, Ill.: The Free Press, 1949. を参照せよ．より詳細に渡る議論は，John C. McKinney, *Constructive Typology and Social Theory*, New York : Appleton Century Crofts, 1966. で提示されている．

5．H. Richard Niebuhr, *The Social Sources of Denominationalism*, New York : Holt, 1929（柴田久子訳『アメリカ型キリスト教の社会的起源』ヨルダン社，1984年）．この著作は，セクトからデノミネーションへの発展をめぐる広範囲にわたる論文の出発点である．その他の研究としては，特に，Liston Pope, *Millhands and Preachers*, New Haven : Yale University Press, 1942, pp. 118ff. を参照せよ．

6．J. Milton Yinger, *Religion, Society and Individual*, New York : Macmillan, 1957, pp. 151-2. によって展開された制度化されたセクトの概念は，明らかにニーバーの一般化に反論したものである．

7．こうした分析は，B. R. Wilson, 'An Analysis of Sect Development', *American Sociological Review*, 24, 1（1959）pp. 3-15. で最初に展開された．

8．例として，次の文献を参照せよ． E. D. C. Brewer. 'Sect and Church in Methodism', *Social Forces*, 30,（1952）. O. R. Whitley, 'The Sect to Denomination Process in an American Religious Movement, The Disciplines of Christ', *Southwestern Social Science Quarterly*, 36（1955）, pp. 275-82. O. R. Whitley, The Trumpet Call of Reformation, St. Louis : Bethany Press, 1959.

9．B. R. Wilson 前掲書．この論文に展開した類型論は，後に詳述されている．次の文献を参照せよ．B. R. Wilson, 'A Typology of Sects', in *Types, Dimensions et Mesure de la Religiosit*, Actes de la X Conference Internationale de Sociologie Religieuse（Rome 1969）, pp. 29-56. B. R. Wilson, *Religious Sects*, London : Weidenfeld, 1970（池田昭訳『セクト』平凡社，1973年．同訳『宗教セクト』恒星社厚生閣，1991年）．B. R. Wilson, *Magic and the Millennium*, London : Heinemann, 1973, pp. 18-30.

10．この点は，明らかにマックス・ウェーバーが指摘した．彼の業績は，大いに，社会現象に対するいっそう概念的かつ抽象的な接近法をもたらした．前掲の *The Methodology of the Social Science*, p. 80. を参照せよ．

11．アーミッシュ・メノナイトに関しては，John A. Hostetler, *Amish Society*, Baltimore : Johns Hopkins University Press, 1963. を，またフッター兄弟団については，John W. Bennett, *Hutterian Brethren*, Stanford : Stanford University Press, 1967. および，John A. Hostetler, *Hutterite Society*, Baltimore : Johns Hopkins University Press, 1974. を参照せよ．

12．B. R. Wilson の前掲書，*Magic and the Millennium* を参照せよ．

13. たとえば，Geoffrey Nelson, *Spiritualism and Society*, London : Routledge, 1969. を参照せよ.

14. 救世軍に関しては，Roland Robertson, 'The Salvation Army : The Persistence of Sectarianism', in B. R. Wilson, *Patterns of Sectarianism*, London : Heinemann, 1967, pp. 49-105. を参照せよ.

15. より詳細な議論については，B. R. Wilson, 'American Religious Sects in Europe,' in C. W. E. Bigsby (ed.), *Superculture : American Popular Culture and Europe*, London : Elek, 1975, pp. 107-22. を参照せよ.

16. エホバの証人に関する詳細な研究としては，James A. Beckford, *The Trumpet of Prophecy*, Oxford : Blackwell, 1975. を参照せよ.

17. 「現世肯定」と「現世拒否」の区別は，Roy Wallis, *The Rebirth of the Gods*, Inaugural Lecture, The Queen's University, Belfast, 1978. において最初に展開され，Roy Wallis, 'The Elementary Forms of the New Religious Life', *Annual Review of the Social Sciences of Religions*, 3 (1979). でさらに展開されている.

18. Charles Y. Glock, 'The Role of Deprivation in the Origin and Evolution of Religious Groups', in Robert Lee and Martin E. Marty (eds.), *Religion and Social Conflict*, New York : Oxford University Press, 1964, pp. 24-36. を参照せよ.

19. 剝奪の役割を拡大し，セクト以外の運動の支持の宗教的性向を説明しようとする試みとしては，C. Y. Glock, B. B. Ringer, and E. R. Babbie, *To Comfort and to Challenge*, Berkeley and Los Angeles : University of California Press, 1967. を参照せよ.

20. 相対的剝奪理論についての，短いながらも説得力のある批判としては，Roy Wallis, *Salvation and Protest*, London : Francis Pinter, 1979, pp. 4-6. を参照せよ.

21. セクト運動への改宗過程に関する議論に関しては，L. Gerlach and V. Hine, *People, Power, Change*, Indianapolis : Bobbs Merrill, 1970 ; James Beckford, 'Accounting for Conversion', *British Journal of Sociology*, XXIX, 2 (June 1978), pp. 249-62. および，B. R. Wilson, 'Becoming a Sectarian : Motivation and Commitment', in Derek Baker (ed.), *Religious Motivation : Biographical and Sociological Problems for the Church Historian* (Studies in Church History, vol. 15), Oxford : Blackwell, 1978, pp. 481-506. を参照せよ.

第五章　新宗教運動——類似と相違

1. こうした現象は，よく資料に現れている. たとえば，Michael M. Ames, 'Magical Animism and Buddhism : A Structural Analysis of the Sinhalese Religious *System' Journal of Asian Studies*, XXIII (June, 1964),

pp. 21–52 ; Richard F. Gombrich, *Precept and Practice : Traditional Buddhism in the Rural Highlands of Ceylon*, Oxford : Clarendon Press, 1971 ; Melford E. Spiro, *Buddhism and Society ; A Great Tradition and its Burmese Vicissitudes*, London : Allen and Unwin, 1971. などを参照せよ．

2．Robert B. Ekvall, *Religious Observances in Tibet : Patterns and Functions*, Chicago : University of Chicago Press, 1964. を参照せよ．

3．千年王国運動については，多くの文献がある．宗教改革期については，George H, Williams, *The Radical Reformation*, London : Weidenfeld and Nicolson, 1962. を参照せよ．18，19世紀の英国については，J. F. C. Harrison, *The Second Coming : Popular Millenarianism, 1780–1840*, London : Routledge, 1979 ; W. H. Oliver, *Prophets and Millennialists : The Uses of Biblical Prophecy in England from the 1790s to the 1840s*, Auckland N. Z. : Auckland University Press, 1978 ; アメリカ合衆国については，Whitney R. Cross, *The Burned-Over District : The Social and Intellectual History of Enthusiastic Religion in Western New York State, 1800–1850*, Ithaca, N. Y. : Cornell University Press, 1950 ; Ernest R. Sandeen, *The Roots of Fundamentalism : British and American Millenarianism*, Chicago : University of Chicago Press, 1970 ; Timothy P. Weber, *Living in the Shadow of the Second Coming : American Premillennialism 1875–1925*, New York : Oxford University Press, 1979. を参照せよ．

4．新宗教運動に見られる次のような傾向は，ティガリのような西アフリカのカルトから，プロテスタンティズムの中での継続的な運動――ルター派から，モラヴィア兄弟団，メソディズムを経て，兄弟団まで――に見られる．その傾向とは，俗人の役割を高め，速やかな霊的流動性を容易にし，より古い宗教的伝統においては僧侶たちが保持していたプロセスを，より短く簡易なものに開くという傾向である．同様の傾向は，たとえば創価学会にも見られるだろう．ティガリについては，J. B. Christensen, ‘The Tigari Cult of West Africa’, *Papers of the Michigan Academy of Science, Arts, and Letters*, XXXIX, Part IV (1954), pp. 389–98. を参照せよ．

5．ここで手短かに示した過程は，社会学の中心的な問題であり，初期の社会学のフェルディナント・テンニース，エミール・デュルケム，マックス・ウェーバーの著作の中に見られる．最近の研究者たちが検討している重要な局面については，たとえばRobert Nisbet, *The Quest for Community*, New York : Oxford University Press, 1953, Jacques Ellul, *The Technological Society*, New York : Vintage, 1960 ; Arnold Gehlen, *Urmench und Spätkulture*, Bonn, Atheneum, 1956 ; idem, *Man in the Age of Technology*, New York : Columbia University Press, 1980. を参照せよ．

6．道徳の変化の過程については，C. H. and W. M. Whiteley, *The Permis-*

sive Morality, London: Methuen, 1964. を参照せよ．また，犯罪の領域におけるその意味については，Patricia Morgan, *Deliquent Fantasies*, London: Temple Smith, 1978. を参照せよ．

7．この問題に関するいくつかの点は，Bryan R. Wilson, *The Youth Culture and the Universities*, London: Faber, 1970. の中で扱われている．

8．こうした一般的な問題，特に宗教的伝統へのその影響については，David Martin, *The Breaking of the Image*, Oxford: Blackwell, 1980. を参照せよ．

9．新宗教運動における合理的技術の採用の問題については，Bryan R. Wilson, 'American Religious Sects in Europe', in C. W. E. Bigsby (ed.), *Superculture: American Popular Culture and Europe*, London: Elek, 1975. を参照せよ．

10. エホバの証人については，James A. Beckford, *The Trumpet of Prophecy*, Oxford: Blackwell, 1975; *and Social Compass*, XXIV, I (1977), entire issue. を参照．

11. ジーザス・ムーブメントについては，Robert S. Ellwood, Jr., *One Way: The Jesus Movement and its Meaning*, Englewood Cliffs, N. J.: Prentice-Hall, 1973; D. W. Petersen and A. L. Mauss, 'The Cross and the Commune: An Interpretation of the Jesus Movement' in C. Y. Glock (ed.), *Religion in Sociological Perspective*, Belmont, California: Wadsworth, 1973, pp. 261-79. を参照せよ．

12. Roy Wallis, *The Road to Total Freedom: A Sociological Analysis of Scientology*, London: Heinemann, 1976. を参照せよ．

13. これは，北米インディアンの間に見られるペヨーテ宗教の事例である．たとえば，Bryan R. Wilson, *Magic and Millennium*: London: Heinemann, 1973, pp. 435 ff. を参照せよ．

14. ディヴァイン・ライト・ミッションについては，James W. Downton Jr., Sacred *Journeys: The Conversion of Young Americans to Divine Light Mission*, New York: Columbia University Press, 1979. クリシュナ意識運動については，J. Stillson Judah, *Hare Krishna and the Counterculture*, New York: Wiley, 1974. Healthy-Happy-Holy Organization' については，Alan Tobey, 'The Summer Solstice of the Healthy-Happy-Holy Organization', in C. Y. Glock and R. N. Bellah (eds.), *The New Religious Consciousness*, Berkeley: University of California Press, 1976, pp. 5-30. 統一教会については，Eileen Barker, 'Who'd be a Moonie?' in B. R. Wilson (ed.), *The Social Impact of the New Religious Movements*, New York: The Rose of Sharon Press, 1981. を参照せよ．

15. チルドレン・オブ・ゴッドについては，Roy Wallis, 'Observations on

the Children of God', *Sociological Review*, 24, 4 (1976), pp. 807-29. を参照せよ.

16. ペンテコステ派については，C. B. Cutten, *Speaking with Tongues Historically and Psychologically Considered*, New Haven : Yale University Press, 1927 ; Walter, J. Hollenweger, *The Pentecostals*, London : SCM Press, 1972. を参照せよ.

17. カリスマ刷新運動については，Richard Quebedeaux, *The New Charismatics*, New York : Doubleday, 1976. を参照せよ.

18. 第三世界における新しい運動と，その社会的結果についての説明としては，B. R. Wilson, *Magic and the Millennium, op. cit.* を参照せよ.

19. この点の議論については，*B. R. Wilson, Contemporary Transformations of Religion*, Oxford : Oxford University Press, 1976.（井門富二夫・中野毅訳『現代宗教の変容』ヨルダン社，一九七九年）を参照せよ.

20. 一般的な議論については，Fujio Ikado, *The Religious Background of Japanese Culture*, Tokyo : Association for International Education in Japan, 1973. を参照せよ.

21. 最近の研究で，その一般的な状況がかなり明確になってきた．たとえば，Kiyomi Morioka, *Religion in Changing Japanese Society*, Tokyo : University of Tokyo Press, 1975. (Robert J. Smith, *Ancester Worship in Contemporary Japan*, Stanford, California : Stanford University Press, 1974. にも所収）を参照せよ.

22. この問題は，デュルケムが次の書で論じている．Emile Durkheim, *Professional Ethics and Civic Morals* (translated by Cornelia Brookfield), London : Routledge, 1957.

第六章　世俗化とその不満

1．こうした定義は，Bryan R. Wilson, *Religion in Secular Society*, London : Watts, 1966, p. xiv (Penguin edn., 1969, p. 14)．において最初に用いられた.

2．私の「世俗化」という用語の使い方は，明らかに，明示的にせよ暗示的にせよ，世俗化を「脱キリスト教化」と同一視する多くのキリスト教の注釈者の使い方よりは広いものである．彼らの感情的な関与はかなりなものだったので，しばしば，過去の時代はけっして一般的に考えられているほど“宗教的”ではなかったというに至ったほどである．しかし，異教信仰は通常キリスト教よりも宗教的なものであったし，異教は正規のキリスト教信仰よりも激しく熱狂的なものであった．キリスト教の規律が，実際にこうした雑多な宗教意識の顕現を減少させたかぎりにおいて，マックス・ウェーバーがかつて示唆したように，キリスト教自身が世俗化要因と見なされなければならないのである.

3．世俗化の一般的なパターン，特にその政治的側面における，国家ごとのヴァリエーションをめぐる広範な議論としては，David Martin, *A General Theory of Secularization*, Oxford : Blackwell, 1978. を参照せよ．

4．それぞれの運動については，膨大な文献がある．たとえば，メソディズムについては，John Kent, *The Age of Disunity*, London : Epworth Press, 1966 ; Robert Currie, *Methodism Divided*, London : Faber, 1968 ; K. S. Inglis, *Churches and the Working ClasseVictorian England*, London : Routledge, 1963 ; A. D. Gilbert, *Religion and Society in Industrial England*, London : Longmans, 1976 ; James Obelkevich, *Religion and Rural Society*, Oxford : Clarendon Press, 1976. を参照せよ．救世軍については，Roland Robertson, 'The Salvation Army : The Persistence of Sectarianism', in B. R. Wilson (ed.), *Patterns of Sectarianism*, London : Heinemann, 1967, pp. 49-105. ペンテコテ派については，B. R. Wilson, *Sects and Society*, London : Heinemann, 1961 (reissued by Greenwood Press, Westport, Conn., 1978), pp. 1-118. を参照せよ．また，ペンテコステ派とカリスマ刷新運動については，W. J. Hollenweger, *The Pentecostals*, London : SCM Press, 1972 ; John T. Nichol, *The Pentecostals*, Plainfield, N. J. : Logos International, 1966 ; Richard Quebedeaux, *The New Charismatics*, New York : Doubleday, 1976. を参照せよ．

5．その区別は，Ferdinand Tönnies, *Gemeinschaft und Gesellschaft*, 1887 (English translation, *Community and Association*, by Charles P. Loomis, London : Routledge, 1955)（杉之原寿一訳『ゲマインシャフトとゲゼルシャフト』上下，岩波文庫，1957年）において一般的になされた．しかし，同様の概念は，他の著者，特に Sir Henry Maine, *Ancient Law*, 1861. にも見出される．その議論については，Robert A. Nisbet, *The Sociological Tradition*, London : Heinemann, 1967. を参照せよ．

6．「契約社会化」は，社会学的文献においては，まだ一定の用語としては確立していない．しかし私は，大規模な，進行する，内的に調整された，複雑な社会システムが打ち立てられる過程――通常，重要な要素として，国家形成の過程も含まれる――を区別することは必要なことだと思う．

7．非合理的で感情志向的な行動が，しだいに計画される社会の中で，病理学的な形態で存続することは，私たちを驚かさないだろう．慎重で伝統的な社会化の過程は，個々人の感情的な満足への要求を統制したが，その過程が，今や，すべての技術化された社会システムの特徴である感情の極端な抑制と表現をもたらしたのである．

8．道徳の粛清運動はとりわけ地位の不安に苦しむ人々を引きつけたという命題は，Joseph Gusfield, *Symbolic Crusade : Status, Politics and the American Temperance Movement*, Urbana, Ill. : University of Illinois Press, 1963.

Louis Zurcher and R. Gerorge Kirkpatrick, *Citizens for Decency : Anti-Pornography Crusades as Status Defence*, Austin : University of Texas Press, 1976. によって展開された．最近の機能主義者たちの“暴露的な”伝統において徹底的に論じられているこの命題は，ウォリスの鋭い批判がなければ，一般の社会学的な反権威主義的な慣例に忍びこんだかもしれない．Roy Wallis, *Salvation and Protest*, London : Frances Pinter, 1979, esp. pp. 92-104. を参照せよ．

9．ときおり，共同体を保護するという意志は，それにふさわしい一般的な概念によって妥協させられた．一九六六年に，バークレーの学生たちが“共同体設立委員会”を設置した時，彼らは，計画的な手続きによってはけっして達成されえない目標を達成するために官僚主義的な手段（委員会）を用いるというパラドクスに気づかなかった．

10. デュルケムは，道徳は無私と献身が始まる時に始まり，献身は集合的なものであらねばならないと，繰り返し述べている．社会は人間のうちに内面化するのであるから，人間はそれを愛し，それを望まなければならない．Emile Durkheim, *Sociology and Philosophy* (English translation by D. F. Pocock), London: Cohen and West, 1953, pp. 56-7. また，*Professional Ethics and Civic Morals*, London: Routledge, 1957, 特に pp. 60-1, 70. の議論も参照せよ．

11. これに続く議論は，「第２章　現代社会における宗教の機能」で論及した部分を反映している．

12. その伝統は，Emile Durkheim, *The Elementary Forms of the Religious Life* (1912), English translation by J. W. Swain, Glenco, Ill : The Free Press, 1954（古野清人訳『宗教生活の原初形態』上下，岩波文庫，1975年）にさかのぼる．それは，B・マリノフスキーとA・R・ラドクリフブラウンの著作において展開し，1940年代と50年代のアメリカの社会学者たちに影響を与えるようになった．

13. Richard Gombrich, *Precept and Practice : Traditional Buddhism in the Rural Highlands of Ceylon*, Oxford : Clarendon Press, 1971 ; G. Obeyesekere, 'Theodicy, Sin and Salvation in a Sociology of Buddhism', in E. R. Leach, *Dialectic in Practical Religion, Cambridge : Cambridge University Press,* 1968*; Melford E. Spiro, Buddhism and Society : A Great Tradition and its Burmese Vicissitudes*, London: Allen and Unwin, 1971 ; Robert B. Ekvall, *Religious Observances in Tibet : Patterns and Functions*, Chicago : University of Chicago Press, 1964. を参照せよ．

14. J. Obelkevich の前掲書，157ページを参照せよ．

15. キリスト教は，その主要なデノミネーションにおいては，すべての宗教の中で最も効果的に統制され，位階制的に調和して機能しているが，そのキリ

スト教においてさえ，そのような異常な聖性の中心が存在する．最も目立つのは，聖堂が巡礼を喚起することである．聖堂は，遺跡，聖地や聖なる対象のように，呪術的で内在的な宗教の残存物である．キリスト教においては，それらは暦や，現世的な統制システムの中に統合されている．すなわち，奇跡的なものが，秩序の要請によって限界を定められているのである．そうした現象は，しばしば大目に見られるにすぎず，懐疑主義（無神論）が信心深い人たちの間に残存し，位階制の中においてさえ残存する．しかし，それらは地方的な要求への譲歩である．その要求が，信仰の究極的な源泉なのである．いくつかの現場，人々，対象と季節が，卓越した模範的なものであると主張することを許される．それは，より一般的な敬虔さへの刺激財としてであり，どこでも地方的に利用されなければならない救いの質における現実の相違を創造する要因としてではないのである．

16. たとえば，英国国教会（Church of England）については，Leslie Paul, *The Deployment and Payment of the Clergy*, London : Church Information Office, 1964. を参照せよ．これは，一貫して，教会の運営方式を軍隊のやり方になぞらえている．

17. 聖職者の役割をめぐる議論としては，Anthony Russel, *The Clerical Profession*, London : SPCK, 1980. を参照せよ．